权威·前沿·原创

皮书系列为

"十二五""十三五""十四五"时期国家重点出版物出版专项规划项目

BLUE BOOK

智 库 成 果 出 版 与 传 播 平 台

文化遗产蓝皮书
BLUE BOOK OF CULTURAL HERITAGE

中国世界文化遗产保护研究报告
（2023）

REPORT ON CONSERVATION AND RESEARCH OF
CHINA'S WORLD CULTURAL HERITAGE (2023)

研　创 / 中国文化遗产研究院

社会科学文献出版社
SOCIAL SCIENCES ACADEMIC PRESS（CHINA）

图书在版编目（CIP）数据

中国世界文化遗产保护研究报告. 2023 / 中国文化
遗产研究院研创. --北京：社会科学文献出版社，
2023.12
（文化遗产蓝皮书）
ISBN 978-7-5228-2938-8

Ⅰ.①中… Ⅱ.①中… Ⅲ.①文化遗产-保护-研究
报告-中国-2023 Ⅳ.①K203

中国国家版本馆CIP数据核字（2023）第236219号

文化遗产蓝皮书

中国世界文化遗产保护研究报告（2023）

研　　创 / 中国文化遗产研究院

出 版 人 / 冀祥德
组稿编辑 / 邓泳红
责任编辑 / 侯曦轩　桂　芳
责任印制 / 王京美

出　　版 / 社会科学文献出版社·皮书出版分社（010）59367127
　　　　　　地址：北京市北三环中路甲29号院华龙大厦　邮编：100029
　　　　　　网址：www.ssap.com.cn
发　　行 / 社会科学文献出版社（010）59367028
印　　装 / 天津千鹤文化传播有限公司

规　　格 / 开　本：787mm×1092mm　1/16
　　　　　　印　张：22.25　字　数：333千字
版　　次 / 2023年12月第1版　2023年12月第1次印刷
书　　号 / ISBN 978-7-5228-2938-8
地图审图号 / GS京（2023）2243号
定　　价 / 198.00元

读者服务电话：4008918866

《中国世界文化遗产保护研究报告（2023）》
编　委　会

顾　　　　问　李六三　李向东　李　黎

课 题 组 组 长　赵　云　燕海鸣

课题组核心成员　沈　阳　罗　颖　张依萌　高晨翔　范家昱
　　　　　　　　李雨馨

本 书 作 者（以文序排列）

　　　　　　　　赵　云　燕海鸣　张依萌　罗　颖　高晨翔

　　　　　　　　李雨馨　范家昱　贺一硕　付梓杰　王　喆

　　　　　　　　李　雪　赵　瑷　郝　爽　刘懿夫　刘文艳

　　　　　　　　刘　勇　郝影新　车建勇　段　超　房友强

　　　　　　　　郑子良　孟凡东

数 据 支 持　中国世界文化遗产监测预警总平台

中国文化遗产研究院简介

中国文化遗产研究院（以下简称文研院）是国家文物局直属的文化遗产保护科学技术研究机构。其前身可追溯至成立于 1935 年的"旧都文物整理委员会实施事务处"，首任处长由时任北平市长袁良兼任；1949 年更名为"北京文物整理委员会"，是新中国第一个由中央政府主办并管理的文物保护专业机构；1973 年更名为"文物保护科学技术研究所"；1990 年与文化部古文献研究室合并为"中国文物研究所"；2007 年 8 月更名为"中国文化遗产研究院"。

在近九十年的发展历程中，文研院取得了丰硕的成就。承担国家重大文物保护维修工程项目，如山西永乐宫建筑整体搬迁保护工程；完成国家重大文物保护科技项目，如敦煌莫高窟起甲壁画修复、广东"南海 I 号"船体及出水文物保护等；实施开展国家重大历史文献资料整理工作，如银雀山汉墓竹简整理、全国重点文物保护单位记录档案备案、全国馆藏以及文物建档备案等；作为全国文物修复人才培训基地发挥重要作用。

党的十八大以来，在国家文物局的领导下，文研院始终将文物保护科学研究与实践作为立院之本，坚持把社会效益放在首位，在科学研究、科技创新、文物保护修复、人才培养、对外交流等方面取得了一系列重要成果和学术成就。

文研院紧密围绕国家文物事业发展，落实国家委托的重大基础性工作，积极发挥智库咨询作用；承担多项国家重点研发计划重点专项，国家自然科学基金、国家社会科学基金系列国家级重大基础研究课题和国家文物保护重大专项；完成 100 余项重大文物保护修复项目，10 余处世界文化遗产申遗项目和申报项目，以及 40 余项世界文化遗产和预备名单的保护管理规划、设计和监测方案，编写"中国世界文化遗产年度保护状况总报告"；完成中长期技术类培训、短期高级技术人才研修、专业技术人才管理类培训等 70 余项培训任务，为全国培训相关专业技术与管理人员近万人；配合国家外交大局和"一带一路"倡议，积极开展对外交流合作；与国际重要的文化遗产保护机构、学术团体、国外著名科学研究机构和知名大学开展了广泛的交流与合作。

进入新时代，文研院将深入贯彻落实习近平总书记关于文物工作重要论述精神，坚持"保护第一、加强管理、挖掘价值、有效利用、让文物活起来"新时代文物工作方针，赓续传统专业优势，积极开拓创新发展，持续打造文物保护利用"国家队"，为中国文化遗产保护利用事业做出更大贡献。

序

　　党的十八大以来，习近平总书记把文化建设摆在治国理政的突出位置，举旗定向、谋篇布局，围绕文化建设提出一系列新思想新观点新论断，进一步丰富和发展了马克思主义文化理论，构成了习近平新时代中国特色社会主义思想的文化篇，形成了习近平文化思想，标志着我们党对中国特色社会主义文化建设规律的认识达到了新高度，为建设社会主义文化强国提供了根本遵循、指明了前进方向。

　　党的二十大报告提出，要加大文物和文化遗产保护力度，加强城乡建设中历史文化保护传承，建好用好国家文化公园，这为包括世界文化遗产在内的中国文物保护事业的高质量发展指明了方向。

　　在这一背景下，各级文物部门、遗产保护管理机构以习近平文化思想为指引，学以致用，将其融会贯通于文物保护的各项工作之中。在学科体系方面，加快构建中国特色、中国风格、中国气派的文物保护学科体系、学术体系、话语体系，为中国文物保护实践提供有力理论支撑。在文化传承发展方面，大力实施中华优秀传统文化传承发展工程，研究和挖掘中华优秀传统文化的优秀基因和时代价值，推动中华优秀传统文化创造性转化、创新性发展。在文明交流互鉴方面，结合"一带一路"建设，全面深化中外人文交流合作，成效明显。

　　中国文化遗产研究院作为文化遗产保护利用"国家队"，将进一步增强责任感和使命感，针对国家文化遗产发展战略的需求和行业发展存在的瓶颈擘画未来发展，着力推动文化遗产保护利用理念创新、制度创新、科技创新、模式创新。

我们将继续加强世界文化遗产的高质量申报与保护利用，使之突出中华文明历史文化价值，体现中华民族精神追求，向世人展示全面真实的古代中国和现代中国，让世界文化遗产能够惠及百姓生活，助力地方经济社会发展。我们将站在"文化遗产外交"的高度，依托海上丝绸之路、万里茶道等跨国联合申遗项目，加强共建"一带一路"国家的文化遗产保护合作，将亚洲文化遗产保护行动做实做深，打造亚洲文化遗产保护行动新动能，推进不同文明交流交融、互学互鉴，不断扩大中华文化国际影响力。

《中国世界文化遗产保护研究报告（2023）》就是在这一背景下诞生的，旨在全面展示习近平新时代中国特色社会主义思想指导下我国文博工作者在世界文化遗产领域的生动实践。报告由5部分构成，系统分析了当前中国世界文化遗产事业发展形势、取得的理论研究与实践成果、未来发展方向。报告指出，随着世界遗产项目进入第2个五十年以及中国新时代文物工作要求的提出，中国世界文化遗产事业将进入新的发展阶段。面对新时代的新要求，中国世界文化遗产工作要继续以引领我国文物博物馆行业发展的"鲜明旗帜"为标准，加强价值挖掘、阐释传播、合理利用等实践的示范作用。

2023年10月，习近平总书记对宣传思想文化工作作出重要指示，明确提出"七个着力"的重要要求，其中，再次强调了着力赓续中华文脉、推动中华优秀传统文化创造性转化和创新性发展，着力推动文化事业和文化产业繁荣发展，着力加强国际传播能力建设、促进文明交流互鉴。

2023年12月19日的文化遗产保护传承座谈会上，中共中央政治局常委、中央书记处书记蔡奇强调，要坚持以习近平新时代中国特色社会主义思想为指导，深入贯彻党的二十大精神，认真学习贯彻习近平文化思想，全面加强文化遗产保护传承，更好担负起新的文化使命，为以中国式现代化全面推进强国建设、民族复兴伟业注入强大文化力量。

中国文化遗产研究院将在习近平文化思想的指引下，坚持"立足首都、辐射全国、走向世界"的业务布局，不断拓展交流合作，创新业务模式，积极开拓进取、再创佳绩，为文化遗产事业高质量发展作出新的贡献，为建设中华民族现代文明贡献更多文化遗产力量。我希望《中国世界文化遗产保护研究报告

（2023）》的出版，能够为我国文化遗产保护传承工作、文化事业和文化产业繁荣发展、文明交流互鉴发挥一点作用。

中国文化遗产研究院院长　李六三

2023 年 12 月

前　言

　　本书是中国文化遗产研究院课题组编写的第 9 本分析中国世界文化遗产年度保护状况的报告。

　　2022 年，是指导世界遗产项目的纲领性文件《保护世界文化和自然遗产公约》通过 50 周年。《保护世界文化和自然遗产公约》各缔约国围绕联合国教科文组织确定的"下一个 50 年：世界遗产作为韧性、人文和创新的源泉"这一主题开展了一系列纪念活动，不仅回顾过去半个世纪取得的成就，更致力于讨论如何将世界遗产融入当下，造福未来。

　　7 月，全国文物工作会议提出"保护第一、加强管理、挖掘价值、有效利用、让文物活起来"的新时代文物工作要求。10 月，党的二十大胜利召开。二十大报告指出，要加大文物和文化遗产保护力度，加强城乡建设中的历史文化保护传承，深化文明交流互鉴，推动中华文化更好走向世界。这些均为包括世界文化遗产在内的我国文化遗产工作指明了方向、提供了根本遵循。

　　在党和国家领导人的高度关注下，我国文博工作者以习近平总书记关于文物工作的系列重要论述为指引，秉承世界遗产作为引领我国文物博物馆行业发展"鲜明旗帜"的高标准，努力推动习近平新时代中国特色社会主义思想在世界文化遗产领域的生动实践，在世界文化遗产各个领域不断探索，并取得了丰硕成果。

　　在此背景下，中国文化遗产研究院作为文化遗产保护利用的"国家队"，基于对行业高质量发展的责任和担当，组织了全国世界文化遗产领域的资深专家、遗产地专业人士，共同研创完成了《中国世界文化遗产保护研究报告

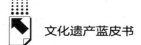
（2023）》，旨在为我国世界文化遗产保护管理事业提供决策依据和数据支撑，也为传播世界遗产保护理念提供有效途径。

本书系统分析了2022年中国世界文化遗产事业发展形势、取得的理论研究与实践成果、未来发展方向。其中，总报告全面总结了2022年世界文化遗产事业的国际形势与中国贡献、中国世界文化遗产保护实践总体特点以及面临的若干挑战，并提出应对这些挑战的建议。分报告基于翔实的中国世界文化遗产地监测年度报告数据，分别从机构与能力建设、遗产保存、遗产影响因素、遗产工程项目与日常管理方面分析了2022年中国世界文化遗产工作的详细状况。专题篇对现阶段世界遗产的国际形势及中国贡献、世界遗产的社会关注、世界遗产周边建设特点、气候变化背景下的世界遗产保护、大运河和长城国家文化公园建设实践情况进行了专题分析。特色遗产篇分别从天坛文物建筑预防性保护、普洱景迈山古茶林文化景观监测预警平台构建、大运河杭州段遗产保护利用与城市经济社会融合发展、《大运河画传》《长城画传》创作思路、中国文化遗产研究院历史资料数字化及数字资产管理系统构建方面，阐述了近些年我国世界文化遗产领域一线管理者、科研人员在新时代文物工作要求指导下取得的具有代表性的实践成果。

本书受到国家文物局文物保护与考古司（世界文化遗产司）及世界遗产处的重点支持，中国文化遗产研究院科研机构专项业务费的重点资助。本书的组织、协调以及总报告与分报告的编写，由中国文化遗产研究院负责。中国古迹遗址保护协会、北京市天坛公园管理处、杭州市京杭运河（杭州段）综合保护中心等机构为本书专题篇、特色遗产篇的编写提供了大力支持。

感谢乔梁先生、于冰女士、郑军先生对本书内容进行了仔细地审核，并提出了许多已在文中采纳的改进意见。社会科学文献出版社为本书的出版做了大量工作，在此表示诚挚谢意。

编　者

2023年12月

摘　要

　　《中国世界文化遗产保护研究报告（2023）》主要依据我国世界文化遗产保护管理机构 / 监测机构编写的 109 份《中国世界文化遗产 2022 年度监测年度报告》，由中国文化遗产研究院"中国世界文化遗产保护研究"课题组和文化遗产领域专家学者、遗产地专业人士共同研创完成。

　　报告分析了 2022 年世界文化遗产发展形势。报告认为，2022 年世界遗产事业进入新发展阶段。2022 年，正逢《保护世界文化和自然遗产公约》诞生 50 周年，联合国教科文组织以"下一个 50 年：世界遗产作为韧性、人文和创新的源泉"为主题，组织了各种活动回顾、庆祝过往 50 年取得的工作成绩，并以跨学科形式促进社会各界对世界遗产未来发展的反思。同时，联合国教科文组织继续通过召开研讨会、发布技术文件 / 工具、完善沟通机制等形式，促进世界遗产风险管理与预防性保护、世界遗产在应对气候变化活动中的角色与作用、世界遗产可持续利用、战争冲突下世界遗产保护等热点领域的理论研究与实践探索，以实现世界遗产可持续发展，并对人类可持续发展作出贡献。中国积极参与了世界遗产领域的全球治理，并取得一系列成果。

　　报告认为，2022 年我国世界文化遗产工作有以下值得关注的特点：国家发布新时代文物工作要求，为中国式现代化下的我国世界文化遗产事业高质量发展提供了方向；长城、大运河国家文化公园多点段出台保护利用规划，协同保护、周边环境整治、展示利用实践成果丰硕；石窟寺领域的科技支撑作用日益明显，科技保护、创新展示工作取得长足进步；国家统筹部署极端天气应对、文物安全防控工作，各地文物防灾减灾能力得到有效提升，遗产安全形势总体

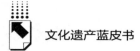

良好；申遗与预备名单培育工作积极推进，普洱景迈山古茶林文化景观完成国际组织的现场评估工作；国家战略和重大项目促使遗产地深化法律法规体系建设，新颁布实施地方性法规规章5项；文旅单位和事业单位改革继续影响世界文化遗产治理体系，16个遗产保护管理机构发生变化；中央财政提高对世界文化遗产地保护管理经费的支持力度，保护管理总经费较上年略有增长；保护管理理论与技术和安全培训继续得到重点关注，历史文化与大众教育培训占比明显提升；古遗址类遗产获多项重大考古发现，促进世界文化遗产突出普遍价值的深层次解读；2022年度遗产地游客量受新冠疫情影响较上年减少了26.78%，遗产旅游与游客行为对遗产地的压力有所缓解；各地积极探索遗产资源的多重利用途径，世界遗产社会属性和公益属性更加明显。

报告同时指出，本年度我国世界文化遗产事业也面临一些挑战。仍有近半数遗产地保护管理规划未按要求审批和公布实施，保护发展与建设管控失据；遗产地建设压力持续增大，威胁遗产本体及环境安全；病害调查及监测工作水平有待提升；各类遗产之间人员、经费不平衡现象明显，监测经费进一步下降；考古成果整理转化不足，价值阐释有待提升。报告提出，下一阶段我国世界文化遗产所在地人民政府要进一步提高政治站位，落实政府主体责任。各级文物部门要继续深入参与国际遗产事务，进一步提升中国话语权；理顺监测工作机制，提升监测技术水平；加快考古研究成果转化，加强古遗址类遗产价值阐释与传播等。

关键词： 世界文化遗产　遗产监测　保护管理　文物活起来

目 录 ⟿

Ⅰ 总报告

Ⅱ 分报告

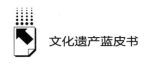
Ⅲ 专题篇

Ⅳ 特色遗产篇

皮书数据库阅读**使用指南**

总 报 告

General Report

2022 年中国世界文化遗产保护研究总报告

赵 云 燕海鸣 张依萌 罗 颖 *

摘 要： 2022 年，是《保护世界文化和自然遗产公约》（以下简称《世界遗产公约》）通过 50 周年。联合国教科文组织落实 10 年战略行动，加强遗产风险管理，积极应对气候变化，促进遗产可持续利用。同时，党的二十大报告强调"加大文物和文化遗产保护力度，加

* 赵云，中国文化遗产研究院中国世界文化遗产中心（中国世界文化遗产监测中心）主任、研究馆员，主要研究领域：世界文化遗产、文物保护；燕海鸣，中国文化遗产研究院中国世界文化遗产中心（中国世界文化遗产监测中心）副主任、研究馆员，中国古迹遗址保护协会秘书处主任，主要研究领域：世界遗产、遗产与中国社会；张依萌，中国文化遗产研究院中国世界文化遗产中心（中国世界文化遗产监测中心）副研究馆员，中国世界文化遗产监测预警总平台负责人，主要研究领域：中国世界文化遗产保护管理理论政策、世界文化遗产监测、长城考古与保护；罗颖，中国文化遗产研究院中国世界文化遗产中心（中国世界文化遗产监测中心）工程师，主要研究领域：世界文化遗产保护状况、遗产监测。

强城乡建设中历史文化保护传承,建好用好国家文化公园"。在此背景下,全国遗产保护形势总体较好,申遗与预备名单培育工作有序开展,国家战略驱动遗产保护法治建设,遗产保护专业力量趋于稳定。但中国世界文化遗产保护工作也面临保护管理规划滞后、遗产地建设压力增大、部分严重病害趋于恶化、经费分配不平衡、考古成果转化与价值阐释不足等挑战。下一步,中国应进一步提升国际话语权;各级政府应落实遗产保护主体责任,做好政策与资源支持。各遗产地保护管理机构应加强监测机构与技术体系建设,加快研究成果转化,重点加强古遗址类遗产价值阐释传播。

关键词: 世界文化遗产　可持续利用　国际话语权

一　世界文化遗产事业国际形势与中国贡献

2022 年,是《世界遗产公约》通过 50 周年。联合国教科文组织为落实 2011 年发布的《2012—2022 战略行动计划与设想》,进一步加强遗产风险管理,积极应对气候变化,促进遗产可持续利用,通过斡旋对话保护国际冲突下的世界遗产。中国继续积极推动国际合作与交流,探索应对气候变化问题的解决方案,并支持教科文组织"非洲优先"事项,发出中国声音。

(一)《世界遗产公约》迎来 50 年,联合国教科文组织总结成就、展望未来

1.《2012—2022 战略行动计划与设想》十年回顾

联合国教科文组织世界遗产中心在过去十年中积极落实 2011 年《世界遗产公约》诞生 40 周年之际第 18 届《世界遗产公约》缔约国会议通过的《2012—2022 战略行动计划与设想》,包括对列入名录的世界遗产进行周期性的价值回顾、保护监测、风险评估、能力培训、完善程序、出台政策、加强宣

传、发布纲要，以及更新《实施〈保护世界文化和自然遗产公约〉操作指南》（以下简称《操作指南》）等。第 23 届《世界遗产公约》缔约国会议对这些行动进行了回顾，对其成效予以肯定，并鼓励世界遗产中心在缔约国和咨询机构的支持下，继续开展《2012—2022 战略行动计划与设想》确定的各项活动。

2. 加强遗产风险管理

2022 年，为加强遗产风险管理与预防性保护，联合国教科文组织会同世界遗产委员会专业咨询机构共同更新了《世界遗产背景下的影响评估指南和工具包》[1]，国际文化财产保护与修复研究中心发布了"ABC 文化遗产风险管理系统"[2]。

3. 积极应对气候变化

本年度，联合国教科文组织、国际古迹遗址理事会和联合国政府间气候变化专门委员会联合主办了"文化、遗产与气候变化全球联合会议"，并发布《文化和自然遗产在气候行动中的作用》白皮书[3]和《关于文化、遗产和气候变化的全球研究与行动议程》[4]；国际古迹遗址理事会则发布了《非物质文化遗产、多元知识体系与气候变化》白皮书[5]。这三份文件旨在凸显世界遗产保护行动在应对气候变化中的积极作用。

4. 促进遗产可持续利用

2022 年，国际文化财产保护与修复研究中心联合多家机构发布了《数字化

---

① UNESCO, ICCROM, ICOMOS, IUCN, "Guidance and Toolkit for Impact Assessments in a World Heritage Context", 2022, accessed on 13 October 2023, https://openarchive.icomos.org/id/eprint/2707/.

② ICCROM, "Managing Risks to Cultural Heritage with the ABC System", 2022, accessed on 13 October 2023, https://www.iccrom.org/news/managing-risks-cultural-heritage-abc-system.

③ ICSM CHC, ICOMOS, "ICSM CHC White Paper III: The Role of Cultural and Natural Heritage for Climate Action: Contribution of Impacts Group III to the International Co-Sponsored Meeting on Culture, Heritage and Climate Change", 2022, accessed on 11 October 2023, https://openarchive.icomos.org/id/eprint/2719/.

④ ICSM CHC, ICOMOS, "Global Research and Action Agenda on Culture, Heritage, and Climate Change", 2022, accessed on 11 October 2023, https://openarchive.icomos.org/id/eprint/2716/.

⑤ ICOMOS, "ICSM CHC White Paper I: Intangible Cultural Heritage, Diverse Knowledge Systems and Climate Change: Contribution of Knowledge Systems Group I to the International Co-Sponsored Meeting on Culture, Heritage and Climate Change - ICOMOS Open Archive: EPrints on Cultural Heritage", 2022, accessed on 11 October 2023, https://openarchive.icomos.org/id/eprint/2717/.

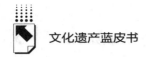
可持续性自评估工具》，以加强数字化能力建设并长期妥善保存数字化遗产。

国际古迹遗址理事会通过了《国际古迹遗址理事会（ICOMOS）国际文化遗产旅游宪章：通过负责任和可持续的旅游管理，加强文化遗产保护及社区韧性》，明确了文化遗产保护和社区权益的核心地位，强调负责任和多元化的旅游开发和管理，提倡社区参与治理，以促进旅游的可持续性[①]。

5.启动对话协商机制，保护国际冲突下的世界遗产

2022年2月，俄罗斯和乌克兰爆发冲突并迅速扩大，对乌克兰境内的文化遗产造成了威胁。受此影响，原定在俄罗斯喀山举办的第45届世界遗产大会推迟至2023年，并变更举办地为沙特阿拉伯首都利雅得。与此同时，世界遗产委员会及其咨询机构积极开展一系列行动以应对乌克兰遗产保护危机，包括研究加快推进乌克兰部分申遗项目和世界遗产项目列入《濒危世界遗产名录》、派员赴乌克兰考察，与俄乌双方就遗产保护、资金援助等问题积极沟通等。

（二）中国积极参与国际遗产事务，为《世界遗产公约》体系作出贡献

2022年，联合国教科文组织及各缔约国围绕"下一个50年：世界遗产作为韧性、人文和创新的源泉"这一主题开展了系列活动与遗产保护行动。中国政府努力推动国际遗产合作与文化交流，积极参与应对气候变化背景下的遗产保护、"非洲优先"业务战略等议题的讨论与实践。

1.积极推动国际遗产合作交流

2022年，庆祝联合国教科文组织《世界遗产公约》50周年——"海上丝绸之路"国际文化论坛在澳门举办。联合国教科文组织、国际古迹遗址理事会等国际遗产保护机构与来自10余个国家和地区的代表围绕海上丝绸之路的价值、研究理念与成果、保护风险和挑战等议题进行了深入广泛的交流，共同发

---

① ICOMOS，"International Charter for Cultural Heritage Tourism (2022): Reinforcing Cultural Heritage Protection and Community Resilience through Responsible and Sustainable Tourism Management"，2022，accessed on 11 October 2023，https://www.icomos.org/images/DOCUMENTS/Secretariat/2023/CSI/eng-franc_ICHTCharter.pdf.

表了《关于海上丝绸之路保护与申报世界文化遗产的澳门倡议》，支持推动国际合作和联合申遗进程，加强沿线各国（地区）遗产保护管理能力建设[①]。

2. 探索应对气候变化策略

2022 年，中国古迹遗址保护协会积极响应国际古迹遗址日"遗产与气候"的主题，举办了"遗产与气候"学术研讨会，对中国在遗产保护中应对气候变化的理念和经验进行总结，分析当前形势，明确工作方向，提出保护机构与气象部门加强联动，加强天气和灾害预报、常态化监测，建立灾害预警制度，以技术手段助力科学化管理等应对气候变化威胁的主张[②]。

3. 大力支持"非洲优先"业务战略

2021 年的教科文组织大会继续制定并通过了《非洲优先业务战略（2022—2029年）》[③]，支持非洲的《世界遗产公约》缔约国开展世界遗产能力建设，聚焦世界遗产申报和保护濒危遗产[④]。中国积极响应该战略，通过经验分享、技术和资金支持，为构建具有代表性、平衡性、可信性的《世界遗产名录》贡献力量。2022 年，首届中非文明对话大会在北京召开，由中国社会科学院主办，会议以"文明交流互鉴推动构建新时代中非命运共同体"为主题，为中非人文交流搭建了新平台。

二 中国世界文化遗产保护实践总体特点与发展趋势[⑤]

2022 年，国家发布多项重大遗产保护举措和新的文物工作要求，遗产保

---

① 《关于海上丝绸之路保护与申报世界文化遗产的澳门倡议》，"海上丝绸之路"国际文化论坛，2022，https://www.culturalheritage.mo/msricf/2022/assets/file/Initiative_s.pdf，最后检索时间：2023 年 8 月 12 日。

② 《2022 年国际古迹遗址日"遗产与气候"学术研讨会举行》，中国古迹遗址保护协会，2022，http://www.icomoschina.org.cn/content/details78_10650.html，最后检索时间：2023 年 8 月 12 日。

③ UNESCO, "Global Priority Africa: Draft Operational Strategy for Priority Africa 2022-2029", 2021, accessed on 12 October 2023, https://unesdoc.unesco.org/ark:/48223/pf0000379754.

④ UNESCO, "Second Phase of Global Priority Africa Consultations Launched", 2022, accessed on 12 October 2023, https://whc.unesco.org/en/news/2403.

⑤ 本节主要资料来源为我国世界文化遗产保护管理机构/监测机构在中国世界文化遗产监测预警总平台上编写的《中国世界文化遗产 2022 年度监测年度报告》，共计 109 份，涉及 41 项遗产、109 处遗产地（不含大昭寺、武夷山景区、大运河衡水—沧州段、澳门历史城区），统计时间为 2023 年 7 月 31 日。

护进入新阶段。全国遗产安全形势总体较好，各地积极探索提升遗产社会环境效益；申遗与预备名单培育工作有序开展，普洱景迈山古茶林文化景观顺利完成国际专家考察评估；各地积极推动遗产保护法治建设，服务国家发展战略；遗产保护专业力量趋于稳定，各地积极开展遗产保护管理理论与文物安全培训，历史文化研究与大众教育繁荣；古遗址类遗产获多项重大考古发现，大运河国家文化公园保护传承利用成果丰硕。

（一）重大遗产保护举措频出，遗产保护工作进入新阶段

1. 全面加强历史文化遗产保护传承与活化利用，新时代文物工作要求出台

2022 年 2 月 20 日，中共中央宣传部、文化和旅游部、国家文物局联合印发《关于学习贯彻习近平总书记重要讲话精神 全面加强历史文化遗产保护的通知》，要求学习贯彻习近平总书记关于历史文化遗产保护的重要论述和指示批示，为新时代增强文化自信、加强历史文化遗产保护指明了方向、提供了遵循[①]。

2022 年 7 月 22 日，在北京召开的全国文物工作会议确立了"保护第一、加强管理、挖掘价值、有效利用、让文物活起来"的新时代文物工作要求，顺应新时代新征程的趋势。

2. 长城、大运河国家文化公园多点段出台保护利用规划，协同保护、展示利用与环境整治项目相继实施

2022 年，党的二十大报告提出："加大文物和文化遗产保护力度，加强城乡建设中历史文化保护传承，建好用好国家文化公园。"这不仅是强调了国家文化公园建设的重要性，也为未来国家文化公园的建设发展明确了方向。全国多地纷纷建立了工作机制，相继出台了建设方案，推动具体项目落地。长城、大运河沿线多点段国家文化公园建设启动，开展了环境整治、修缮保护、资源数字化及档案管理、博物馆建设等多种项目。

---

① 《中共中央宣传部等 3 部门发文 全面加强历史文化遗产保护》，中华人民共和国中央人民政府，2022，https://www.gov.cn/xinwen/2022-02/20/content_5674766.htm，最后检索时间：2023 年 9 月 9 日。

甘肃、青海、山西、宁夏、山东、内蒙古等省区市在 2022 年相继发布长城国家文化公园建设保护规划；京津冀文物部门签订《全面加强京津冀长城协同保护利用的联合协定》，共同推动长城协同保护。

截至 2022 年底，大运河沿线省（直辖市）基本完成了大运河文化保护传承利用、大运河国家文化公园建设保护规划的编制工作。江苏省无锡市发布《梁溪区大运河文化带和国家文化公园建设三年行动计划（2022—2024 年）》。河南省郑州市出台的《郑州市大运河文化保护传承利用暨大运河国家文化公园建设实施方案》正式实施，洛阳市隋唐大运河文化博物馆正式面向公众开放。

2021 年 3 月，自然资源部、国家文物局联合印发了《关于在国土空间规划编制和实施中加强历史文化遗产保护管理的指导意见》，进一步加强规划协调。2022 年，大运河宁波段根据相关部署，采用精细化规划体系，编制遗产保护管理专项规划，积极探索在国土空间规划中充分落实文化遗产空间和遗产管控要求的途径，进一步明确、落实大运河遗产河道保护的具体范围及要求。同时，以可持续发展与新型城镇化为导向，协调指导沿线聚落保护和城市有机更新，促进宜居与开发一体化发展，实现遗产保护和城市发展双赢局面。

3. 推进石窟寺科技保护和创新展示

《"十四五"石窟寺保护利用专项规划》中明确提出，要加强科技创新，发挥科技支撑和引领作用，充分利用融媒体平台、云展览、数字化等现代科技手段，创新拓展石窟寺展示利用。

2022 年 1 月，大足石刻研究院联合复旦大学召开"砂岩质石窟岩体裂隙渗流精细探测与防治关键保护技术研究"会议，旨在解决大足石刻所面临的岩体裂隙渗水病害等问题。7 月，龙门石窟奉先寺完成了 50 年来的首次"大修"，龙门石窟研究院在对奉先寺进行"大修"的同时，还联合多个院校和科研院所组成科研团队对造像进行了检测，研究人员除了在卢舍那大佛身体表面发现绿色、红色、黑色颜料外，还首次在卢舍那大佛面部检测到金、银元素的存在。8 月，历时 10 年建设的全球敦煌文献资源共享平台"敦煌遗书数

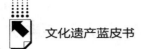

据库"正式上线，这是敦煌研究院首次向全球发布目前收录最全的敦煌遗书资料。杭州西湖风景名胜区管理委员会与浙江大学文化遗产研究院合作，对飞来峰造像开展全面三维数字化保护工作，对造像龛周边的 200 余处摩崖题刻进行拍照、拓片，进一步摸清遗产家底。同时，利用数字化手段，对飞来峰山体进行测绘，摸清造像的整体分布情况，为进一步保护、研究山体遗迹与文物价值提供基础数据支撑。

4. 国家文物局出台政策规划应对气候变化，要求建立健全文物防灾减灾体系

2022 年 4~5 月，国家文物局先后印发《国家文物局关于加强极端天气应对工作的紧急通知》和《文物安全防控"十四五"专项规划》。前者要求各文博单位密切关注极端天气发展，及时研判预警预报；抓紧排查，落实落细防灾减灾应急措施；加强值守备勤，妥善处置险情等。后者则明确提出开展各类文物灾害风险研究，摸清文物自然灾害风险和防灾减灾工作状况；出台文物防灾减灾管理制度和技术导则，实现文物防灾减灾应急预案和抢险应急物资储备全覆盖；探索专项科技与系统集成，开展专项培训，增强文博单位灾害预警和防灾减灾能力。

（二）遗产安全形势总体良好，人防技防结合保障遗产安全

2022 年，我国世界文化遗产保存状况整体良好，受灾遗产地数量和遗产受灾次数均较上一年大幅减少。近 97.81% 的环境监测项目和 89.6% 的病害处于防治较好或控制正常状态，未受到严重病害威胁的遗产地占比总体呈上升趋势，多项遗产要素的保存状况因实施日常养护工程或者是保护修缮工程而得到改善。全国文物火灾隐患整治和消防能力提升三年行动完成，文物安全防范和应急能力得到显著提升[1]。各地持续开展日常巡查工作，做到遗产要素全覆盖。国家文物局印发《文物安全防控"十四五"专项规划》，明确提出加强博物馆等文博机构的安全防护工程建设，根据防护对象的风险等级和实际需求，以入侵报警系统、视频监控系统、电子巡查系统为主要技术手段，建

---

[1] 《国家文物局通报 2022 年度文物行政执法和安全监管工作情况》，http://www.ncha.gov.cn/art/2023/3/31/art_722_180682.html，最后检索时间：2023 年 10 月 1 日。

设安全防范系统，提升文博单位安防能力。各遗产地积极推进消防工程建设，以提升遗产地火灾防控和消防能力。北京皇家园林—颐和园、"丝绸之路：长安—天山廊道的路网"沿线多处古遗址、古墓葬、石窟寺的安防工程得到了升级改造。

（三）遗产旅游经济效益下滑，各地积极探索提升社会与环境效益

2022 年，我国世界文化遗产地旅游经济受新冠疫情影响较大。在常态化疫情防控、科学精准落实防控措施的背景下，遗产旅游景区关闭时间延长，博物馆多次闭馆，各地严格落实"限量、预约、错峰"要求，因此全年接待游客总量大幅度减少。41 项遗产、109 处遗产地接待的游客总量由上一年的 2.39 亿人次锐减到 1.75 亿人次，减幅达 26.78%，导致各地门票收入和经营性收入均有所下滑。14.68% 的遗产地经济效益受挫明显。在这一形势背景下，各遗产地通过完善旅游产业链、提升服务水平、增加文化价值体验、整治周边环境等方式探索提高遗产旅游的社会和环境效益，取得了成效。据调查，分别有 61.47% 和 75.23% 的遗产地认为本年度社会效益和环境效益显著/较显著。

（四）积极推进申遗与预备名单培育工作，普洱景迈山古茶林文化景观接受国际组织的考察与评估

2022 年，多项预备名单中的遗产地开展了申遗相关工作。

普洱景迈山古茶林文化景观经国务院批准成为中国 2022 年正式申报世界文化遗产项目[①]。1 月 17 日，全国文物局长会议在京召开。国家文物局局长李群在会上表示，国家文物局将持续推进普洱景迈山古茶林文化景观的申遗工作。9 月，普洱景迈山古茶林文化景观接受了国际专家团队的考察与评估，获高度评价。

8 月，"北京中轴线——中国理想都城秩序的杰作"被确定为我国 2024 年世界文化遗产推荐申报项目。为配合申遗工作，北京市开展了考古、修缮、

---

① 受俄乌冲突影响，原定于俄罗斯喀山举行的第 45 届世界遗产大会推迟至 2023 年举行，普洱景迈山古茶林文化景观申遗也随之推迟。

环境整治、数字化展示等项目与系列宣传活动。

12月，海上丝绸之路保护和联合申报世界文化遗产城市联盟联席会议成功举办。此次会议审议并通过了香港、杭州、温州、茂名、佛山、钦州加入海上丝绸之路保护和联合申遗城市联盟的申请，至此已有34座城市加入联盟。会议还审议通过了《"海上丝绸之路·中国史迹"保护状况报告》和《海上丝绸之路保护和联合申报世界文化遗产三年行动计划（2023—2025年）》，与会代表鼓励各城市加强合作和联动，深化联合申遗策略研究，积极推进对申遗潜力点的保护和价值研究。

二里头遗址、古典中国的五镇祭祀传统、日喀则藏传佛教建筑、"自强运动工业遗迹：中国传统社会迈入近代化的摇篮"、上山文化遗址群等未列入预备名单的申遗培育项目也在加紧推进相关工作。

（五）国家战略驱动遗产保护法治建设与综合治理

2022年，全国各遗产地新颁布与遗产保护管理相关的规章制度64项，涉及13项世界文化遗产的18处遗产地。其中地方性法规1项、地方政府规章4项、地方规范性文件5项、日常管理制度54项，涉及遗产综合治理、机构管理、防灾减灾、宣传推广、人才引进、资产管理、保护修缮、工程管理、遗产监测、游客管理、安防消防、跨部门协调等诸多方面。

《北京中轴线文化遗产保护条例》着眼于遗产申报与保护管理的工作统筹、文旅融合，为2024年申遗项目"北京中轴线——中国理想都城秩序的杰作"提供支撑。部分大运河点段新颁布实施的规章制度则积极落实《大运河文化保护传承利用规划纲要》《关于促进大运河文化带建设的决定》等政策文件精神，将遗产管控纳入国土空间规划，进一步推动了中国世界文化遗产的综合治理。为落实《"十四五"文物保护和科技创新规划》《文物安全防控"十四五"专项规划》等要求，《丽江古城消防安全管理办法》提出推进"智慧消防"建设，实现对消防设施运行和火灾灾情的远程监控、及时预警与高效联动处置。

（六）专业力量不足状况有所好转，专职监测机构有所增加

2022 年，中国世界文化遗产保护事业从业人员共 32100 人 [①]，与上一年度数据基本持平，自 2019 年以来从业人员数量下降的势头得到遏制，在编人员占比较上年基本持平，保持在 70% 左右。有 50 处遗产地专业人员数量增加，其中 9 处增幅超过 25%。具有本科及以上学历的从业人员比重和专业技术人员数量占从业人员总数的比重均达到统计以来的历史新高，分别为 45.31% 和 27.04%。山西省文物局等 5 部门联合印发《文物全科人才免费定向培养实施办法》，探索通过定向培养的方式快速充实基层文博力量。

另根据《操作指南》《世界文化遗产保护管理办法》《中国世界文化遗产监测巡视管理办法》的相关要求，截至 2022 年，41 项遗产、109 处遗产地共设有 122 个监测机构 [②]。其中 49 处遗产地拥有专职监测机构或部门，4 处为本年度新设立。

（七）保护管理经费稳中有升，财政投入加大，宣传教育、安消防、日常养护经费占比增加

2022 年，我国世界文化遗产地保护管理经费（含中央、地方财政及自筹经费）共 108.58 亿元，其中财政经费占全国一般公共财政支出 [③] 的 0.034%，在 2019~2021 年的三连降之后，迎来小幅回升。其中，中央财政拨款约 19.94 亿元，占比 18.36%，较上一年度增长 4.87 个百分点；地方财政经费约 68.21 亿元，占比 62.82%，较上一年度增长 3.44 个百分点。其中保护管理经费来源

[①] 2019 年有效数据涉及 40 项遗产的 108 处遗产地，2020 年有效数据涉及 39 项遗产的 108 处遗产地，2021 年有效数据涉及 41 项遗产的 110 处遗产地，2022 年有效数据涉及 41 项遗产的 109 处遗产地。

[②] 部分系列遗产采取分片区监管的工作模式，因此存在多个监测机构，故监测机构总数大于遗产地总数。

[③] 根据财政部公布的 2022 年财政收支情况，2022 年全国一般公共预算支出 260609 亿元，比上年增长 6.1%。其中，中央一般公共预算本级支出 35570 亿元，比上年增长 3.9%；地方一般公共预算支出 225039 亿元，比上年增长 6.4%。

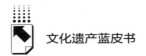

以地方财政经费为主的遗产地超过 65%，部分遗产地的保护管理经费全部来源于地方财政，其占比较上一年度显著增加。

从遗产类型看，作为中国世界文化遗产中数量占比最大的古建筑、古遗址及古墓葬类遗产，本年度获得的保护管理经费也相应较多；从经费使用方向看，宣传教育和安消防经费略有上升，这与国家总体工作部署和战略规划一致，也与 2022 年度行业培训和法治建设方面的趋势相吻合。值得注意的是，与往年相比，以地方财政为主要经费来源的安消防项目与日常养护经费占比明显增多，33 项遗产、64 处遗产地更是投入了专门经费用于遗产的日常养护工作，经费总额超过 3.7 亿元，较上年大增 140%。遗产地所在各省（自治区、直辖市）各级财政越来越重视文物安全，并予以大力支持。

（八）专业培训注重保护管理理论与文物安全，历史文化研究与大众教育繁荣

2022 年，全国多处遗产地共主办、承办或参与培训活动 419 次，培训总人数略有下降，但培训总时长较上一年增长近 60%。其中，遗产保护管理理论与技术、安消防仍是重点，占比分别为 28.95% 和 19.62%。与此同时，历史文化与大众教育相关培训的比重明显提升，达 18.90%，较上年度增加 5.86 个百分点。

本年度，34 项遗产、61 处遗产地开展了共 821 项学术研究，研究方向以理论研究和历史文化为主。此外，围绕大运河、长城国家文化公园建设主题，出现了以"画传丛书"为代表的新型大众科普读物。"画传丛书"作为适应人民群众文化品位不断提高的创新举措，在更深入、更广泛地普及历史文化知识、满足人民群众对美好生活向往等方面都有积极意义，为推动"让文物活起来"、为探索符合国情的文物保护之路、为中华优秀传统文化的传承以及扩大中华文化国际影响力做出了积极贡献。

上述历史文化培训、研究与科普成果也呼应了 2022 年度全国文物工作会议确立的新时代文物工作要求中"挖掘价值、有效利用、让文物活起来"的要求。

（九）古遗址类遗产获多项重大考古发现，大运河保护传承利用研究成果丰硕

2022 年，11 项遗产、19 处遗产地开展了 26 项考古调查和发掘项目，其中 22 项为当年新开展的考古工作。河南安阳殷墟商王陵及周边遗存，以及大运河的河南开封州桥及附近汴河遗址入选"2022 年度全国十大考古新发现"。此外，元上都遗址、"丝绸之路：长安—天山廊道的路网"沿线的汉魏洛阳城、秦始皇陵及兵马俑坑等遗产，以及申遗培育项目中的温州朔门古港遗址、二里头遗址、钓鱼城遗址、景德镇御窑遗址等均有重要考古发现。

本年度，为贯彻落实党中央、国务院领导关于大运河保护传承的系列批示、指示精神，践行《大运河文化遗产保护传承规划》《大运河国家文化公园建设保护规划》中提出的各项任务和建设目标，江南运河杭州段和浙东运河杭州萧山段围绕运河文化遗产保护传承利用大力开展课题研究，内容涵盖了运河文化遗产保护传承利用、历史环境管控等。这些课题均围绕杭州大运河自身遗产价值以及实际保护管理工作中的困难和需求，探寻适用于杭州运河的具体做法。

三　中国世界文化遗产保护工作的主要挑战

2022 年，中国世界文化遗产保护工作面临保护管理规划编制滞后、遗产地建设与利用压力增大、病害调查及监测工作水平有待提升、人员与经费分配不平衡、考古成果转化与价值阐释不足等挑战。

（一）近半数遗产地保护管理规划未按要求审批公布实施，保护发展协调与建设管控失据

作为世界文化遗产管理的规定动作之一，保护管理规划的编制实施是世界文化遗产地保护发展的重要工作支撑。与 2021 年相比，2022 年中国世界文

化遗产保护管理规划实施情况未见明显好转，仅有 19 项遗产、57 处遗产地（占比 50.44%）的保护管理规划通过国家文物局审定，并由省级人民政府公布实施。约 1/10 的遗产地保护管理规划虽经过国家文物局审定，但未按要求经省级人民政府公布实施。另有 4 项遗产的 6 处遗产地规划已过期，但未开展修编工作，以至于遗产地保护与发展缺少顶层设计，负面影响深远。

（二）遗产地建设与利用压力持续增大，严重威胁遗产安全

2022 年，中国世界文化遗产地建设与利用给遗产保护带来的压力持续增大。建设方面，遗产区、缓冲区范围内实施的建设项目共计 253 项，与上年相比剧增 93 项。表明本年度遗产地建设压力明显增加，这一现象也可能与新冠疫情期间项目大量积压有关。利用方面，尤其是遗产旅游方面，2022 年明清故宫－北京故宫、长城－八达岭、苏州古典园林、大运河－宁波三江口等遗产地持续发生刻画、涂鸦、"野游"受困、擅自翻越护栏、乱扔垃圾等人为破坏事件和游客不文明行为。这些行为既为遗产本体与环境保护带来一定压力，也对游客人身安全构成威胁。

（三）病害调查及监测工作水平有待提升，监测机制有待完善

2022 年，在 18 项遗产的 24 处遗产地记录上报的 104 处严重病害中，66 处（63.46%）严重病害开始恶化或者已经严重恶化。从实施机构来看，2022 年我国世界文化遗产严重病害的监测工作主要由外单位负责实施（53 处病害，占比 50.96%），其次是监测机构（36 处，占比 34.62%）。综合 2019~2022 年数据，监测机构实施监测的严重病害数量总体呈下降趋势，外单位实施监测的严重病害数量有上升趋势，尤其是 2022 年，上涨幅度明显。另有超过三成的遗产地连续三年无病害记录，可能与大部分遗产地没有设置统筹监测工作的专职机构有关。

从信息化水平看，约 1/3 的世界文化遗产地已建设监测体系平台，借助信息化手段开展监测工作。然而，其中近 1/5 的系统运行不稳定。在病害监测方面，目前超过 80% 的严重病害仍然通过人工定期观察进行监测，仅有

14.42% 的严重病害通过前端设备获取实时、精准的病害数据信息，这表明我国世界文化遗产病害监测领域与科技融合的深度和广度还有较大提升空间。

经费保障不足、已有设备或系统后期缺乏运维，是导致这些情况的主要原因。监测体制机制不顺、权责不清，是其背后深层次原因。此外，数据显示 2022 年度各遗产地开展的监测理论与技术相关培训占比进一步下降，专业培训不足也是影响监测工作顺利开展的重要因素。

（四）各类遗产之间人员、经费不平衡现象明显，监测经费进一步下降

2022 年，尽管遗产地从业人员数量下降势头得到控制，但仍然有部分遗产地从业人员数量下降明显。其中 2 处遗产地人员降幅超过 25%（含）。经费方面，虽然各级财政对世界文化遗产保护的支持力度整体上有所加大，但遗产地经费不平衡现象仍然显著。从遗产类别看，古村落、历史城镇和中心，古遗址及古墓葬，石窟寺及石刻三种类型的遗产地平均经费远低于古建筑类遗产。另外，我国世界文化遗产地监测经费遭遇自 2019 年以来的三连降，监测经费在保护管理经费总数中的占比也创下自 2016 年有此项统计记录以来的新低。有 39 处遗产地已连续三年未配置监测经费。此种局面更无法应对今后新工作的要求。为落实党的二十大提出的"加强城乡建设中的历史文化保护传承"的要求，满足历史文化传承和人文城市建设、加强石窟寺和大遗址保护利用工作的需要，实现"十四五"期间中国世界文化遗产保护监测目标，还有待配套更多资源支持。

（五）考古成果整理转化不足，价值阐释有待提升

2022 年，考古研究成果转化不足与价值阐释效果不佳仍然是古遗址及古墓葬、石窟寺及石刻类遗产保护利用的主要问题。

研究成果转化方面。多年来，中国各世界文化遗产地、预备名单中的遗产地以及申遗培育项目取得了诸多重大考古发现，但截至 2022 年，各遗产地的考古成果发表情况严重滞后。个别连续多年开展考古工作的遗产地目前尚

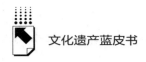

无任何正式报告发表。对于列入预备名单的遗产地和申遗培育项目而言，考古报告发表滞后，将严重影响申遗工作的进度。

展示利用方面。2022 年，全年游客量不超过 1 万人次的有 12 处遗产地，较上一年度增加了 4 处，其中 83.33% 为古遗址类型。这些遗产可观赏性差或地处偏远，对游客的吸引力不大，与此同时，各遗产地的价值阐释普遍不足。如何将遗产价值以通俗易懂的方式向普通公众进行传播展示，是需要认真研究的课题。

四　政策建议与重点任务

下一步，中国应继续深入参与国际遗产事务，进一步提升话语权。各级人民政府应提高政治站位，落实遗产保护主体责任，统筹多方，支持遗产地保护管理机构升级、保障基层力量并明确权责；积极推动保护管理规划编制并保障落实。各级财政应确保各遗产地保护经费更加均衡分配，并加大对监测工作的投入力度。各级文物部门应支持遗产地保护管理机构加强监测机构与队伍建设，提升监测技术水平，与考古机构合作加快研究成果转化，重点加强古遗址类遗产价值阐释传播。

（一）提高政治站位，落实政府主体责任

党的二十大报告阐明了中国式现代化的内涵特征和世界意义，以及新时代文化强国建设的目标任务和本质要求。2022 年 2 月 20 日，中共中央宣传部、文化和旅游部、国家文物局联合印发《关于学习贯彻习近平总书记重要讲话精神 全面加强历史文化遗产保护的通知》[①]。该《通知》要求加强统筹规划和科学布局，建立健全多部门参与的工作机制；深化研究中华文明特质和形态，让文物和文化遗产"活起来"；强化文物和文化遗产系统保护，深化

---

① 《中共中央宣传部等 3 部门发文 全面加强历史文化遗产保护》，中华人民共和国中央人民政府，2022，https://www.gov.cn/xinwen/2022-02/20/content_5674766.htm，最后检索时间：2023 年 9 月 9 日。

文化文物领域供给侧结构性改革；推动文明交流互鉴，传播中华文化、讲好中国故事。

中国世界文化遗产保护监测工作多年实践表明，国家的繁荣发展是中国世界文化遗产事业蓬勃发展的重要前提；中国特色社会主义制度是中国世界文化遗产实现高水平保护、利用、管理、研究的重要基础保障。而包括世界文化遗产在内的中国文化遗产保护利用传承工作又是实现中国式现代化和新时代文化强国建设的重要支撑。遗产保护利用传承工作的水平则与各级人民政府的遗产保护主体责任能否得到发挥密不可分。

为此，各级人民政府应进一步提高政治站位，依法切实落实遗产保护主体责任，做好遗产保护利用传承所需的队伍建设、机制协调、资源统筹与政策保障，实现中国世界文化遗产保护利用传承的跨越式发展，为第二个百年奋斗目标和中华民族的伟大复兴提供源源不断的精神动力。

1. 统筹多方联动，加强信息沟通

各级人民政府应充分发挥中国特色社会主义制度集中力量办大事的优势，建议由政府主要领导或主管领导协调本行政区内各职能部门及社会资源，并与周边相关行政区保持必要的沟通，定期召开联席会议，为遗产保护管理机构提供顶层支持，确保各项工作顺利开展。

各级文物部门应在职权范围内全面展示工作成果，及时反映问题，积极传播价值，主动回应质疑，努力争取本级政府和当地民众对世界文化遗产保护工作的支持。

2. 提升遗产保护管理机构级别，保障基层力量，赋权明责

各级人民政府应赋予辖区内世界文化遗产保护管理机构必要的管理、执法权限，并承担必要的责任和义务，使之在遗产地发生违法建设、旅游破坏等事件时有权及时加以制止和进行有效处置。同时应明确遗产保护管理机构与其他相关机构的职责权限，避免多头管理或推卸责任。

另外，应根据《人力资源社会保障部、国家文物局关于进一步加强文博事业单位人事管理工作的指导意见》（2019 年）精神，支持基层遗产保护队伍

建设，保证队伍稳定，避免人才流失。

3. 积极推动遗产保护管理规划编制，保障实施

世界文化遗产保护管理规划编制实施是联合国教科文组织对世界遗产申报与管理工作提出的明确要求，也是统筹中国世界文化遗产保护利用和遗产地协调发展的必要工作。滞后的保护管理规划相关工作，是当前中国世界文化遗产保护利用各项工作中最显著的薄弱环节，遗产所在地人民政府应充分予以重视，积极推动规划编制、更新，并采取必要措施确保规划有效实施。

4. 确保各遗产地保护经费均衡分配，加大监测与规划经费投入

在中国世界文化遗产保护经费总体充足的情况下，中央和各级财政应在充分调研遗产地实际需求的基础上，做好各遗产地和各项工作经费的统筹，避免资源向热点遗产地不合理集中。

各级财政应加大对中国世界文化遗产监测与保护管理规划编制工作的支持，监测经费方面，尤其是在队伍建设、科技支撑等方面，应给予足够的投入。

（二）继续深入参与国际遗产事务，进一步提升中国话语权

2022年，中国遵循《世界遗产公约》精神积极参与联合国教科文组织世界遗产相关国际事务，支持符合全人类福祉和保护世界遗产突出普遍价值的各项议题，积极推动国际合作，主动发出中国声音。在此基础上，未来还应继续深入研究国际遗产政策，结合本国国情，更加主动地设定议题，扩大和主导区域合作，大力深入推动文明交流互鉴。一是建议依托亚洲文化遗产保护联盟和基金会，筹划针对亚洲世界遗产的主题行动计划，凝聚亚洲共识；二是建议以海上丝绸之路等项目为依托，积极参与小岛屿发展中国家世界遗产计划和世界遗产海洋计划，推动世界遗产申报、管理、研究、利用方面的国际合作项目；三是建议积极开展主题研究，在近代冲突记忆遗产如何适应《世界遗产公约》的讨论、新冠疫情后世界遗产的恢复工作等新兴全球性议题讨论的关键节点上提出有建设性的意见和观点；四是建议做好国际话语与国

内实践的衔接，注重将国内工作成果转译为国际话语体系的惯用表达方式，以便更好地向国际社会介绍中国的世界遗产工作。

（三）理顺监测工作机制，提升监测技术水平

根据国家文物局《关于加强世界文化遗产监测能力建设的通知》（文物保函〔2012〕2007 号）、《关于开展中国世界文化遗产地基础数据采集，监测年度报告编制报送及监测体系建设专项评估工作的通知》（文物保函〔2015〕2666 号）等文件精神，各级文物部门应支持遗产地建设专职监测机构和信息化监测体系平台，加强对监测人员的专业培训，确保其具备必要的工作素质；鼓励新技术应用、研发与前端监测设备配备，并向所在地人民政府争取必要的政策支持，赋予监测机构从各部门获取所需数据的权限，为监测工作的高质量开展奠定基础。

（四）加快考古研究成果转化，加强古遗址类遗产价值阐释与传播

各级文物部门应支持遗产地保护管理机构与遗产属地考古科研机构密切合作，根据遗产申报、保护、展示的需要编制考古工作计划，有序开展工作，及时完成考古资料的整理与报告出版，并向积极开展申遗工作的文化遗产所在地政府宣讲考古成果及时发表的重要意义，争取更高层级的支持。

在对遗产价值充分研究的基础上，有关部门应委托专业机构积极开展遗产价值阐释传播方面的研究，并积极推进遗产地配套阐释与展示利用提升项目，提高古遗址类世界文化遗产的可读性和吸引力，充分体现遗产的当代价值。

参考文献

新华社：《中共中央办公厅、国务院办公厅印发〈长城、大运河、长征国家文化公园建设方案〉》，中华人民共和国中央人民政府网站，2019 年 12 月 5 日，https://

www.gov.cn/zhengce/2019-12/05/content_5458839.htm，最后检索时间：2023 年 9 月 6 日。

新华社：《习近平主持中央政治局第二十三次集体学习并讲话》，中华人民共和国中央人民政府网站，2020 年 9 月 29 日，https://www.gov.cn/xinwen/2020-09/29/content_5548155.htm?ivk_sa=1023197a），最后检索时间：2023 年 9 月 7 日。

国家文物局：《国家文物局关于印发〈"十四五"石窟寺保护利用专项规划〉的通知》（文物保发〔2021〕34 号），中华人民共和国中央人民政府网站，2021 年 11 月 1 日，https://www.gov.cn/zhengce/zhengceku/2021-12/08/content_5659232.htm，最后检索时间：2023 年 9 月 10 日。

国家文物局：《国家文物局关于印发〈大遗址保护利用"十四五"专项规划的通知》（文物保发〔2021〕29 号），中华人民共和国中央人民政府网站，2021 年 10 月 12 日，https://www.gov.cn/zhengce/zhengceku/2021-11/19/content_5651816.htm，最后检索时间：2023 年 9 月 10 日。

联合国教育、科学及文化组织：《联合国教育、科学及文化组织组织法》，2022。

新华社：《习近平主持中共中央政治局第三十九次集体学习并发表重要讲话》，中华人民共和国中央人民政府网站，2022 年 5 月 28 日，https://www.gov.cn/xinwen/2022-05/28/content_5692807.htm，最后检索时间：2023 年 9 月 10 日。

李六三：《深入学习贯彻新时代文物工作方针 推动文化遗产保护事业发展》，国家文物局网站，2022 年 9 月 7 日，http://www.ncha.gov.cn/art/2022/9/7/art_2646_177107.html，最后检索时间：2023 年 8 月 17 日。

中国气象局国家气候中心：《中国气候公报（2022）》，中国气象局宣传科普中心（中国气象报社），2022。

中华人民共和国文化和旅游部编《中华人民共和国文化和旅游部 2022 年文化和旅游发展统计公报》，中国统计出版社，2022。

ICCROM，"Guidance and Tookit for Impact Assessment in a World Heritage Context"，2022.

Marie-Theres Albert, Roland Bernecker, Claire Cave, Anca Claudia Prodan, Mattias Ripp, eds., *50 Years World Heritage Convention: Shared Responsibility –*

Conflict & Reconciliation(Springer, 2022).

WHC，*World Heritage Review n103*，2022.

王芳、段若男:《专题报告一：2018 年度中国世界文化遗产舆情分析报告》,《中国文化遗产》2019 年第 6 期。

中国文化遗产研究院:《中国世界文化遗产 2019 年度保护状况总报告》，文物出版社，2020。

中国文化遗产研究院:《中国世界文化遗产 2020 年度保护状况总报告》，文物出版社，2021。

李六三、赵云、燕海鸣主编《中国世界文化遗产保护状况报告（2021~2022）》，社会科学文献出版社，2022。

高进安、高晨翔、张思宇:《国内外"双重战略"背景下的世界遗产工作研究》，《国际公关》2023 年第 12 期。

WHC, "Report on the results of the Third Cycle of Periodic Reporting exercise in Asia-Pacific", 2023, accessed on 21 August 2023, UNESCO World Heritage Centre-Extended 45th session of the World Heritage Committee.

分 报 告

Topic-Specific Reports

B.2
2022 年中国世界文化遗产机构与能力建设分析报告[*]

高晨翔[**]

摘　要： 在第八次国务院机构改革方案的带动下，我国世界文化遗产保护管理机构经历了持续的调整与变革，2022 年度有 10.26% 的机构发生性质转变。机构改革实施后，我国世界文化遗产保护管理机构的从业人数虽有所减少，但专业技术人员比例

---

　* 本报告主要资料来源为我国世界文化遗产保护管理机构 / 监测机构在中国世界文化遗产监测预警总平台上编写的《中国世界文化遗产 2022 年度监测年度报告》，共计 109 份，涉及 41 项遗产、109 处遗产地（不含大昭寺、武夷山景区、大运河衡水—沧州段、澳门历史城区），统计时间为 2023 年 7 月 31 日。

** 高晨翔，中国文化遗产研究院中国世界文化遗产中心（中国世界文化遗产监测中心）文博馆员，主要研究领域：世界遗产国际趋势、系列遗产、遗产阐释。

和学历层次有所提高，本科及以上学历的从业人员占比达到 45.31%，专业技术人员占比达到 27.04%。2022 年度的行业培训仍以线上为主，培训规模减小，但深度有所增加，同时引入了世界遗产管理和遗产影响评估方面的最新理念。在新时代文物工作要求下，展示阐释和防灾减灾得到进一步重视，这一变化在行业培训主题和机构经费支出方面有所体现。

关键词： 世界文化遗产　遗产保护管理　机构能力建设

一　我国世界文化遗产地保护管理机构状况

（一）机构改革继续牵动遗产治理体系

2022 年，我国 41 项遗产、109 处遗产地共设有 156 个[①] 保护管理机构。

管理体系方面，109 处遗产地中有 98 处遗产地为单一机构管理（占比 89.91%），11 处遗产地为多机构共同管理，分别为：长城 – 山海关，承德避暑山庄及其周围寺庙，明清皇家陵寝 – 明孝陵，元上都遗址，大运河 – 江南运河嘉兴段，大运河 – 江南运河杭州段，大运河 – 浙东运河绍兴段，大运河 – 通惠河北京旧城段，大运河 – 北、南运河天津三岔口段，左江花山岩画文化景观，"泉州：宋元中国的世界海洋商贸中心"。多机构共同管理的情况主要见诸大型系列遗产，往往涉及多个归口管理部门，通常以一个机构作为牵头单位，通过联席会议等机制会同各机构共同治理。

机构级别方面，厅（局）级保护管理机构 15 个，占比 9.62%；处（县）级保护管理机构 57 个，占比 36.54%；科（乡）级保护管理机构 63

---

① 遗产地专门管理机构与综合管理机构合并统计。

个，占比40.38%；股级保护管理机构14个，占比8.97%，其他无行政级别的保护管理机构7个，占比4.49%。2022年机构级别的显著结构性变化主要是因为新列入《世界遗产名录》的"泉州：宋元中国的世界海洋商贸中心"遗产构成较多且单个遗产构成的保护管理机构级别较低（见图1）。

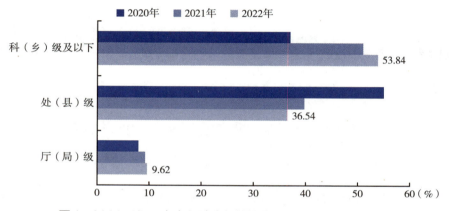

图1 2020~2022年各级遗产保护管理机构行政级别比重变化

注：因历年统计基数不同，图表并不直观反应机构数量变化，仅展示比重变化情况。

资料来源：2020~2022年我国世界文化遗产监测年度报告。

2022年，156个保护管理机构中，有16个机构发生性质和职能定位变化，占机构总数的10.26%，主要表现为"三定"[①]方案变化、归口部门变化、加挂牌子等，通常直观反映在机构名称、上级管理单位、经费来源的调整（见表1）。

----

① "三定"指的是定机构、定职能、定编制，是机构存在、履职和追责的依据。

序号	遗产地	变化类型	具体变化
	表 1	2022 年度发生机构性质和职能定位变化的保护管理机构	
1	明清皇家陵寝－清福陵	机构名称变化；上级管理单位变化	机构名称由沈阳市园林绿化管护与城市建设综合执法中心变更为沈阳市东陵公园管理中心；上级管理单位由沈阳故宫博物院变更为沈阳市城市管理行政执法局
2	明清皇家陵寝－清永陵	上级管理单位变化	上级管理单位由新宾县文化旅游广电发展中心变更为新宾满族自治县文化旅游和广播电视局
3	明清皇家陵寝－清昭陵	上级管理单位变化	上级管理单位由沈阳故宫博物院变更为沈阳市城市管理综合行政执法局
4	明清皇家陵寝－十三陵	机构名称变化	机构名称由北京市昌平区十三陵特区办事处变更为北京市昌平明十三陵管理中心
5	"丝绸之路：长安－天山廊道的路网"－唐长安城大明宫遗址	机构名称变化；上级管理单位变化；机构级别变化	机构名称由西安曲江大明宫国家遗址公园管理有限公司变更为西安曲江大明宫遗址区保护改造办公室；上级管理单位由西安曲江大明宫遗址区保护改造办公室变更为西安曲江新区管理委员会；保护管理机构级别提升
6	"丝绸之路：长安－天山廊道的路网"－锁阳城遗址	机构名称变化；经费来源变化	机构名称由甘肃省瓜州县锁阳城遗址文物保护所变更为瓜州县文物保护与开发利用中心（加挂"瓜州县长城保护所""瓜州县锁阳城遗址文物保护所"的牌子）；经费来源由财政差额拨款变更为财政全额拨款
7	"丝绸之路：长安－天山廊道的路网"－悬泉置遗址	上级管理单位变化	上级管理单位由敦煌市文体广电和旅游局变更为敦煌市文物局
8	"丝绸之路：长安－天山廊道的路网"－玉门关遗址	上级管理单位变化	上级管理单位由敦煌市文体广电和旅游局变更为敦煌市文物局
9	"丝绸之路：长安－天山廊道的路网"－克孜尔尕哈烽燧	机构名称变化	机构名称由库车市文化体育广播电视和旅游局变更为库车市文化体育广播电视和旅游局（文物局），加挂"文物局"牌子
10	"丝绸之路：长安－天山廊道的路网"－苏巴什佛寺遗址	机构名称变化	机构名称由库车市文化体育广播电视和旅游局变更为库车市文化体育广播电视和旅游局（文物局），加挂"文物局"牌子
11	"丝绸之路：长安—天山廊道的路网"－小雁塔	经费来源变化	经费来源由财政差额拨款变更为财政全额拨款
12	"丝绸之路：长安—天山廊道的路网"－兴教寺塔	上级管理单位变化	上级管理单位由西安市文化和旅游局变更为西安市文物局

			续表
序号	遗产地	变化类型	具体变化
13	大运河－含嘉仓160号仓窖遗址	机构名称变化；"三定"方案变化；机构级别变化；经费来源变化	机构名称由洛阳市文物考古研究院变更为洛阳隋唐大运河文化博物馆；机构级别由副处（县）级变更为正科（乡）级；经费来源由财政差额拨款变更为财政全额拨款
14	大运河－通济渠商丘夏邑段	上级管理单位变化	上级管理单位由夏邑县文物管理局变更为夏邑县文物局
15	大运河－卫河（永济渠）浚县段（含黎阳仓遗址）	机构名称变化	机构名称由浚县文物旅游局变更为浚县旅游发展服务中心
16	左江花山岩画文化景观	遗产区Ⅰ 上级管理单位变化	宁明县花山岩画管理中心的上级管理单位由宁明县人民政府变更为宁明县林业局
		遗产区Ⅱ 机构名称变化；上级管理单位变化	龙州县花山岩画管理中心的机构名称变更为龙州县文物保护和考古管理中心（龙州县岩画保护中心）；上级管理单位由龙州县人民政府变更为龙州县文化体育和旅游局

资料来源：2021~2022年我国世界文化遗产监测年度报告。

（二）专职监测机构占比提高4.98个百分点

根据《操作指南》《世界文化遗产保护管理办法》《中国世界文化遗产监测巡视管理办法》的相关要求，截至2022年，我国41项遗产、109处遗产地共设有122个监测机构，部分遗产地设立有多个监测机构。其中49处遗产地的49个监测机构为专职监测机构，占监测机构总数的40.16%，较上一年（占比35.18%）提高了4.98个百分点。在同等条件下，专职监测机构较之兼职监测机构，职责更加明确，能够更加专注于遗产监测工作。2022年度，长城－八达岭、北京皇家祭坛—天坛、福建土楼－高北土楼群新成立专职监测机构，五台山－台怀核心区通过机构改革将既有机构转化为专职监测机构（见表2）。

表 2	2022 年度新设立专职监测机构或专职监测部门的遗产地		
序号	遗产地	机构性质	机构名称
1	长城－八达岭	内设的专职部门	长城文物管理科
2	北京皇家祭坛—天坛	内设的专职部门	遗产办公室
3	福建土楼－高北土楼群	内设的专职部门	龙岩市永定区福建土楼世界遗产监测中心
4	五台山－台怀核心区	独立法人的专职机构	五台山风景名胜区世界遗产保护中心

资料来源：2021~2022 年我国世界文化遗产监测年度报告。

据统计，我国约 1/3 的世界文化遗产地已建设体系监测平台，借助信息化手段开展监测工作。然而，其中 18.18% 的遗产地存在系统运行不稳定的情况[①]，设备设施老化和缺乏运维资金是主要原因。此外，机构间权责不清、遗产管理业务流线变化、缺乏对新上岗监测人员的培训也是影响监测工作顺利开展的重要因素。

二　我国世界文化遗产地从业人员状况

（一）从业人员数量下降的势头得到遏制，编制内从业人员占比稳定在较高水平

2022 年，我国 41 项遗产、109 处遗产地共有从业人员 32100 人，与上一年度数据基本持平，自 2019 年以来世界文化遗产地从业人员数量下降的势头得到遏制[②]。与此同时，在编人员占从业人员总数的比重经过波动，基本稳定在 70% 左右，属于有此统计数据以来的历史高位[③]，这一现象一方面与党和政府愈发重视文化遗产事业有关，另一方面也与新冠疫情期间遗产地为节约开支缩减临时工作人员队伍规模有关（见图 2）。

[①] 资料来源：中国世界文化遗产监测预警总平台，https://monitor.wochmoc.org.cn/，最后检索时间：2023 年 9 月 1 日。

[②] 2019 年有效数据涉及 40 项遗产的 108 处遗产地，2020 年有效数据涉及 39 项遗产的 108 处遗产地，2021 年有效数据涉及 41 项遗产的 110 处遗产地，2022 年有效数据涉及 41 项遗产的 109 处遗产地。

[③] 中国文化遗产研究院中国世界文化遗产中心自 2019 年起开始统计该数据。

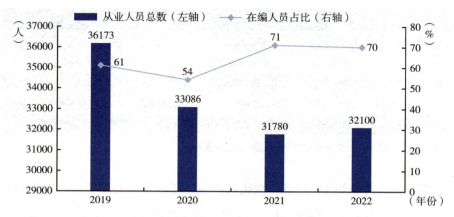

图2　2019~2022 年我国世界文化遗产地从业人员变化

资料来源：2019~2022 年我国世界文化遗产监测年度报告。

2022 年，全国 41 项遗产的 109 处遗产地中，31.19% 的遗产地从业人数保持稳定。有 75 处遗产地的从业人数发生变化，其中从业人员数量变化增幅超过 25%（含）的遗产地有 9 处；增幅在 0~25% 的有 41 处；降幅在 0~25% 的有 23 处；降幅超过 25%（含）的有 2 处。与上一年度相比，从业人员数量变化增幅超过 25%（含）和降幅超过 25%（含）的遗产地数量均有所减少，但各遗产地之间的人才队伍规模仍存在较大差距。

（二）从业人员学历层次逐年提高

2022 年，全国 41 项遗产的 109 处遗产地的 32100 名从业人员中，202 人具有博士学历，2058 人具有硕士学历，12284 人具有本科学历，17323 人具有本科以下学历。具有本科及以上学历的从业人员比重自 2019 年以来逐年攀升，截至 2022 年已达到 45.31%，为历史新高[①]。与此同时，专业技术人员数量占从业人员总数的比重也呈上升趋势，截至 2022 年已达到 27.04%（见图3）。专业技术人员中，高级、中级、初级及以下职称人员的占比没有显著变化（见图4）。

---

①　中国文化遗产研究院中国世界文化遗产中心自 2019 年起开始统计该数据。

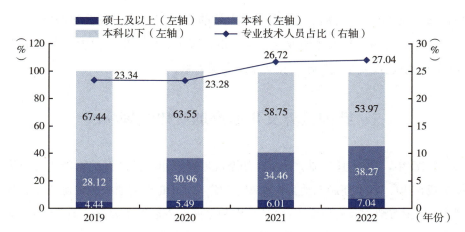

图3　2019~2022 年我国世界文化遗产地从业人员学历层次及专业技术人员占比

注：2021 年有 0.78% 的从业人员未统计学历层次，2022 年有 0.72% 的从业人员未统计学历层次。

资料来源：2019~2022 年我国世界文化遗产监测年度报告。

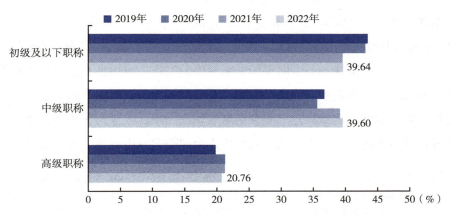

图4　2019~2022 年我国世界文化遗产地专业技术人员的职称结构

资料来源：2019~2022 年我国世界文化遗产监测年度报告。

2022 年 5 月，山西省文物局等五部门联合印发《文物全科人才免费定向培养实施办法》，此举预计将在"十四五"期间培养 600 名文物全科人才。文物全科人才免费定向培养是对文博人才培养模式的新探索，其优势在于教学与实践的紧密结合，高校将根据文物保护利用工作的需要优化课程设计，文

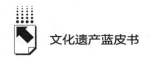
物行政主管部门配合高校为文物全科人才的专业实习和实践教学提供便利，接受培养的文物全科人才毕业后到县（市、区）及以下文物保护事业单位定向就业，快速投入相关工作，充实基层文保力量。

三 我国世界文化遗产地法律法规状况

2022 年，全国 41 项遗产、109 处遗产地新颁布与遗产保护管理相关的法律法规 64 项，其中新颁布地方性法规①1 项，为《北京中轴线文化遗产保护条例》；新颁布地方政府规章②4 项，分别为《丽江古城消防安全管理办法》《常州市水文管理办法》《大运河常州段核心监控区国土空间管控实施细则》《嘉兴市大运河核心监控区国土空间管控细则》；新颁布地方规范性文件③5 项，分别为嘉兴市文化广电旅游局等单位联合印发的《嘉兴市大运河世界文化遗产涉建项目管理细则（试行）》和北京市市场监督管理局发布的 4 份文物相关技术规范④；新颁布保护管理机构日常管理制度⑤54 项（见表 3）。

《北京中轴线文化遗产保护条例》由北京市第十五届人民代表大会常务委员会在"北京中轴线——中国理想都城秩序的杰作"申报世界遗产的背景下通过并实施。该申遗项目的遗产构成涉及已经列入《世界遗产名录》的三项遗产：明清故宫－北京故宫、北京皇家祭坛—天坛、大运河－通惠河北京旧城段，其中大运河－通惠河北京旧城段作为"与北京中轴线形成和发展密切

---

① 地方性法规指省、自治区、直辖市、设区市的人民代表大会及其常务委员会根据本行政区域的具体情况和实际需要，在不同上位法相抵触的前提下，以当地一个或几个特定的世界文化遗产为对象，制定的地方性法规。其中设区市的地方性法规须报省、自治区的人民代表大会常务委员会批准后施行。

② 地方政府规章指省、自治区、直辖市和设区市的人民政府根据法律、行政法规和本行政区域内的地方性法规，以一个或几个特定的世界文化遗产为对象制定的规章。

③ 地方规范性文件指除地方性法规、自治条例和单行条例、地方政府规章以外的，由地方国家机关、企事业单位、社团或其他组织制定并发布的与世界文化遗产保护管理相关的对外具有普遍约束力的文件。

④ 北京市市场监督管理局 2022 年发布《文物建筑修缮工程操作规程》《古建筑维护与加固技术规范》《文物建筑雷电防护技术规范》《文物艺术品数据元规范》，共计 4 份文物相关技术规范。

⑤ 日常管理制度指遗产管理机构、部门针对遗产保护管理工作制定的制度、规程等内部文件。

相关的历史河湖水系和水文化遗产"受到该条例保护。该条例不仅为上述遗产地的保护提供了新的刚性约束，还为促进文旅融合以及让遗产保护成果惠及民众提供了指导。

《丽江古城消防安全管理办法》由丽江市人民政府印发实施，适用范围包括列入《世界遗产名录》的大研古城（含黑龙潭）、白沙民居建筑群、束河民居建筑群三片区域内居住、经营、旅游和从事保护、管理等活动的单位和个人。该管理办法提出要推进"智慧消防"建设，运用大数据、物联网、云计算等现代信息技术，实现对消防设施运行远程监控、火灾隐患动态监管、火灾事故提前预警、火灾处置高效联动。

《常州市水文管理办法》《大运河常州段核心监控区国土空间管控实施细则》《嘉兴市大运河核心监控区国土空间管控细则》《嘉兴市大运河世界文化遗产涉建项目管理细则（试行）》均涉及世界遗产大运河，分别从水利和用地两方面予以管控，进一步推动了大运河的跨部门综合治理。

《北京中轴线文化遗产保护条例》的颁布照应了新申遗项目的管理需要。《丽江古城消防安全管理办法》的出台回应了《关于进一步加强文物消防安全工作的指导意见》和全国文物系统文物火灾隐患排查整治和消防能力提升三年行动。《大运河常州段核心监控区国土空间管控实施细则》和《嘉兴市大运河核心监控区国土空间管控细则》的出台则是基于贯彻落实《大运河文化保护传承利用规划纲要》《关于促进大运河文化带建设的决定》等政策文件的需要。国家战略和重大项目仍是遗产地深化法律法规体系建设的主要驱动力。

表3 2022 年度新颁布的地方性法规和地方政府规章

序号	遗产名称	文件类别	文件名称	批准时间	批准机关
1	列入《世界遗产名录》的北京市部分世界文化遗产	明清故宫－北京故宫、北京皇家祭坛—天坛、大运河－通惠河北京旧城段	地方性法规	《北京中轴线文化遗产保护条例》	2022 年 5 月	北京市第十五届人民代表大会常务委员会
2	丽江古城	地方政府规章	《丽江古城消防安全管理办法》	2022 年 8 月	丽江市人民政府

					续表
序号	遗产名称	文件类别	文件名称	批准时间	批准机关
3	大运河－江南运河常州城区段	地方政府规章	《常州市水文管理办法》	2022 年10 月	常州市人民政府
4	大运河－江南运河常州城区段	地方政府规章	《大运河常州段核心监控区国土空间管控实施细则》	2022 年9 月	常州市人民政府
5	大运河－江南运河嘉兴—杭州段	地方政府规章	《嘉兴市大运河核心监控区国土空间管控细则》	2022 年7 月	嘉兴市人民政府

资料来源：2022 年我国世界文化遗产监测年度报告。

2022 年新颁布的 54 项保护管理机构日常管理制度共涉及 12 项世界文化遗产，涵盖机构管理、防灾减灾、宣传推广、人才引进、资产管理、保护修缮、工程管理、遗产监测、游客管理、安防消防、跨部门协调等诸多方面，其中明清故宫－北京故宫出台的保护管理机构日常管理制度数量最多（见图 5）。

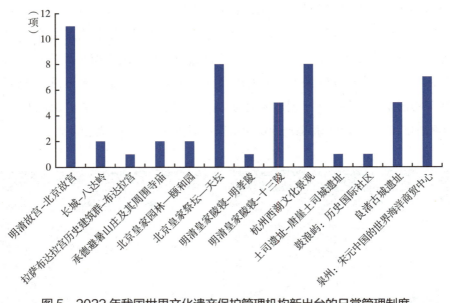

图 5　2022 年我国世界文化遗产保护管理机构新出台的日常管理制度

资料来源：2022 年我国世界文化遗产监测年度报告。

四 我国世界文化遗产地培训情况

（一）行业培训更加精专

2022 年，全国 41 项遗产、109 处遗产地共主办、承办或参与培训活动 419 次，较上一年增长了 5.54%，培训总人数为 22163 人，较上一年减少了 6.72%，但培训总时长较上一年增加了 59.02%，表明行业培训活动更加注重深度，朝着"小而精"的方向发展。其中，受众较多的专业技术培训包括：北京天坛与古代天文学（532 人）、世界遗产保护管理和能力建设培训班（517 人）、大运河江南运河南浔段遗产监测云线上培训（300 人）、2022 亚太地区古建筑保护与修复技术高级人才研修班——遗产与国际化（277 人）、2022 年红河哈尼梯田保护知识培训会（180 人）等（见表 4）。

序号	培训名称	培训时间	举办单位
\multicolumn{4}{c}{表 4　2022 年度行业影响力较大的培训}			
1	世界遗产保护管理和能力建设培训班	2022 年 1 月	国家文物局、国际文化财产保护与修复研究中心联合主办
2	全国博物馆讲解员线上培训班	2022 年 2 月	中国文物报社主办
3	建筑遗产预防性保护技术培训班	2022 年 4 月	中国文物保护协会文物建筑安全检测鉴定与抗震评估专业委员会主办
4	中国文化遗产公开课"文物基础概论第二期"线上培训班	2022 年 4 月	中国文物报社主办
5	佛教考古与石窟寺考古研究专题研修班	2022 年 7~9 月	国家文物局、山西省文物局指导，北京大学考古文博学院、北京大学宗教考古研究所、云冈研究院共同主办
6	碑刻石刻文物拓印管理线上培训班	2022 年 8~9 月	国家文物局主办
7	2022 年度浙江省世界文化遗产监测培训班	2022 年 11 月	浙江省文物局主办
8	2022 年度田野考古实践培训班	2022 年 9~12 月	国家文物局主办，北京大学考古文博学院、山东省文物考古研究院承办

			续表
序号	培训名称	培训时间	举办单位
9	2022 亚太地区古建筑保护与修复技术高级人才研修班——遗产与国际化	2022 年 12 月	联合国教科文组织亚太地区世界遗产培训与研究中心苏州分中心主办

资料来源：2022 年我国世界文化遗产监测年度报告。

2022 年，我国世界文化遗产地主办、承办或参与的培训活动中，保护管理理论与技术相关培训占比达 28.95%，虽然较上一年略有下降，但仍是所有培训门类中占比最高的一类；监测理论与技术相关培训的比重进一步下降，仅占比 5.74%；历史文化与大众教育相关培训的比重大幅提升，占比 18.90%（见图 6）。保护管理理论与技术相关培训的持续大规模开展和历史文化与大众教育相关培训数量的走高呼应了 2022 年度全国文物工作会议确立的"保护第一、加强管理、挖掘价值、有效利用、让文物活起来"的新时代文物工作要求。新时代文物工作要求昭示了我国文物保护工作正在从抢救性保护向抢救性与预防性保护并重、从文物本体保护向文物本体与周边环境的整体性保护转变，同时强调了文物价值研究和阐释的重要性，指明了提高文物利用水平、更好发挥文物作用的方向。

2022 年因新冠疫情防控需要，行业培训仍多以线上教学或线上线下教学相结合的模式开展。

（二）世界遗产领域的专业管理方法得到传播推广

2022 年 1 月 10~14 日，世界遗产保护管理和能力建设培训班以线上形式举办，来自中国的 33 名学员（含港澳台学员）和来自西班牙、韩国、沙特阿拉伯、叙利亚等国的 37 名学员参加了培训。此次课程由 2 位中国专家和 5 位国际文化财产保护与修复研究中心专家共同授课，涵盖世界遗产基本知识、发展趋势、价值研究、保护管理、监测预警、防灾减灾等多个方面，辅以国内外典型案例，课程内容丰富，体系性强。

图 6　2018~2022 年我国世界文化遗产地各类培训主题占比

资料来源：2018~2022 年我国世界文化遗产监测年度报告。

值得关注的是，本次培训设置了"提升我们的遗产"（Enhancing our Heritage, EoH）工具包专题课程。"提升我们的遗产"工具包最初由世界自然保护联盟制定，用于评估世界自然遗产的管理成效，但随着近年来"文化－自然融合"工作的深入，也越来越多地用于指导世界文化遗产的工作。运用该工具包定期开展评估，有利于及时掌握管理现状与管理目标之间的差距，从而动态优化管理手段。与此同时，针对近年来世界遗产所面临的日益严峻和复杂的影响因素，本次培训还宣介了新版《世界遗产背景下的影响评估指南和工具包》中的理念和方法，提出遗产区和缓冲区外"更广泛的背景环境"中若存在可能影响遗产价值的风险项目，也应开展遗产影响评估。

五　我国世界文化遗产地文物保护经费状况

（一）文物保护管理经费中的财政经费比重小幅回升

2022 年，我国世界文化遗产地保护管理经费总数 108.58 亿元，较上一年度略有增长。其中，中央财政经费 19.94 亿元，占比 18.36%，较上一年度增长 4.87 个百分点；地方财政经费 68.21 亿元，占比 62.82%，较上一年度增长 3.44 个百分点；自筹经费 20.43 亿元，占比 18.82%。2022 年，我国世界文化遗产地保护管理经费中的中央财政经费和地方财政经费占全国一般公共财政支出[①]的 0.034%，这一比重在经历 2019~2021 年的三连降之后，迎来小幅回升（见图 7）。

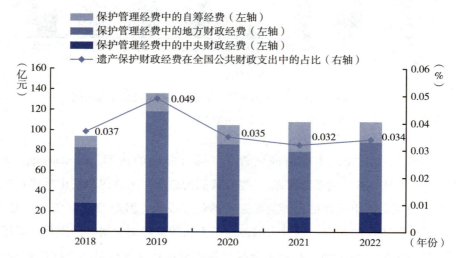

图 7　2018~2022 年我国世界文化遗产保护管理经费来源构成及其占全国公共财政支出的比重

资料来源：2018~2022 年我国世界文化遗产监测年度报告。

（二）各遗产地之间经费不平衡的问题依然严峻

单个遗产地保护管理经费的量级方面，经费数目小于 500 万元、1000 万 ~5000 万元、大于 10000 万元三个量级的遗产地占比较上一年度进一步提升，各遗产地间保护管理经费额度的差距仍十分巨大（见图 8）。

---

① 根据财政部公布的 2022 年财政收支情况，2022 年全国一般公共预算支出 260609 亿元，比上年增长 6.1%。其中，中央一般公共预算本级支出 35570 亿元，比上年增长 3.9%；地方一般公共预算支出 225039 亿元，比上年增长 6.4%。

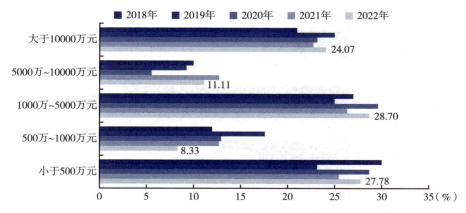

图 8　2018~2022 年我国世界文化遗产地保护管理经费量级区间分布

资料来源：2018~2022 年我国世界文化遗产监测年度报告。

　　2022 年，保护管理经费来源以中央财政经费为主的遗产地有 24 处（占比 22.22%），其中 2 处遗产地的保护管理经费全部来源于中央财政经费，分别为大运河 - 会通河阳谷段和武夷山 - 城村汉城遗址；保护管理经费来源以地方财政经费为主的遗产地有 71 处（占比 65.74%），其中 35 处遗产地的保护管理经费全部来源于地方财政，较上一年度显著增加；保护管理经费来源以自筹经费为主的遗产地有 13 处（占比 12.04%），其中 2 处遗产地的保护管理经费全部来源于自筹经费，分别为"丝绸之路：长安—天山廊道的路网" - 大雁塔和大运河 - 南旺枢纽（泰安）（见图 9）。

　　按遗产地的类型划分，占据 2022 年保护管理经费数额前三位的仍是古建筑、古遗址及古墓葬、文化景观（见图 10）。其中，古建筑、古遗址及古墓葬作为最经典的遗产类型，在各类遗产地中数量最多，在我国 2022 年度提交保护管理经费数据的世界文化遗产地中，这两类遗产的占比高达 65.82%；文化景观类遗产往往面积广阔、遗产构成复杂，所需的保护经费基数较高，因此尽管我国 2022 年度提交保护管理经费数据的世界文化遗产地中，文化景观类遗产的数量仅占 6.33%，但经费总额占比却达到 15%[①]。同理，单项文化景

———————————

① 　本部分未统计大运河。

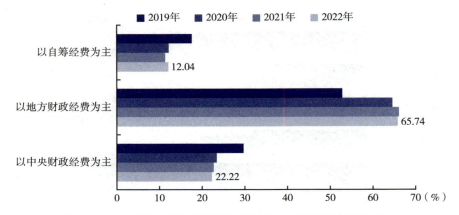

图9　2019~2022年我国世界文化遗产地保护管理经费主要来源

资料来源：2019~2022年我国世界文化遗产监测年度报告。

观类遗产地年际经费波动也较为直观地反映在总体经费中。

值得特别关注的是，在"十四五"规划的宏观政策背景下，古村落、历史城镇和中心，古遗址及古墓葬，石窟寺及石刻三种类型的遗产地平均经费仍然较低，在推动历史文化传承和人文城市建设、加强石窟寺和大遗址保护利用工作的要求下，仍需配套更多资源支持，以促进"十四五"规划目标的实现。

（三）监测经费进一步下降，宣传教育和安消防经费略有上升

2022年，我国世界文化遗产地监测经费总数为8259.2万元，遭遇自2019年以来的第四连降，监测经费在保护管理经费总数中的占比也创下自2016年有此项统计记录以来的新低，仅占比0.76%（见图11）。有39处遗产地已连续三年未配置监测经费。2022年度，有6处遗产地反映监测系统存在运行不稳定的情况，这些遗产地2022年的监测经费较2021年无一例外地出现了下降或不足的情况。监测经费的缺失导致部分遗产地监测工作受到掣肘。

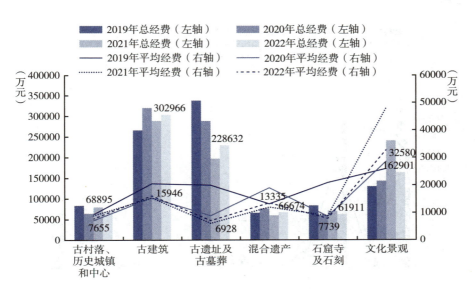

图 10　2019~2022 年我国各类世界文化遗产地经费投入情况

资料来源：2019~2022 年我国世界文化遗产监测年度报告。

　　另外，宣传教育和安消防经费略有上升，这与国家总体工作部署和战略规划相一致，与 2022 年度行业培训和法治建设方面的趋势相吻合（见图 12）。

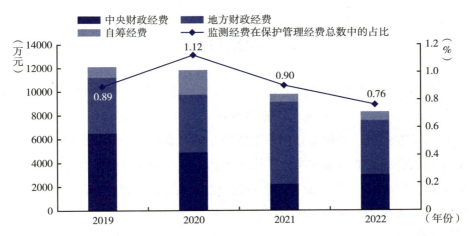

图 11　2019~2022 年我国世界文化遗产地监测经费主要来源及其在保护管理经费总数中的占比

资料来源：2019~2022 年我国世界文化遗产监测年度报告。

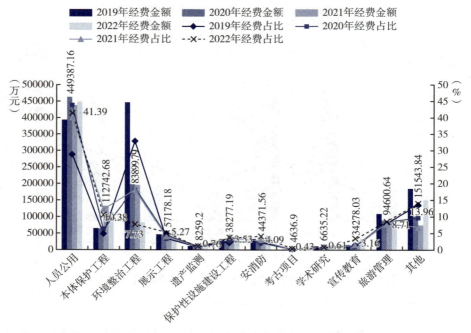

图12　2019~2022 年我国世界文化遗产地各项经费数额及占比

资料来源：2019~2022 年我国世界文化遗产监测年度报告。

六　总结与建议

我国自改革开放以来已经实施了八次国务院机构改革①，基本遵循以每五年为一个周期、自上而下实施的规律。其中，2018 年的第八次国务院机构改革过程中，组建文化和旅游部的改革方案直接牵动了全国各级文化和文物机构的职能与隶属关系。第八次国务院机构改革的特色是强化"统筹协同"②，整合资源，形成综合效益，在方式上多表现为精简机构与合并职能，原文化部和原国家旅游局合并组建文化和旅游部便是顺应这一趋势

---

①　统计时间截至 2022 年。

②　观点出自孟庆国、林彤、乔元波等《中国地方政府大数据管理机构建设与演变——基于第八次机构改革的对比分析》，《电子政务》2020 年第 10 期，第 29~38 页。

的重要举措。在此背景下，不少地市撤销单独设立的文物局，将相关职能并入新组建的文化和旅游局，遗产地保护管理机构也进行了相应整合与改组。受机构改革影响，原本专注于世界遗产工作的人员被分流，部分地市甚至一度取消了独立建制的文物局。职能整合后的遗产地保护管理机构时常需要兼顾世界遗产管理、风景名胜区管理、博物馆运营、文化研究等工作，新机构的工作人员需要一定时间适应世界遗产的运作模式和管理要求。

不过，2022 年的世界文化遗产机构与能力建设方面也展现出不少可喜的变化：首先是文化遗产事业的精专性质得到关照，敦煌市文物局恢复设置，库车市文化体育广播电视和旅游局加挂文物局牌子，在此之前，西安市文物局也已恢复单设，山西明确县级文化和旅游主管部门可以加挂文物局牌子；其次，世界文化遗产从业人数连年下降的趋势得到遏制，学历层次较此前进一步提高；最后，在新时代文物工作要求和"全国文物系统文物火灾隐患排查整治和消防能力提升三年行动"的指导下，展示利用和防灾减灾方面的培训和经费支持均有增加。

我们应当认识到，政府机构改革是以国家长期发展目标为引领的革新过程，文博行业工作者应当积极地拥抱变革，乘着党和国家高度重视文化遗产工作的东风，推动机构与能力建设，促进行业高质量发展。

（一）建立上位协调机制，设置专职机构和人员

遗产保护管理机构是地方政府实施遗产治理的重要依托。鉴于我国世界文化遗产类型多样、构成复杂，属地的经济和社会环境也不尽相同，需要地方政府基于管理目标、广泛分析各种影响因素后进行遗产保护管理机构的设置，并且需要与时俱进地不断进行优化调整。成立新机构并不能自动解决旧问题，相反还可能因新旧机构业务衔接不畅、权责不清、业务骨干流失、机构级别下降而导致新的问题。建议世界文化遗产属地政府建立能够囊括所有利益相关方的遗产管理上位协调机制，理顺问题的发现、上报、处置、监督和结果评估机制。同时，考虑到遗产工作的专业性，建议尚未完成机构改革

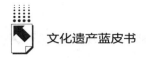

的遗产地考虑保留或设置专职机构和人员，已经成立综合性管理机构的遗产地考虑设置专职部门并配备专职人员。

（二）增加世界遗产专题培训，顺畅从业人员队伍的有机迭代

世界遗产的保护理念和管理工具处在不断发展之中，因而需要保护管理机构从业人员持续追踪世界遗产领域的动态和趋势，将新理念和新方法适应性地应用于实践，从而不断提升遗产的治理水平。目前我国世界遗产领域的行业培训主要以国家层面的培训为主，一方面培训规模尚不足以覆盖广大从业队伍，另一方面培训频次也无法与基层保护管理机构从业人员的频繁流动相适应。因此，需要省级和遗产地保护管理机构更加主动地制定世界遗产人才培养计划：一是增加培训频次，根据遗产类型、现状和需求增设世界遗产专题培训，注重理论和方法的落地；二是扩大培训的影响力，鼓励参加国家培训的学员以讲座沙龙的形式将学习内容传递给机构内的更多从业人员；三是构建机构内部的知识和经验传承模式，以传帮带的形式促进前辈的工作经验和技能向后辈传递，从而确保工作的延续性，减轻机构改革过程中人员流动频繁导致的不利影响。培训对象不应局限于专业技术人员，还应囊括遗产所在地的决策者。

（三）重视监测工作的实用性和延续性，推动数据共享与公众监测

世界遗产语境下的监测是围绕整个遗产治理体系的"大监测"，它作为一种管理手段，需要融入遗产地的保护管理工作之中，将监测数据的采集利用与日常工作流程衔接为一体。一是应以实际工作需要为导向建立监测体系，摒弃展示效果为先导的思维误区和技术至上的逻辑陷阱，综合考虑性价比、实用性、可持续性。二是重视监测工作的延续性，设置专门的监测经费和监测人员，确保能够持续积累真实有效的监测数据。三是推动监测数据的开放共享，在国家大数据战略的指导下，鼓励遗产监测机构与中国世界文化遗产监测预警总平台和地方的大数据管理机构对接数据，减少重复收集数据造成的资源浪费，助推监测数据辅助遗产决策。四是鼓励公众参与监测，一方面

对于文物违法行为形成舆论威慑，另一方面也能在一定程度上解决机构人员配置不足的问题。公众监测同时也是公众深入理解遗产价值，增强文化自信的有效举措。

参考文献

李六三、赵云、燕海鸣主编《中国世界文化遗产保护状况报告（2021~2022）》，社会科学文献出版社，2022。

赵云:《中国世界文化遗产监测预警总平台建设现状与发展思路——基于需求研究的思考》，《中国文化遗产》2018 年第 1 期。

赵宇峰:《政府改革与国家治理:周期性政府机构改革的中国逻辑——基于对八次国务院机构改革方案的考察分析》，《复旦学报》(社会科学版) 2020 年第 2 期。

卓越、李富贵:《政府工具新探》，《中国行政管理》2018 年第 1 期。

中华人民共和国国家发展和改革委员会:《"十四五"新型城镇化实施方案》，2022。

国家文物局:《"十四五"石窟寺保护利用专项规划》，2021。

国家文物局:《大遗址保护利用"十四五"专项规划》，2021。

ICCROM，"Guidance and Tookit for Impact Assessment in a World Heritage Context"，2022.

WHC，"Enhancing our Heritage Toolkit-Assessing Management Effectiveness of Natural World Heritage Sites"，2008.

B.3
2022 年中国世界文化遗产保存状况分析报告[*]

罗　颖　张依萌[**]

摘　要： 2022 年，我国世界文化遗产保存状况继续向好发展。2 处遗产地的总体格局发生正面变化，有利于格局价值特征的保存。1 处遗产地使用功能发生正面变化，促进了遗产价值的展示和传承。47 处遗产地的遗产要素形式、材料等外表特征发生变化，其中95.39% 的变化为正面影响，改善了遗产保存状态。68 处遗产地记录了详细的病害台账信息，经评估绝大部分病害控制情况较好，其中 14.42% 的严重病害已经严重恶化，造成较大威胁。针对本年度我国世界文化遗产各项价值特征面临的突出问题和挑战，建议各地重点关注以下工作：提高对遗产周边及更广泛背景环境的保护意识，尽快把遗产格局管控指标和要求纳入国土空间规划，促进遗产保护与城市建设的和谐发展；积极探索新形势下世界文化遗产保护活化利用新途径，促进遗产利用工作融入当地社会经济发展大局；准确识别影响遗产保存的各类因素，加强

---

[*]　本报告主要资料来源为我国世界文化遗产保护管理机构 / 监测机构在中国世界文化遗产监测预警总平台上编写的《中国世界文化遗产 2022 年度监测年度报告》，共计 109 份，涉及41 项遗产、109 处遗产地（不含大昭寺、武夷山景区、大运河衡水—沧州段、澳门历史城区），统计时间为 2023 年 7 月 31 日。

[**]　罗颖，中国文化遗产研究院中国世界文化遗产中心（中国世界文化遗产监测中心）工程师，主要研究领域：世界文化遗产保护状况、遗产监测；张依萌，中国文化遗产研究院中国世界文化遗产中心（中国世界文化遗产监测中心）副研究馆员，中国世界文化遗产监测预警总平台负责人，主要研究领域：中国世界文化遗产保护管理理论政策，世界文化遗产监测、长城考古与保护。

本体保存状况和影响因素的联动监测，以采取有针对性的保护
措施。

关键词： 世界文化遗产　遗产总体格局　遗产使用功能　遗产要素

本报告根据《中国世界文化遗产监测数据规范》（试行版）[①] 的相关内容，
从遗产总体格局、遗产使用功能、遗产要素及其病害控制情况 4 个重要维度，
分析 2022 年我国世界文化遗产的保存状况。

一　我国世界文化遗产总体格局情况

世界文化遗产总体格局指的是遗产与周边环境之间的独特关系，是承载
遗产突出普遍价值的重要内容之一。

（一）2 处遗产地总体格局发生正面变化，格局特征保护整体向好

2022 年，2 项遗产、2 处遗产地（北京皇家祭坛—天坛、丝绸之路 - 汉
魏洛阳城遗址）总体格局发生变化，占遗产地总数的 1.83%，较上年提高 0.92
个百分点，均为正面变化，遗产格局价值特征得到加强。

2017~2022 年数据显示，我国世界文化遗产总体格局特征保存状态整体
向好发展（见图 1）。各地通过实施保护展示工程、环境整治工程等，不断提
高遗产要素与周边环境、更广泛背景环境的空间关系，遗产格局特征得到更
好的保护和传承。

---

① 　中国文化遗产研究院中国世界文化遗产中心、国信司南（北京）地理信息技术有限公司：
《中国世界文化遗产监测数据规范》（试行版），2014，第 19 页。

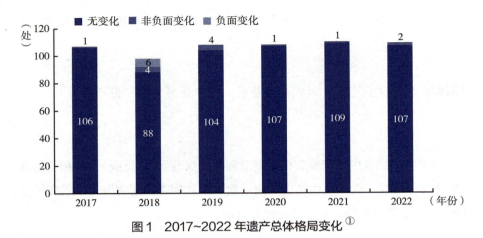

图1 2017~2022年遗产总体格局变化①

资料来源：2017~2022年我国世界文化遗产监测年度报告。

（二）以北京中轴线申遗保护为契机，北京皇家祭坛——天坛的遗产格局得到持续提升

北京皇家祭坛——天坛于1998年以符合价值标准第（ⅰ）（ⅱ）（ⅲ）条列入《世界遗产名录》。天坛的整体布局由内外两重坛墙围合而成，坛墙围合形式为北圆南方，象征着"天圆地方"的中国传统宇宙图景。目前，内坛整体空间布局和各院落单元的真实性和完整性较高，外坛由于历史原因部分被占用，西部、南部和东部历史格局受到一定程度的破坏。

近几年，以深入贯彻习近平总书记"以中轴线申遗保护为抓手，带动重点文物、历史建筑腾退，强化文物保护和周边环境整治"的重要讲话精神，当地政府有序推进《北京中轴线申遗保护三年行动计划》，对包括北京皇家祭坛——天坛在内的周边环境开展了一系列的整治工作。截至2022年底，相继腾退了天坛内坛的园林机械厂，拆除了外坛的60栋简易楼，内坛和外坛的历史风貌得到大幅度改善（见图2）。

---

① 非负面变化含正面变化和目前尚不确定的变化。

图 2　北京皇家祭坛—天坛格局变化情况示意图（截至 2022 年）
（粗虚线为已拆除区域，细线为遗产区边界）

资料来源：中国世界文化遗产监测预警总平台、北京市天坛公园管理处。

（三）世界遗产周边环境以及更广泛背景环境的保护和管理工作均存在一定的威胁和挑战

随着世界遗产保护理论和实践的发展，世界遗产项目发起者——联合国教科文组织越发关注全球范围快速城镇化进程对世界遗产保护工作造成的压力，尤其是遗产周边以及更广泛的城镇背景中不断涌现的高楼大厦对遗产地形、地貌和自然特征的影响。为应对这种挑战，除了严格使用遗产影响评估手段督促缔约国加强对遗产周边环境的管控之外，2011 年联合国教科文组织发布了《关于城市历史景观的建议书》，倡导了一种综合而全面、包容性更强的方法来管理和发展城镇。这种方法通过认知和识别能够体现城镇身份、特征的遗产资源、城镇价值，用以指导有关城镇规划和设计的所有决策过程，旨在为城镇的历史景观保护提供一条可持续发展之路[1]。

① "The Historic Urban Landscape"，http://www.historicurbanlandscape.com/index.php?classid=7141&id=138&t=show，最后检索时间：2023 年 8 月 17 日。

自建议书颁布以来，联合国教科文组织及其二类组织在全球范围内进行了广泛的推广和宣传活动。为进一步了解各缔约国对该项政策的采用情况，教科文组织世界遗产委员会专门在世界遗产第三轮定期报告调查问卷中设置了相关指标。填报结果显示[①]，我国仅有13项遗产[②]管理者（35.14%）部分采用或完全采用了该项建议书，这与联合国教科文组织所期待的城镇发展范式仍有一定差距。与此同时，第三轮定期报告调查问卷还询问了遗产地是否在更广泛的背景环境[③]中，制定了足以保持遗产突出普遍价值、完整性和真实性的法律框架。填报结果显示，10项遗产（27.03%）管理者认为背景环境中的法律框架不完善或者实施有缺陷。以上结果均表明，我国世界文化遗产周边环境以及更广泛的背景环境的保护和管理工作均存在一定的威胁和挑战。

（四）多项政策理念为我国世界文化遗产环境保护提供有力保障

党的十八大以来，以习近平同志为核心的党中央高度重视文物工作，多次对加强文化遗产周边环境保护、注重城市整体文脉传承、统筹好文物保护与经济社会发展作出重要指示批示。2019年，习近平总书记在北京考察时强调，一个城市的历史遗迹、文化古迹、人文底蕴，是城市生命的一部分。文化底蕴毁掉了，城市建得再新再好，也是缺乏生命力的。要把老城区改造提升同保护历史遗迹、保存历史文脉统一起来，既要改善人居环境，又要保护历史文化底蕴，让历史文化和现代生活融为一体。2020年，习近平总书记在江苏考察大运河时，提出要把大运河文化遗产保护同生态环

---

① 资料来源：《中国世界文化遗产第三轮定期报告》，世界遗产中心官网，https://whc.unesco.org/en/prcycle3/，最后检索时间：2023年10月21日。
② 统计口径为37项我国世界文化遗产，不包含澳门历史城区。
③ 源于中国古迹遗址保护协会译《实施〈保护世界文化和自然遗产公约〉操作指南》第112段：更广泛的背景环境可以指该遗产的地形、自然环境与建造环境，以及其他元素（例如基础设施建设、土地利用模式空间组织、视觉关系等）。它也可以是相关的社会与文化实践，经济发展进程，以及遗产的其他非物质层面，例如感知观念与关联因素。对更广泛的背景环境的管理关乎其发挥支持突出普遍价值的重要作用。对它进行有效管理也意味着利用遗产和社会的互惠互利对可持续发展做出贡献。

境保护提升、沿线名城名镇保护修复、文化旅游融合发展、运河航运转型提升统一起来，为大运河沿线区域经济社会发展、人民生活改善创造有利条件①。

为贯彻落实习近平总书记关于文化遗产周边环境保护等文物工作的系列重要论述，2021 年自然资源部、国家文物局联合发文要求在国土空间规划编制实施中加强历史文化遗产保护管理，要求把历史文化保护线及空间形态控制指标和要求作为国土空间规划的强制性内容，作为实施用途管制和规划许可的重要依据，这为协调包括世界文化遗产在内的我国文化遗产周边环境保护与城市建设发展提供了强制性、可操作的路径。2022 年，"保护第一、加强管理、挖掘价值、有效利用、让文物活起来"的新文物工作要求被提出，深刻阐明了新时代文物工作的发展方向、主要任务。其中的根本性原则——"保护第一"再次重申了文化遗产要严格按照真实性、完整性的要求，保护和管控遗产及其整体环境，要秉承系统性保护、整体保护理念，在维护世界文化遗产历史真实性的同时，注重维护遗产周边的风貌完整性②。可以预见，这些方针理念将为新时期我国世界文化遗产周边环境及更广泛背景环境的保护提供强有力的保障。

二　我国世界文化遗产使用功能情况

世界遗产使用功能是指世界遗产在当代的功用和用途，是体现遗产突出普遍价值保护和传承效果的重要内容之一。

---

① 《保护好中华民族精神生生不息的根脉——习近平总书记关于加强历史文化遗产保护重要论述综述》，新民网，2022 年 3 月 21 日，http://news.xinmin.cn/2022/03/21/32132895.html，最后检索时间：2023 年 8 月 17 日。
② 李六三：《深入学习贯彻新时代文物工作方针 推动文化遗产保护事业发展》，国家文物局网站，2022 年 9 月 7 日，http://www.ncha.gov.cn/art/2022/9/7/art_2646_177107.html，最后检索时间：2023 年 8 月 17 日。

（一）使用功能发生正面变化的遗产地有1处，占比较上年下降5.44个百分点

2022年，1处遗产地（良渚古城遗址）使用功能发生正面变化，占遗产地总数的0.92%，较上年下降5.44个百分点。

2017~2022年数据显示，我国世界文化遗产使用功能总体朝着更有利于遗产价值保护和传承的方向发展，这与近年来党和政府高度重视文化遗产利用工作，各地大力拓展文物合理适度利用途径息息相关（见图3）。本年度遗产利用工作有所减少与近两年新冠疫情影响下各地财政资金收紧有关。

图3　2017~2022年遗产使用功能变化

资料来源：2017~2022年我国世界文化遗产监测年度报告。

（二）良渚古城遗址首次对外开放城市外围大型水利系统遗址点

良渚古城遗址于2019年以符合世界遗产价值第（ⅲ）（ⅳ）条标准列入《世界遗产名录》。其中由老虎岭等人工坝体遗址，以及与其相连的孤丘、低地等构成的城市外围大型水利系统，是中国迄今为止发现最早的城市水利系统，也是世界迄今为止发现最早的拦洪大坝工程，展现了人类早期的水资源管理工作的规模和营建技术，体现了良渚古城遗址独特的规划格局与营造艺术，是承载良渚古城遗址第（ⅳ）条价值"展现 5000 年前中华文明乃至东亚地区史前稻作文明发展的极高成就，在人类文明发展史上堪称早期城市文明的杰出范例"的重要内容之一①。

为更好地向公众展示良渚古城遗址在水资源管理方面的价值，2022 年 7 月，管理者在实施了顶部防渗排水、生物病害治理、失稳区域减重处理、裂缝修补、空洞冲沟修补、室内地面保护、非展示区域回填保护、玻璃仓内展示区域考古刮面处理、卵石换填排水、喷淋雾化加湿设备安装等一系列保护展示措施后，正式向公众开放老虎岭水坝遗址的剖面，这也是遗址区唯一一处对外展示水利系统的遗址点。

老虎岭水坝属良渚古城外围水利系统的重要组成部分，水坝自身长度为 140 米，宽 100 米，处在两个小山间最狭窄的位置，与周边山体一起形成屏障，抵御西北方向来的山洪。遗址剖面向公众展示了良渚先民为了加快固结坝体、增加抗拉强度、提高坝体稳定性，使用的草裹泥营建方式②（见图 4），揭示了良渚先民在利用和改造自然环境中的创造性和科学性，这对现代人了解良渚古国的出现和发展历程，乃至中华文明的起源，都有着极为重要的意义。

图 4　良渚古城遗址老虎岭水坝遗址草裹泥细部

资料来源：中国文化遗产研究院良渚古城遗址监测方案项目组提供。

---

① 杭州良渚遗址管理区管理委员会：《良渚古城遗址申报世界文化遗产文件》，2018。
② 草裹泥营建方式是指用河中的荻草，将一块块淤泥像包粽子那样包起来，再用芦苇条绑扎牢固。

（三）以价值为核心，积极塑造世界文化遗产新时代新功能

面对新时代新征程中对文化遗产事业的新要求，各遗产地不仅通过扩大展示范围、完善展示内容、提升展示阐释设施等措施，持续对遗产所在地的利用工作精雕细琢，而且正以更加开放的眼光，积极围绕自身遗产价值特性和地域特色，在《关于让文物活起来、扩大中华文化国际影响力的实施意见》等国家方针策略指导下，以多种形式促进世界文化遗产的综合利用，为中国式现代化中的文物事业高质量发展贡献中国世界文化遗产的力量。

例如，敦煌研究院与腾讯公司联合打造的全球首个基于区块链的数字文化遗产开放共享平台"数字敦煌·开放素材库"于2022年12月8日正式上线，助推文物资源全民共享。红河哈尼梯田推广"稻鱼鸭"综合种养模式，使传统农业单一的水稻收益转变为水稻（红米）、梯田鱼及泥鳅、梯田鸭及鸭蛋的综合收益，助力乡村振兴。大运河积极筹建运河文化生态公园，拓展绿色生态空间，持续推进大运河生态保护治理，显著提升大运河的生态功能和服务价值。北京故宫、龙门石窟等多处遗产地通过文创产品、视频节目、舞剧等形式，生动演绎和传承世界文化遗产价值，推动中华优秀传统文化创造性转化、创新性发展。诚然，各地对遗产的活化利用进行了有效且有益的尝试，但不可否认目前文化遗产实际利用效能与公众日益增长的文化需要仍不匹配，世界文化遗产资源促进社会经济发展的作用仍需加强。

三　我国世界文化遗产要素保存情况

遗产要素是指能承载并体现遗产突出普遍价值的遗产组成部分，其外形、材料、工艺等，以及所包括的历史、文化、社会等相关信息都可以表达遗产突出普遍价值的各类特征[1]。

---

[1]　中华人民共和国国家文物局：《世界文化遗产地风险管理　术语》（WW/T 0090—2018），2019，第2页。

（一）发生遗产要素变化的遗产地有47处，占比较上年下降2.33个百分点

2022 年，30 项遗产、47 处遗产地的遗产要素外观特征发生变化，占遗产地总数的 43.12%，较上年下降 2.33 个百分点。

本年度，各类遗产要素共计发生变化 216 项。其中，正面变化 207 项，占比 95.83%，较上年提高 3.34 个百分点，造成变化的原因均为实施了日常养护或是保护修缮工程。

2017~2022 年数据显示，我国世界文化遗产每年均有相当数量的遗产要素因实施各类保护措施，使保存状态得到了改善；同时，也有少量遗产要素发生了负面变化，各地要加强对遗产要素及其影响因素的联动监测，避免发生不可逆转的损失（见图 5）。

图 5　2017~2022 年遗产要素变化

资料来源：2017~2022 年我国世界文化遗产监测年度报告。

（二）古建筑、古遗址及古墓葬、石窟寺及石刻类遗产正面变化占比较多

从遗产类型来看，古建筑类遗产的正面变化最多，共计 120 项，占比

为 57.97%。其次是古遗址及古墓葬、石窟寺及石刻，占比分别为 15.94%、13.53%。相较上年，本年度古建筑正面变化量上涨明显，石窟寺及石刻类遗产正面变化量大幅下降，其他类型基本持平（见图 6）。

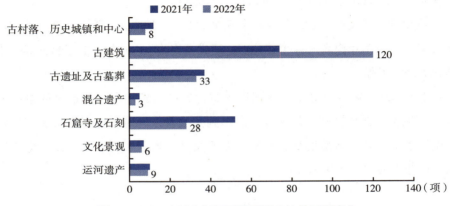

图 6　2021~2022 年不同类型遗产地的正面变化

资料来源：2021~2022 年我国世界文化遗产监测年度报告。

1. 古建筑

2022 年，11 项遗产、13 处古建筑类遗产地通过实施维修工程，共发生 120 项遗产要素正面变化。例如，承德避暑山庄及其周围寺庙对普陀宗乘之庙、普佑寺、普乐寺等多处遗产要素开展了维修工作，具体措施包括更换屋顶瓦片、整修檐头、归安台明柱石、维修更换条石、勾抹扫垄屋顶、修补起翘褪色油饰等（见图 7）。明清故宫－北京故宫对慈宁宫区、寿康宫区、建福宫区、养心殿区、宁寿宫区中路、城垣等地实施了文物建筑预防性保护项目。曲阜孔庙、孔林和孔府对启圣王殿、启圣王寝殿、大中门、东斋宿、奎文阁、神庖、角楼等地实施了保护修缮工程。

2. 古遗址及古墓葬

2022 年，5 项遗产、13 处古遗址及古墓葬类遗产地发生了 33 项遗产要素正面变化。清西陵对隆恩殿、隆恩门、宝城宝顶及地宫、东配殿、西配殿

图 7 承德避暑山庄及其周围寺庙的普陀宗乘之庙万法归一殿佛画像修缮前后
资料来源：承德市文物局。

的建筑彩画实施了清洗、加固、回帖措施，补做了外檐部分缺失彩画以及脱落的地仗油饰（见图 8）。明十三陵对思陵、泰陵、庆陵、茂陵、裕陵、长陵的方城、监墙、大门等实施了加固和维修措施。高句丽王城、王陵及贵族墓葬－国内城对冉牟墓、四神墓、长川 1 号墓、环纹墓实施了回填封土、绿化展示等措施，基本恢复了墓葬本体原貌。

图 8 清西陵隆恩殿维修工程实施前后

资料来源：易县清西陵文物管理处。

3. 石窟寺及石刻

2022 年，5 项遗产、6 处石窟寺及石刻类遗产地发生了 28 项遗产要素正面变化。龙门石窟对奉先寺、摩崖三佛、敬善寺、宾阳三洞等重点窟龛实施了保护工程。丝绸之路的炳灵寺石窟对 148 窟等多处窟龛的壁画空鼓、起甲、历史加固不当、裂隙病害实施了抢险保护修复项目（见图 9）。

图 9　丝绸之路的炳灵寺石窟 148 窟壁画修复前后

资料来源：甘肃炳灵寺文物保护研究所。

4. 运河遗产

2022 年，大运河的 5 处遗产地发生了 9 项遗产要素正面变化，涉及通济渠商丘南关段、卫河（永济渠）浚县段、清口枢纽、江南运河苏州段、江南运河南浔段。其中，卫河（永济渠）浚县段对卫河主槽开展了 60 公里的清淤工程（见图 10）。清口枢纽实施了洪泽湖大堤周桥大塘石工墙抢险加固工程。江南运河苏州段加固了河道堤防，提升了山塘河历史文化街区、平江历史文化街区的生态环境。江南运河南浔段对河道驳岸、双桥、丝业会馆、刘氏梯号后楼东厢房进行了维修（见图 11）。

图 10　大运河的浚县段卫河主槽清淤工程

资料来源：浚县旅游发展服务中心。

图 11　大运河的江南运河南浔段河道驳岸修缮

资料来源：南浔古镇旅游度假区管理委员会。

（三）当地自然条件、建筑与开发、自然灾害事件是造成遗产负面变化的主要原因

2022 年，4 项遗产、4 处遗产地存在负面变化 9 项，其中的 7 项由当地自然条件引起，另有 2 项分别由运输基础设施建设、气候变化和恶劣天气事件造成。相较上年，本年度气候变化和恶劣天气事件对遗产要素的负面影响大幅下降，这与 2022 年我国暴雨强度、极端性有所缓解，台风异常偏少有关[1]。

2022 年度的负面变化以遗产要素局部歪闪、下沉、倾斜为主，经评估未对遗产价值造成重大破坏。值得注意的是，受城市地铁震动的影响，苏州古典园林沧浪亭继 2021 年假山出现明显开裂后，本年度的形变量继续加大，藕花水榭东侧墙体基础也出现了不均匀沉降变形。

---

[1]　《2022 年中国气候公报》，中国气象局，https://www.cma.gov.cn/zfxxgk/gknr/qxbg/202303/t20230324_5396394.html，最后检索时间：2023 年 8 月 19 日。

多年数据显示①，当地自然条件、建筑与开发、交通基础设施、服务基础设施、气候变化和恶劣天气事件、突发生态或地质事件、污染对我国世界文化遗产影响尤为明显（见图 12）。此外，还应关注到，缺乏有效的保护管理机制、专业人才和资金的不足也会导致遗产保存不力。

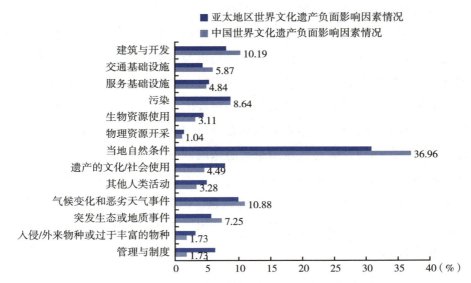

图 12　亚太地区世界文化遗产与中国世界文化遗产的负面
影响因素对比情况

资料来源：亚太地区世界遗产第三轮定期报告、中国世界遗产第三轮定期报告。

四　我国世界文化遗产病害情况

病害是指遗产要素已有的或自身缺陷引起的持续性损坏②。定期对遗产本

---

① WHC, "Extended Forty-fifth session Riyadh, Kingdom of Saudi Arabia 10–25 September 2023 Item 10 of the Provisional Agenda: Periodic Reports", accessed on 17 August 2023, https://whc.unesco.org/archive/2023/whc-23-45com-10A-en.pdf.

② 中华人民共和国国家文物局：《世界文化遗产地风险管理 术语》（WW/T 0090—2018），2019，第 2 页。

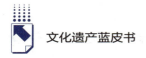

体及载体的病害情况进行调查评估，及时了解病害的现状、威胁程度以及发展趋势，是确保遗产安全的重要工作。

（一）62.39%的遗产地建立了清晰、详细的病害台账信息

党的十八大以来，在党和国家领导人的高度关注下以及众多文物工作者的辛勤努力下，我国世界文化遗产保护管理水平有了长足的进步，各项工作逐渐规范、精细，尤其是在病害管理方面，更多的遗产管理者通过专门的病害调查、配合保护工程的病害勘察以及日常巡查工作，为实现最早和最低限度的干预提供了科学、客观的依据。2022年，为进一步加强病害管理工作，中国世界文化遗产监测中心对我国世界文化遗产地监测年度报告中"本体病害情况"数据的填报规则进行了深化调整，对数据要求更全面、更细致，体现在病害数量由原来的选填调整为必填，同时要求填报每处病害的基本信息，包括病害现状照片、病害位置、病害控制状态、病害分布示意图等（见表1）。本次规则的调整，将有利于引导遗产地进一步建立病害台账、摸清病害家底、监测病害发展、评估病害状态、支持病害治理决策等工作。

表1 深化调整后的病害记录	
病害照片	一
病害类型	示例：裂缝
病害位置	示例：第415号窟龛南壁的西侧上部
是否为本年度新发病害	示例：是
是否为严重病害	示例：是
病害控制状态	示例：开始恶化，但程度较轻，尚未造成威胁
病害分布示意图	一

在新的填报规则要求下，北京皇家园林—颐和园、大运河-江南运河杭州段和浙东运河杭州萧山段、承德避暑山庄及其周围寺庙、云冈石窟、大足石刻、北京皇家祭坛—天坛、周口店北京人遗址、杭州西湖文化景观等36项

遗产、68 处遗产地建立了全面、细致的病害台账，占遗产地总数的 62.39%，比上年下降 2.16 个百分点。

2018~2022 年数据显示，每年均有近四成遗产地未开展病害调查工作（见图 13），仅有 53.21% 遗产地（58 处）（见表 2）连续三年均开展病害调查工作，原因可能与部分遗产地没有设置统筹监测工作的专职机构，缺乏人力、资金等保障有关。

图 13　2018~2022 年病害调查工作开展情况

序号	遗产地	
表 2　2020~2022 年连续三年均开展病害调查的遗产地		
1	明清故宫	北京故宫
2		沈阳故宫
3	秦始皇陵及兵马俑坑	
4	莫高窟	
5	周口店北京人遗址	
6	长城	嘉峪关
7		山海关
8	承德避暑山庄及其周围寺庙	
9	庐山国家公园	
10	苏州古典园林	
11	北京皇家园林—颐和园	
12	北京皇家祭坛—天坛	

续表

序号	遗产地	
13	大足石刻	
14	明清皇家陵寝	明孝陵
15		清西陵
16		清东陵
17		清永陵
18		清昭陵
19		明十三陵
20	龙门石窟	
21	青城山—都江堰	
22	云冈石窟	
23	高句丽王城、王陵及贵族墓葬	五女山城
24	殷墟	
25	开平碉楼与村落	
26	福建土楼	大地土楼群
27	五台山	佛光寺核心区
28	登封"天地之中"历史建筑群	
29	杭州西湖文化景观	
30	元上都遗址	
31	丝绸之路:长安—天山廊道的路网	汉魏洛阳城遗址
32		唐长安城大明宫遗址
33		隋唐洛阳城定鼎门遗址
34		高昌故城
35		北庭故城遗址
36		新安汉函谷关遗址
37		锁阳城遗址
38		克孜尔石窟
39		炳灵寺石窟
40		麦积山石窟
41		彬县大佛寺石窟
42		大雁塔
43		小雁塔

序号		遗产地
44		含嘉仓 160 号仓窖遗址和回洛仓遗址
45	大运河	江南运河苏州段
46		江南运河杭州段和浙东运河杭州萧山段
47		江南运河南浔段
48		会通河临清段
49	土司遗址	老司城遗址
50		唐崖土司城遗址
51		海龙屯
52		左江花山岩画文化景观
53		鼓浪屿：历史国际社区
54		良渚古城遗址
55		黄山
56	峨眉山—乐山大佛	乐山大佛景区
57		峨眉山古建筑群
58	武夷山	城村汉城遗址

（二）新发病害占比过半，建/构筑物类遗产要素病害数量最多

2022 年，共记录我国世界文化遗产病害 702 处，51%（358 处）为新发病害，较上年增长 22.61 个百分点。从遗产要素类型来看，建/构筑物、遗址/墓葬、洞窟/龛的病害占比较多（见图 14）。建/构筑物以裂缝、构件缺失、构件变形等病害为主，遗址/墓葬以风化、裂隙、失稳等病害为主，洞窟/龛以风化、裂隙、缺损等病害为主，水体以堤岸损坏、河埠头损坏等病害为主，造像/雕塑/碑刻/题刻/壁画/彩画以脱落、生物、风化等病害为主，植被以病虫害为主。

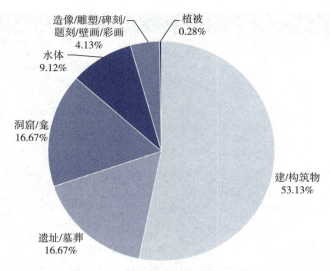

图14 2022年不同类型遗产要素的病害分布情况（按病害处数统计）

（三）近两成遗产地存在严重病害，观察和拍摄仍是主要监测方式

1. 未受严重病害威胁的遗产地总体呈上升趋势

2022年，18项遗产、24处遗产地存在严重病害，占遗产地总数的22.02%，比上年下降11.62个百分点。本年度，共记录104处严重病害，占病害总数的14.81%。

2018~2022年数据显示，未受严重病害威胁的遗产地占比总体呈上升趋势（见图15），表明我国世界文化遗产的保存状态总体向好发展。

2. 观察、拍摄照片仍是监测严重病害的主要手段

2022年，存在严重病害的24处遗产地均通过定期监测方式，记录了病害发展的详细情况。数据显示，目前人工定期观察是监测严重病害的主要方式，涉及80.77%的严重病害。其次是使用相机或者监测云（中国世界文化遗产监测移动应用平台）定期采集严重病害现状照片，涉及69.23%的严重病害，由此可形成能对比的"照片序列"，可为病害分析与评估提

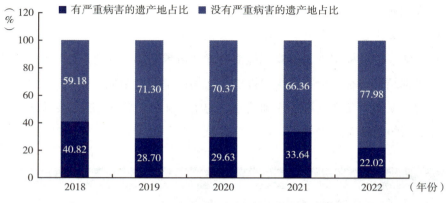

图 15　2018~2022 年存在严重病害威胁的遗产地占比情况

供更加可靠的数据支撑，被认为是现阶段兼顾便捷性、实用性的监测方式（见图 16 ）。

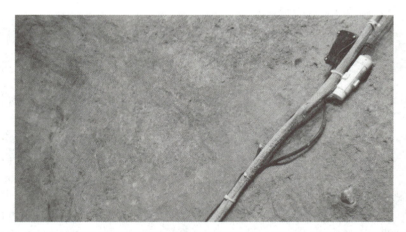

图 16　良渚古城遗址使用定期拍照方式监测老虎岭水坝遗址剖面生物病害的发展

注：经 "良渚遗址 5000+" 数智应用分析研判中心并结合人工判断，认为该苔藓及藻类生长对遗址本体暂无影响，但在目前温湿度下有继续生长扩大的趋势，将对遗址剖面的展示造成一定的负面影响。根据评估结果，文物保护人员在现场喷洒植物精油类药剂对苔藓和藻类进行了处理。

　　2022 年，12 项遗产、13 处遗产地针对裂缝、构件变形、不均匀沉降等严重病害，采用了检测和测量手段进行监测，以获得更加精准的数据，更有

利于观测病害的变化。基于现代技术的高速发展与广泛普及，近几年应用到我国世界文化遗产监测领域的检测和测量技术越发丰富（见表3），尤其是超声波检测、射线检测等无损物探检测技术，被越来越多的遗产地应用于检测物体内部结构特征，给文物保护提供了文物内部材料组成、剥离程度、墙芯密实度、空洞及富水程度等详细信息，为了解文物的状况和变化趋势提供了更加全面的信息支撑。

表3 中国世界文化遗产监测领域常用的检测和测量方式	
检测和测量技术	主要内容或特点
检测	结构安全检测技术：包括结构强度、稳定性、抗震性等方面的检测，如超声波检测、射线检测等
	材料检测技术：包括材料组成检测、材料强度检测、材料耐久性检测等，用于评估材料的质量和性能
	水质检测技术：检测水体中的各种物理、化学和生物参数，如 pH 值、溶解氧、水温、浊度等
	土壤检测技术：检测土壤中的水分含量、盐分含量、有机质含量、抗压强度等参数，以评估土壤质量、土壤承载能力和稳定性等
	红外热成像技术：通过检测物体表面的热辐射，获取物体的温度分布和热传导特性，用于检测物体湿度分布等信息
测量	全站仪：可同时测量水平角、垂直角和斜距，广泛应用于获取定位、高程等信息
	水准仪：常用于测量基准点的高程信息
	激光测距仪：利用激光束测量目标与测量仪之间的距离，生成高精度的三维模型，具有快速、准确的特点，常用于测量长度、宽度、高度等信息
	GPS 定位技术：通过卫星信号定位测量点的经纬度坐标，广泛应用于测量坐标等信息
	遥感技术：利用卫星遥感、航空摄影等技术获取高分辨率的遥感影像，可以进行全面、快速、非接触式的测量，获取空间位置、形态特征、变化情况等信息

2022 年，7 项遗产、8 处遗产地针对裂缝、构件变形、不均匀沉降、渗水等病害，采用了前端设备进行监测，涉及 14.42% 的严重病害。前端设备通过物联网技术、5G 技术，具有自动采集、实时传输数据的特点，可以提供实时数据和警报，能够大幅度提高监测工作的时效性，支

撑管理者及时采取措施。据统计，目前我国世界文化遗产监测领域常用的前端设备主要集中在对裂缝、臌胀、倾斜、沉降、渗漏水等病害的监测。

总体来看，目前使用前端设备的遗产地仍较少，究其原因主要有以下几点：第一，基于文物保护的特殊性，即要满足"最小干预"原则，又要满足文物监测精度要求的设备可选余地有限；第二，前端设备购买、安装的费用总体较高，对于一些资源比较匮乏的遗产地来说，没有足够的预算保障；第三，前端设备的使用和维护需要专业知识和技能，多数遗产管理者不具备相关知识，增加了管理成本。党的二十大报告指出，要加大文物和文化遗产保护力度，推动文化与科技深度融合。"十四五"文物保护和科技创新规划也提出，要加快装备研制升级，大幅提升监测预警装备性能质量，力争在文物勘查探测、分析检测等高端专有装备方面取得突破。可以预见，在国家层面的大力推动下，以及多学科协同、多要素投入的支持下，我国世界文化遗产监测领域与科技融合的深度和广度将大幅度拓展。

案例：龙门石窟利用前端监测设备开展的渗漏水监测

一、前端设备情况

目前，龙门石窟关于渗漏水监测主要有红外线拍摄成像仪、渗漏水量监测仪、温湿度传感器等设备。红外线拍摄成像技术主要是指运用光电技术检测物体热辐射的红外线特定波段信号，将该信号转换成可供人类视觉分辨的图像和图形，并可以进一步计算出温度值。红外热成像技术使人类超越了视觉障碍，由此人们可以"看到"物体表面的温度分布状况。根据壁面的红外成像照片，辨识壁面的温度，从而判断渗漏水面积的情况。渗漏水量监测仪主要是在渗漏部位下方设置收集滴水的装置，自动记录滴漏时间和水量。温湿度传感器主要是为了监测壁面的温度和湿度，通过温湿度变化从而判断该区域是否有渗漏水和凝结水的情况。

二、监测数据分析结果

（1）奉先寺阿难造像头部区域裂隙特征

根据渗漏水监测结果，分析出奉先寺阿难造像头部区域的裂隙处存在显著的温差应力循环，会引起温差风化。温差的成因是灌浆材料及裂隙内的空气带来的岩体内部热传导性能的差异，最终形成了交界面陡峭的温度梯度，且该温差应力存在日循环特征[①]。

（2）潜溪寺窟顶渗漏水特征

根据潜溪寺窟顶的渗漏水、湿度监测结果，分析出潜溪寺窟顶的渗漏水面积与洞窟湿度变化基本一致（见图a），洞窟内的湿度随着壁面高度增加逐渐下降（见图b）。洛阳雨季基本集中在6~8月，降雨增多导致洞窟出现渗漏水现象，1月有降雪情况，也会引起洞窟的渗漏。这结论与学者们早期观察与测试结果"潜溪寺在夏季常有凝结水现象出现，严重时几乎覆盖洞窟的中下部"基本一致[②]，为后期潜溪寺渗水治理提供了有效的数据支撑。

---

① 刘逸堃、高东亮、马朝龙等：《龙门石窟奉先寺的红外成像监测与分析——基于 MATLAB 图像处理技术》，《文物保护与考古科学》2022 年第 2 期，第 88~96 页。

② 杨刚亮、方云、李随森等：《龙门石窟凝结水危害与定量测试试验研究》，《石窟寺研究》2018 年，第 353~383 页。

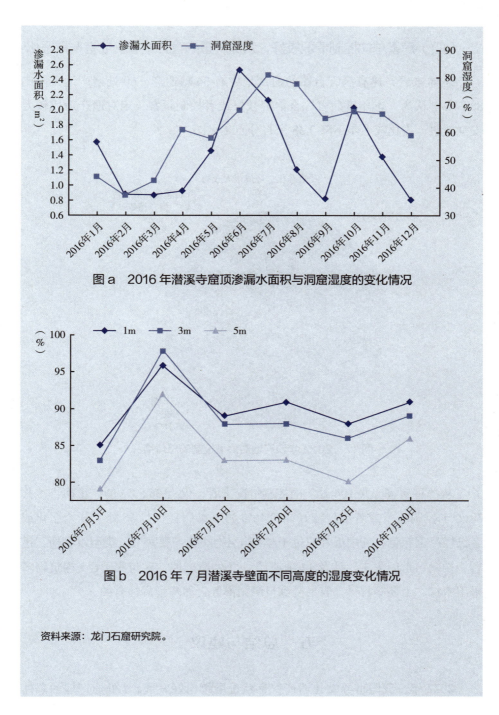

图 a　2016 年潜溪寺窟顶渗漏水面积与洞窟湿度的变化情况

图 b　2016 年 7 月潜溪寺壁面不同高度的湿度变化情况

资料来源：龙门石窟研究院。

（四）病害总体控制情况较好，六成严重病害开始恶化或者严重恶化

总体来看，建有病害台账的遗产地中有 34 项遗产、60 处遗产地（占比88.24%）认为，本年度病害综合治理较好或者控制正常，未对遗产造成较大安全威胁，占比较上年下降 3.38 个百分点（见图 17）。

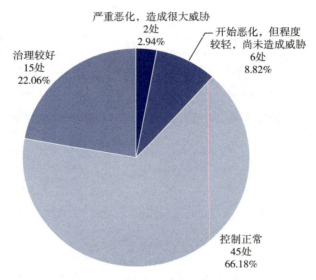

图 17　2022 年遗产地对病害控制的总体情况

从严重病害（共 104 处）的控制情况来看，仅有 36.54% 的严重病害（共38 处）控制正常或者治理较好，63.46% 的严重病害（共 66 处）开始恶化或者已经严重恶化，其中近九成位于建 / 构筑物类遗产要素上，类型以腐朽、糟朽、裂缝、歪闪为主，涉及 14 项遗产、17 处遗产地，这与我国建 / 构筑物多采用木材、土坯等材料，容易受到日晒雨淋等自然环境侵蚀有关。

五　总结与建议

2022 年，我国世界文化遗产保存状况继续向好发展。2 处遗产地的总体格局发生正面变化，有利于格局价值特征的保护和展示。1 处遗产地使用功能发生正面变化，促进了遗产价值的展示和传承。47 处遗产地的遗产要素形式、材料等外表特征发生变化，其中 95.39% 的变化为正面影响，改善了遗产保存状态。68 处遗产地记录了详细的病害台账信息，经评估绝大部分病害控制情况较好，其中 14.42% 的严重病害已经严重恶化，造成较大威胁。针对本年度我国世界文化遗产各项价值特征面临的突出问题和挑战，建议各地重点关注以下工作。

（一）加强遗产环境保护，确保遗产格局管控指标和要求纳入国土空间规划"一张图"

面对国际组织对遗产周边环境保护的高度关注以及遗产自身价值的保护需求，各地要在牢固树立保护文化遗产也是政绩的为政理念指导下，加强对遗产格局价值特征的保护和管控，统筹好文化遗产保护与经济社会发展。首先，当地人民政府应制定和完善相关法律法规，明确文化遗产环境保护的责任和义务，同时要加大执法力度，确保法规的有效实施。其次，各地应遵循《自然资源部 国家文物局关于在国土空间规划编制和实施中加强历史文化遗产保护管理的指导意见》（2021 年），文物部门应明确世界文化遗产总体格局保护中涉及的自然环境、历史风貌等方面的空间管控指标和要求，自然资源部门应把指标和要求纳入国土空间规划"一张图"，严格相关区域的用途管制和规划许可，强化空间管控，并把管控执行情况纳入城市体检评估和自然资源执法监督范围。最后，各地要加强宣传和教育，提高公众对包括文化遗产周边环境保护在内的文物保护认识和意识，提升公众对文化遗产保护的责任感和行动力。

（二）促进遗产的融合发展，推进遗产活化利用

各地要不断创新活化利用手段，深入挖掘世界文化遗产的文化精神和时代价值，充分发挥世界文化遗产在教育人民、服务社会、推动发展、培育社会主义核心价值观方面的作用，主动推动文物利用工作融入经济社会发展大

局。首先，各地人民政府应明确世界文化遗产利用的目标和方向，将其纳入社会经济发展的整体规划中，创新体制机制，通过提供税收优惠、补贴和奖励等政策，鼓励企业和个人参与文化遗产利用工作。其次，文物部门应主动探索新的文化遗产经营模式，可通过跨界合作与创新，主动与其他领域的机构、企业、组织等进行合作，共同开展文化遗产利用工作，如与旅游机构合作开发旅游产品，与创意产业合作开发文化创意产品等，将文化遗产转化为具有经济价值的产品和服务，实现文化遗产的多元化发展。最后，还应注重文化遗产的公益属性，通过举办文物展览和展示活动、文化教育和培训活动等，提高公众对文物的认知和理解，促进社会文化素质的提升。

（三）准确识别影响遗产保存的各类因素，加强本体保存状况和影响因素的联动监测

为加强遗产的有效保护，各地应准确识别影响因素，加强本体保存状况和影响因素的联动监测，以采取有针对性的保护措施，彻底消除或最大幅度减少负面影响。基于对我国世界文化遗产造成普遍性影响的当地自然条件，可通过在区域环境安装仪器设备、与气象等相关部门共享大环境数据等获取详细的监测数据，建立自然环境与遗产保存状况的关系模型，了解自然环境对遗产的具体影响和损害机制，为遗产保护和管理提供科学依据和指导。同时，还应进一步完善保护管理机制，加强对管理活动的监管，提高人力、经费保障，避免因管理不到位对遗产造成破坏。

（四）全面推进遗产病害调查和严重病害监测工作，深入贯彻预防性保护思想

遗产管理者要深入贯彻预防性保护思想，全面推进遗产病害调查工作，进一步提高病害调查水平，以全面掌握遗产保存状况和存在的各项病害情况，尤其是连续三年都未开展病害调查工作的遗产地。已开展病害调查的遗产地，应根据病害程度，确定其对遗产的影响程度，制定相应的修复和保护计划。对于严重病害，遗产地需要进一步加强监测工作，针对突出、典型的严重病

害，争取组织具有文物保护工程勘察设计经验的专业机构共同实施保护工作，加强病害形成机理以及发展的预测方法研究，为文物保护实践提供依据。

参考文献

李六三、赵云、燕海鸣主编《中国世界文化遗产保护状况报告（2021~2022）》，社会科学文献出版社，2022。

罗颖：《中国世界文化遗产影响因素——基于中国世界文化遗产第三轮定期报告的分析》，《中国文化遗产》2022 年第 5 期。

WHC, "Report on the Results of the Third Cycle of Periodic Reporting Exercise in Asia-Pacific", 2023, accessed on 21 August 2023, UNESCO World Heritage Centre-Extended 45th Session of the World Heritage Committee.

B.4
2022年中国世界文化遗产影响因素分析报告*

李雨馨**

摘　要： 2022年，我国世界文化遗产受到的自然环境和人为因素负面影响持续存在，总体可控。自然环境因素方面，遗产地遭受的自然侵蚀程度增强，自然灾害以气象水文灾害，特别是台风、暴雨为主，时间集中在6~9月。人为因素方面，因全年受新冠疫情影响，游客压力减轻，遗产地游客量和旅游相关经济收入减少，但随着年末新冠疫情结束和生产生活逐步恢复，遗产地旅游人数和旅游方式发生较大变化，迎来了新的机遇和挑战。遗产地开采压力、污染压力和人口压力仍然存在，建设压力增大，项目以房屋建筑、环境提升改造和运输基础设施建设工程居多，年度增幅超过50.00%。针对上述情况，建议各遗产地尽快开展灾害风险隐患排查和治理，加强灾害监测预警预报和遗产预防性保护工作；重视法律法规制度建设，加大遗产保护力度，规范引导遗产旅游活动和建设活动，主动提升行业公共服务和管理能力，释放遗产行业活力，推动遗产保护与经济社会协调发展。

---

    *　本报告主要资料来源为我国世界文化遗产保护管理机构/监测机构编写的《中国世界文化遗产2022年度监测年度报告》，共计109份，涉及41项遗产、109处遗产地（不含大昭寺、武夷山景区、大运河衡水—沧州段、澳门历史城区），统计时间为2023年7月31日。

    **　李雨馨，中国文化遗产研究院中国世界文化遗产中心（中国世界文化遗产监测中心）馆员，主要研究领域：世界文化遗产价值、文化遗产保护管理、遗产阐释展示。

关键词： 遗产影响因素　世界文化遗产　旅游与游客管理　建设控制　预防性保护

本报告依据《中国世界文化遗产监测数据规范》（试行版）的相关内容，从自然环境因素、人为因素 2 个大方面对 2022 年我国世界文化遗产的遗产影响因素进行分析，具体包括自然侵蚀、自然灾害、建设控制、社会环境、旅游与游客管理 5 个维度。

一　我国世界文化遗产地自然环境因素影响情况

（一）石窟石刻和遗址类遗产受自然环境影响较大，负面影响总体控制正常

2022 年，我国共有 38 项世界文化遗产、73 处遗产地开展自然环境监测。与上一年相比，新增 2 处开展自然环境监测的遗产地，分别是明清皇家陵寝 - 十三陵、丝绸之路 - 含嘉仓 160 号仓窖遗址。上述遗产地监测内容以水环境质量、温湿度、空气质量、降水量为主，统计开展监测项目共有 137 项，比上一年略有下降，下降的主要原因是部分遗产地对监测项目内容类型进行了整合，单项监测项目涵盖的内容更加丰富。

遗产地上报的自然环境影响因素的监测项目数据中，有 101 项（占比为 73.72%）被评估为轻微影响，33 项（占比为 24.09%）被评估为一般影响。另外，莫高窟、丝绸之路 - 麦积山石窟和元上都遗址 3 项（占比为 2.19%）显示遗产本体受自然环境影响较大。与上一年度相比，被认为轻微影响的监测项目占比下降 4.45 个百分点，但被认为一般影响和较严重影响的监测项目占比均有所上升，分别提高 3.67 个和 0.78 个百分点。可以看出，2022 年各遗产地遭受的自然侵蚀作用较往年增强。

总体来看，占比 38.69%（53 项）、59.12%（81 项）的监测项目被认为防治较好或控制正常。高句丽王城、王陵及贵族墓葬 - 五女山城，丝绸之路 -

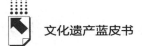

崤函古道石壕段遗址，丝绸之路－炳灵寺石窟（3 项，占比 2.19%）的监测数据显示，大气环境（降水、温湿度等）对遗产本体的影响开始恶化，但程度较轻，尚未造成威胁。

（二）监测指标各地区差异明显，不同类型遗产监测对象类型各有侧重

在各地的监测对象类型中，以大气环境、地表水和土壤三种类型占比最多，分别为 48.18%（66 项）、22.63%（31 项）、9.49%（13 项）。此外，本年度 4 处遗产地开展了监测对象类型为"其他"的项目，涉及地质灾害、气象灾害和海洋环境，如地震、台风、海啸等，为当地因地制宜开展气候变化下遗产防灾减灾工作提供了依据。积沙数据是自然环境监测的重要指标之一。嘉峪关关城及周边地区开展关于戈壁沙石移动的积沙监测，通过监测数据的积累，得到全年各个监测点沙石搬运量，并确定本地区风沙运移量的地域差异等指标，从而分析风沙对遗产本体的影响，具有较强的地区特色。

不同类型遗产的监测对象类型主要侧重点有所区别。古建筑、石窟寺及石刻、文化景观类型遗产地以大气环境监测居多，其次是地表水和生物环境；古遗址及古墓葬类型遗产地以大气环境、地表水和土壤为主；古村落、历史城镇和中心类型遗产则以气象灾害和地质灾害监测为主。此外，作为一种大型线性活态遗产，大运河沿线 23 处遗产地以地表水和大气为主要监测对象，17 处（占比为 73.91%）显示受到轻微影响，6 处（占比为 26.09%）显示受到一般影响。通过监测数据分析可以看出，运河河道水量、水质主要因环境的季节性变化而产生波动，大环境对水质的劣化、文物本体风化等病害的发育影响较轻微，且随着时间变化而缓慢变化。

温湿度变化是石窟内壁画病害发生、发育的主要影响因素。莫高窟保护管理机构通过对 118 个洞窟进行温湿度监测，并在洞窟内利用 487 枚传感器设定相对湿度和二氧化碳阈值，结合周边和窟区内的气象观测站，实时监测温湿度及各项大气因素，分析数据后发现莫高窟壁画多种病害发生机理和可溶盐分运移有关，盐分运移和环境相对湿度的变化密切相关。而麦积山石窟

长时间高湿度状态是引起窟内壁画滋生微生物、水盐运移的主要原因，且剧烈的温湿度波动容易导致壁画起甲和空鼓。元上都遗址则通过监测土壤温湿度和遗址生态环境，发现温度、湿度及风速等自然环境影响因素容易引发冻融、风化等相关病害，对遗址本体的保存状况影响较明显，特别是雪化后或雨季更为显著。

（三）自然灾害以台风、暴雨影响较大，部分遗产地出现极端天气事件

我国的气象灾害预警信号，一般来说有蓝、黄、橙、红四种颜色，分别对应着气象灾害可能造成的危害程度、紧急程度以及发展态势，为四级（一般）、三级（较重）、二级（严重）、一级（特别严重）。据中国世界文化遗产监测预警总平台数据统计，2022 年，我国世界文化遗产地黄色（三级，较重）及以上等级的灾害预警共有 254 次，其中预警信息发布最多的灾害类别为霾、大风、暴雪、台风（见图 1）。

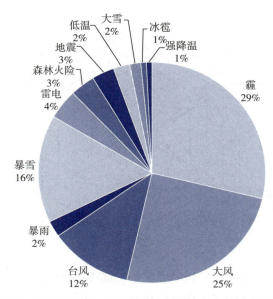

图 1　2022 年我国世界文化遗产地气象灾害预警信息发布次数统计

资料来源：中国世界文化遗产监测预警总平台。

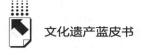

《2022年中国气候公报》显示，2022年度我国暖干气候明显，旱涝灾害突出。区域性和阶段性干旱明显，南方夏秋连旱影响重，冬季寒潮过程明显偏多。暴雨过程频繁，华南、东北雨涝灾害重；登陆台风强度大、影响范围广。北方沙尘天气少，出现晚。

受全国气候总体状况影响，2022年共有9项遗产、10处遗产地遭遇自然灾害共计15次，以气象水文灾害，特别是台风、暴雨为主，时间集中在6~9月，受灾遗产地数量和次数均较上一年有较大幅度减少。统计数据结果显示，2021年我国世界文化遗产地主要遭受的自然灾害类型为暴雨、洪涝、台风和大风，极个别地区曾遭遇低温冰雹和沙尘暴灾害。与之相比，2022年，台风上升为我国遗产地遭受最多的自然灾害类型，暴雨、大风和低温寒潮次之（见图2）。通过上述几组数据可以看到，我国世界文化遗产地台风、大风预警信息发布次数多，灾害对遗产影响显著；而暴雨、低温寒潮预警发布次数虽然相对较少，但对遗产影响程度亦不容忽视。

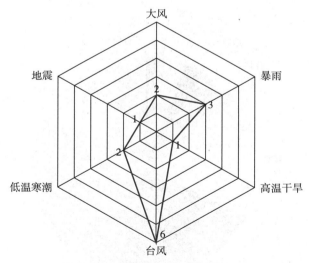

图2　2022年我国世界文化遗产地遭受自然灾害类型分析

资料来源：2022年我国世界文化遗产监测年度报告。

由于我国世界文化遗产分布范围较广，汛期受灾时间一般自 5 月开始一直持续到 9 月下旬（见图 3），较我国华北、东北地区降水集中的"七下八上"主汛期时间长。因此，各遗产地应根据自身实际情况，进一步提高雨季和汛期的灾害防治意识，尽早开展相关灾害防治规划和风险排查，提前部署防汛抗旱、防灾减灾相关工作，完善应急处置机制、措施，及时处置险情，避免威胁人员和遗产本体安全。

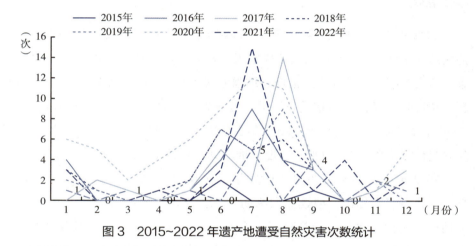

图 3　2015~2022 年遗产地遭受自然灾害次数统计

资料来源：2022 年我国世界文化遗产监测年度报告。

2022 年有 2 处遗产地反映当年出现干旱、低温寒潮的极端天气气候事件。其中，庐山国家公园因受到长江中下游持续晴热高温天气影响，2022 年 6~11 月，降雨量偏少、江河湖泊水位下降明显，出现了不同程度的旱灾且呈蔓延加剧态势。当地相关部门通过统筹居民饮水和农业灌溉需求，启用机动抗旱设备，清淤、开挖引水渠道等措施，做好设施维修、养护，确保正常运行。开展人工增雨作业 22 次，发射 76 枚火箭弹，对缓解旱情和降低森林火险等级起到积极作用。大运河苏州段则于冬季遭遇低温寒潮影响，接到预警后，当地文物和实际管理部门及时对大运河河道等进行全面排查，做好防冻工作，避免遗产本体受低温损坏。

2022 年 11 月，新疆地区克孜尔石窟周边地区发生地震，经巡查发现，199 窟后甬道有坍塌和壁画脱落现象。结合前述温湿度变化对石窟壁画保存状况的影响分析，可以发现，石窟寺及石刻类文物所处地区地质和气候条件复杂，赋存环境脆弱，容易受自然环境因素影响，保护难度较大，是开展石窟寺预防性保护工作面临的重要难题。

（四）遗产与气候变化成为热点话题，建立健全文物防灾减灾体系迫在眉睫

2022 年 4 月，国家文物局印发《国家文物局关于加强极端天气应对工作的紧急通知》，提出要密切关注极端天气发展，及时研判预警预报，抓紧排查，落实落细防灾减灾应急措施；加强值守备勤，妥善处置险情等要求。而且，2022 年"国际古迹遗址日"的年度主题为"遗产与气候"（Heritage and Climate），与往年主题相比，2022 年主题更加简单明确，点出了文化遗产与气候变化的关系：传承文明，既要尊重历史，也要敬畏自然。

2022 年度，国家文物局还印发了《文物安全防控"十四五"专项规划》。其中明确提出，要建立文物防灾减灾制度、增强防灾减灾能力。开展地震、暴雨、洪涝、森林草原火灾和台风等主要风险对文物影响的分析研究，摸清文物自然灾害风险和防灾减灾工作状况。出台文物防灾减灾管理和技术导则，实现世界文化遗产地和重要全国重点文物保护单位防灾减灾应急预案和抢险应急物资储备全覆盖；探索文物防灾减灾专项科技与系统集成，开展文物防灾减灾专项培训，增强文博单位灾害预警和防灾减灾能力。

上述一系列规划措施和问题的提出，进一步说明气候变化与遗产保护管理策略、文物保护修复技术等已成为行业重点关注的内容与话题，侧面印证了全球气候变化和极端天气气候事件给遗产保护带来的影响不可小觑，各地应重视主要风险给遗产带来的影响，积极应对并提出相应措施。

二 我国世界文化遗产地人为因素影响情况

（一）年度游客量、门票收入和经营性收入受新冠疫情影响大幅减少

旅游与游客管理情况在一定程度上反映着我国世界文化遗产地发展的经济和环境效益，以及遗产的可持续发展情况。

2022 年，全国各遗产地旅游行业受新冠疫情影响较大。在常态化疫情防控、科学精准落实防控措施的背景下，遗产旅游景区关闭时间延长，博物馆多次闭馆，各地严格落实"限量、预约、错峰"要求，因此全年接待游客总量大幅度减少，未出现规模性游客量超载现象。数据表明，41 项遗产、109 处世界文化遗产地接待的游客总量由上一年的 2.39 亿人次下降到 1.75 亿人次，减幅达 26.78%（见图 4），占 2022 年全国总游客量[①]的 6.92%，比上一年下降 0.43 个百分点。其中，布达拉宫持续关闭近 5 个月后才重新开放。除新冠疫情影响外，部分遗产地因雨雪等天气原因，为保证游客安全而实施了关闭景区的措施。

游客量的下滑导致各地门票收入和经营性收入均有所下滑。数据分析显示，除去实行免费开放的遗产地外，81 处遗产地门票收入 27.72 亿元，48 处遗产地保护管理机构参与的经营性收入 11.56 亿元。

从全年游客量月度总体分布来看，由于春节和暑假疫情管控政策放开，2 月、7 月、8 月三个月游客较为活跃，而其他各月份游客量均呈现低迷状态。莫高窟、丝绸之路－克孜尔石窟、五台山、福建土楼均在 7 月、8 月两月出现超过日游客量限值现象。12 月游客量极速回升，甚至超过前两年旺季月度最高游客量（见图 5）。

[①]《中华人民共和国文化和旅游部 2022 年文化和旅游发展统计公报》，https://www.gov.cn/lianbo/bumen/202307/content_6891772.htm，最后检索时间：2023 年 9 月 1 日。公报显示：2022 年国内旅游总人次 25.30 亿，同比下降 22.1%；国内旅游收入（旅游总消费）2.04 万亿元，同比下降 30.0%。

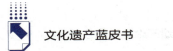

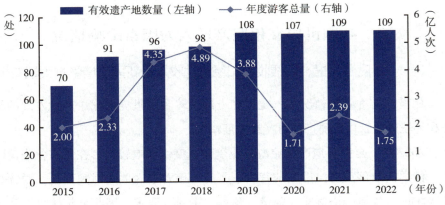

图4　2015~2022年我国世界文化遗产地数量和年度游客总量

资料来源：2022年我国世界文化遗产监测年度报告。

2022年，仍有5处遗产地存在超出日游客承载量的情况，分别是莫高窟（26天）、福建土楼－高北土楼群（39天）、五台山－台怀核心区（25天）、丝绸之路－克孜尔石窟（33天）、大运河－江南运河杭州段（24天）。综合往年数据，莫高窟连续4年超载，游客量管理压力较大，五台山－台怀核心区、大运河－江南运河杭州段连续2年超载，亟需开展行之有效的游客量管理措施缓解影响。

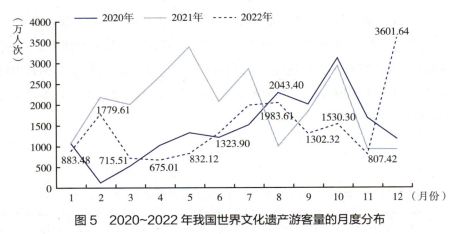

图5　2020~2022年我国世界文化遗产游客量的月度分布

资料来源：2022年我国世界文化遗产监测年度报告。

虽受新冠疫情冲击较大，本年度仍有 22 处遗产地接待了 9.71 万人次的境外游客，占其遗产地全年总游客量的 0.29%。与上年 25 处遗产地接待境外游客总数占遗产地全年总游客量 0.25% 的数据相比，境外游客总数占比提高，可见境外游客参观我国世界文化遗产地的热情依旧高涨。其中，全年境外游客人数超过 1 万人次的遗产地分别是：丽江古城、明清故宫－北京故宫、青城山—都江堰、北京皇家祭坛—天坛。除青城山—都江堰以外，其余 3 处遗产地也是上年接待境外游客人数前三的遗产地。

（二）园林景观和城镇类遗产最受欢迎，古遗址类遗产少人问津

2022 年，我国世界文化遗产地游客量差异仍旧悬殊，以 1 千万人次和 500 万人次划定区间，游客量前十名呈现出 3 个梯队（见图 6）。第一梯队的杭州西湖文化景观连续多年高居第 1 位，游客量与前几年相近，仍保持在 1 千万人次以上。第二梯队为北京皇家祭坛—天坛、北京皇家园林—颐和园、"泉州：宋元中国的世界海洋商贸中心"、丽江古城，游客量在 500 万人次以上 1 千万人次以下。与上一年相比，"泉州：宋元中国的世界海洋商贸中心"游客量超过了丽江古城，上升到第 4 位。第三梯队为明清故宫－北京故宫、"鼓浪屿：历史国际社区"、泰山等热门旅游目的地。2022 年，全年游客量不超过 1 万人次的有 12 处遗产地，较上一年度增加了 4 处，以相对偏远的古遗址类型为主，其占比为 83.33%。

在新冠疫情影响全国大部分遗产地、旅游形势严峻的情况下，峨眉山古建筑群首次跻身游客量前十，2022 年共接待游客 277.44 万人次，同比 2021 年增长 8.16%。本年度，峨眉山景区为改变旅游困境，推出了"五大优惠活动"，充分利用成渝经济圈优势，对川渝地区市民实行峨眉山景区门票"买一送一"优惠活动，对跨省旅游团实行"10 免 2"的优惠活动等，将游客"引进来"消费，开展"百场文旅活动"，策划举办杜鹃花节、"四时禅茶"等活动。从业人员主动"走出去"营销，"景城一体"成立专班，细分京津冀、华中西北、长三角、成渝地区、珠三角 5 大客源区域，为峨眉山市全域范围累计吸引游客超过 300 万人次，带动全市交通、餐饮等行业实体消费超 6 亿元，引导峨眉山旅游良性发展。

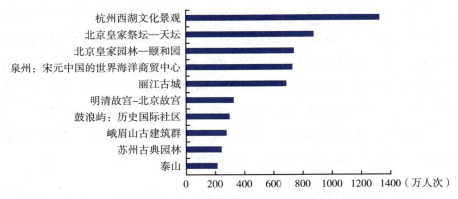

图6　2022年游客量排名TOP10的遗产地

资料来源：2022年我国世界文化遗产监测年度报告。

（三）遗产地预约游览已成常态，讲解服务接待水平亟待提高

数据表明，预约管理已基本上成为我国世界文化遗产地的主要旅游管理方式，2022年预约到访的趋势基本不变。本年度，共有63处遗产地采用了预约方式接待游客，预约比例超过50%的遗产地数量有所提高，较上年新增2处（共36处），占比57.14%，说明预约管理制度在遗产地得到了进一步的重视与加强。然而，由于受新冠疫情影响，通过预约方式接待的游客总量有所下跌，约为4061.51万人次，占涉及遗产地游客总量的41.01%，占所有遗产地游客总量的23.24%，分别相较上年下降13.38个百分点和5.71个百分点。

游客总量的减少缓解了遗产地讲解服务供需关系的紧张，为改善游客体验创造了条件。2022年，游客对于游览讲解服务的需求较上一年有明显提高，44处遗产地共向209.17万人次提供了讲解服务，虽然总量同比减少了100.73万人次，但是，游客讲解服务人数占到涉及遗产地游客总量的16.86%，同比增加了10.29个百分点。与此同时，网络传播方式和产品信息的多元化，使游客对于现场讲解服务质量、组织开展形式的要求发生了变化，现有的讲解服务难以满足游客日益提高的要求。现阶段，水平参差不齐的社会讲解服务和网络在线讲解形式的活跃在一定程度上削弱了官方讲解服务的需求，而游客

又难以对讲解内容的真实性、准确性加以辨别。因此，各遗产地应结合实际情况，不断优化服务供给、拓展讲解形式，主动提高服务能力，规范引导社会讲解服务，确保知识传播的客观性、准确性。

（四）持续加强不文明行为管理，游客人身和文物本体安全保障压力大

2022 年，新冠疫情反复，给国内旅游业带来严重影响。在游客量大幅减少的环境下，随着游客素质日渐提高，文明旅游蔚然成风，游客不文明行为的总量也大幅减少。本年度，各遗产地相继出台了相关保护管理条例，明确和完善了保护责任和体制机制，规范了旅游管理和宣传利用等方面的工作。从罚款到行政拘留的处罚措施升级，在一定程度上对游客不文明行为起到合理约束作用。

2022 年，明清故宫 - 北京故宫、长城 - 八达岭、苏州古典园林、大运河 - 宁波三江口持续反映发生人为破坏事件。本年度八达岭长城管理单位进一步强化了游客不文明行为的管理，主要原因为遗产管理机构通过加强巡逻提醒、批评教育等方式方法，但到访者刻画、涂鸦和乱扔垃圾等行为仍屡禁不止。在发现和接到其他游客举报后，八达岭当地公安机关根据《中华人民共和国治安管理处罚法》给予刻画人拘留 5 日、罚款 200 元的处罚；同时八达岭管理处将刻画人列入景区不文明行为记录，限制其再次到景区参观游览。

除刻画一类行为外，"野游"、擅自翻越护栏等情况也时有发生，一旦发生事故，威胁的是游客自身的人身安全。仅 10 月一个月，北京市怀柔消防就接到 5 起攀爬箭扣长城驴友的求助，其中 4 起是受伤被困求助、1 起是迷路求助。可能发生的乱石、雷击、迷路、驴友体力不支等情况，都给救援工作带来巨大压力。2022 年 10 月，据安徽黄山风景区官网消息，淮北游客陈某因"跨越护栏违规进入黄山风景区未开放区域"，收到了黄山风景区管委会开具的 1000 元罚单。陈某的行为已违反了《黄山风景名胜区管理条例》的相关规定。依据《条例》第三十一条"……擅自进入未开发开放区域进行游览活动，擅自进行探险、攀岩等影响景区资源安全和人身安全的活动，由管委会责令

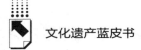

改正；拒不改正的，给予警告或者一千元以上三千元以下的罚款"，给予陈某罚款1000元的处罚决定。这是2022年黄山风景区管委会对擅入景区未开放区域实施的首例行政处罚。

不文明施工也为遗产保护带来一定压力，属地相关管理部门应予以重视并加强管理。根据《2022年中国世界文化遗产舆情监测年度分析报告》抓取的舆情信息，2022年，某晚报刊发文章，报道了大量水泥支架被"扔进"大运河，并在支架上安装景观灯，以亮化古纤道，建设单位这一做法引发市民担忧的事件。后该项目施工被叫停，建设单位被责令立即进行整改并处以行政处罚，"扔进"运河的水泥支架已全部打捞上岸。

（五）遗产地建设压力持续增大，项目审批面临情况复杂

2022年，共有19项遗产、35处遗产地填报了遗产区、缓冲区范围内实施的建设项目共计253项，与上年相比增加93项。填报项目遗产地占遗产地总数的32.11%，比上一年度有所提高。在填报的所有项目中，2022年1~12月开工建设项目共145个，房屋住宅类项目占新开工建设项目总数的65.52%，其次是基础设施建设工程，占比31.72%。在延续的108个项目中，最早的项目于2017年开工，暂未竣工项目82项，占75.9%。

2022年度有2处遗产地上报的建设项目未征得文物部门同意，原因各不相同。其中，A处遗产地存在的问题是，房屋建设改造项目位于遗产区划内、文物保护区划外，而遗产区划缺乏足够的文物相关法律法规保障，文物部门和遗产保护管理机构没有项目行政审批职权，难以把控建设项目对遗产的影响。B处遗产地则是由于在保护区划和遗产区划范围内，存在职权部门多头管理、权责不清的问题，因而造成项目建设审批管理出现漏洞，项目未批先建，对遗产价值和景观造成损害，目前该项目已被上级文物主管部门责令整改。

（六）遗产地社会环境总体向好，社会效益和环境效益明显

2022年，秦始皇陵及兵马俑坑、殷墟持续上报存在严重污染企业2个。

云冈石窟（1 处）、丝绸之路 – 高昌故城（3 处）上报涉及 4 处资源开采点，与上年相比未发生变化。本年度，14 处遗产地提出了明确的人口疏散需求，较上一年减少 1 处，遗产类型主要为古遗址及古墓葬、古建筑，可见遗址、建筑 / 建筑群的保护和管理与人口发展之间存在一定的矛盾。峨眉山—乐山大佛（仅峨眉山）仍存在显著人口疏散需求。1 处遗产地显示发生土地利用性质变化，为良渚古城遗址"良渚文化走廊"涉及的瓶窑镇高村组、高西组共计 0.681 亩土地，经浙江省人民政府批准同意转变为建设用地。

2022 年，34 处遗产地填报了遗产地范围内的国家保护动植物种类 9685 种，前三名为北京皇家园林—颐和园、明清皇家陵寝 – 明显陵、红河哈尼梯田文化景观，显示出当地较好的生态环境和生物多样性。

2022 年度，由于新冠疫情影响时间长、范围广，全国各遗产地旅游经济效益有较大幅度的下降，54.13% 的遗产地认为旅游效益显著 / 较显著，31.19% 的遗产地认为效益一般。在这一形势背景下，各遗产地仍积极探索创收方式，带动周边地区经济社会共同发展，在社会民生发展和环境改善提升方面开展了诸多有益尝试。其中，分别有 61.47% 和 75.23% 遗产地认为本年度社会效益和环境效益显著 / 较显著，25.69% 和 16.51% 的遗产地认为一般。

社会效益改善的主要因素之一是旅游产业链的完善带动周边就业，服务水平的提升扩大文化遗产宣传效应。例如，杭州西湖文化景观的旅游带动了当地居民从事遗产相关工作和经营服务，通过产业引导、工艺传承等做法，保留遗产地原有的以龙井茶生产为特色的生产方式。通过规划引导，保留了当地居民的传统生活方式，并有针对性地开发旅游体验项目，构建了遗产保护与遗产体验相结合的互赢体系。通过文化宣传活动，不断提炼遗产的核心价值，扩大遗产的文化引领效应，有效地提升了遗产价值的体验感和市民、游客亲近遗产的愿望，实现遗产的可持续发展。而随着新冠疫情管控政策的放开，武当山旅游经济特区将民宿作为一项重要产业，龙王沟、寨沟、鲁家寨等村 200 多户居民积极开展民房改造，依托健康养生、文化体验、武术习练等内容，在发展民宿产业的同时，扩大了遗产的文化影响，有效地提升了居民和游客对遗产价值的体验和认识。

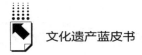

遗产地环境效益的提升主要来源于遗产周边环境的整治和绿化措施。2022 年，丽江古城通过实施一系列环境风貌整治工程，对古城内部分影响古城景观和整体风貌的不协调建筑及建筑密度过大地区的危旧房进行了拆除，在确保丽江古城遗产的真实性和完整性的同时，营造了优美和谐的自然环境，提高了古城及其周边地区的绿地覆盖面积，有效建立起绿色屏障和生态文化保护圈，改善了居民的生活条件，提高了居民的生活质量。大运河沿线各区段也通过一系列的环境治理、绿化和展示工程，使大运河沿岸植被种类增加，绿化面积增加，水质提升，极大地改善了沿岸的环境风貌，成为沿线居民日常休闲游憩的好去处。

三 对策与建议

总的来说，2022 年，我国世界文化遗产自然环境和人为因素的负面影响总体控制良好。本年度遗产地自然侵蚀作用较往年增强，以台风、暴雨为主的自然灾害影响强度大、范围广，部分遗产地受到不同程度的干旱和低温寒潮影响，气候与遗产保护成为社会和行业关注热点。受到新冠疫情影响，遗产地年度游客量、门票收入和经营性收入锐减；出行方式的变化，使游客对于现场讲解服务质量、组织开展形式的要求更高，未来遗产地讲解服务接待能力亟待加强，旅游消费产品须丰富提升。此外，游客不文明行为和不当施工等对遗产造成负面影响的情况仍旧存在，遗产地建设压力较上一年度增大，遗产保护管理面临的挑战更为复杂。针对上述几个方面的问题，本报告提出以下几点建议。

（一）重视加强风险灾害评估，有效应对气候变化等灾害影响

气候变化、自然灾害对文化遗产的保存和延续的影响是全方位、多尺度的。特别是石窟石刻和遗址类遗产，受大环境和局部地区微环境变化影响，其赋存的自然环境变得十分脆弱，导致遗产本身的保护也面临较大威胁。制度层面上，建议各地尽快开展文物防灾减灾制度机制研究，强化顶层设计，

建立应对重大自然灾害的文物应急机制；建立与气象、环境、水利等部门的长效合作机制，加强央地统筹、部门协同。技术层面上，可通过加强遗产本体及其赋存环境研究与保护，开展高风险遗产保存现状和数字化信息留存、灾害和病害形成机制和影响及日常保护加固措施研究，有效提升文物灾害风险的系统性认识和管理能力。另外，充分发挥空间信息技术等在自然灾害监测、预警等方面的作用，结合不断积累的监测数据，及时、准确掌握气候变化引发极端天气、次生灾害等给遗产带来的不利因素的强度、范围、时间，灾害来临前做好防护加固措施，进一步推动遗产保护从抢救性保护向预防性保护深入转变，有效应对气候灾害风险。

（二）探索疫情防控新阶段遗产旅游发展新模式，丰富遗产旅游体验

新冠疫情后，旅游业市场结构、旅游者消费行为习惯和旅游发展商业模式均发生了较大变化。人们对于健康生活品质的追求和旅游目的地文化产品与服务的要求越来越高。定制游、研学游、私家团等新型旅游模式在遗产地兴起并受到欢迎。遗产旅游经济效益的提升，各遗产地不应只依赖单纯的游客量增长带来的门票和经营性收入，还应始终在"保护第一"的基础上，因地制宜，依据不同的游客受众需求，积极拓展遗产价值传播展示方式方法、旅游发展模式和旅游消费产品，以此带动当地旅游经济收入的增长。对于当前游客日益增长的知识和讲解需求，遗产地可针对知识普及、深度学习、专业研究等不同需求类型，提供分众化、特色化的讲解内容和服务，丰富遗产旅游产品，增强游客体验。对于遗址这一类大部分公众难以理解的遗产，鼓励遗产地以创新和活化利用的方式，在做好宣传提高遗产知名度的同时，更好地探索文化、生态、休闲融合的方式，在"让文物活起来"的同时更好地满足人民群众的参观需求，提升我国世界文化遗产地遗产保护利用整体水平。

（三）建立健全法律法规体系，加强保障遗产及其周边环境安全

近年来，我国世界文化遗产地在遗产区、缓冲区内填报保护项目、建设项目有所增长，一方面，表现出各级人民政府和有关部门对遗产保护和依法

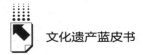

保护的重视，另一方面，大量的建设项目也给遗产保护管理造成了巨大压力。未批先建、违规建设的情况时有发生，对遗产本体及其价值造成极大损害。属地政府应严格落实主体责任，加强遗产保护专项法律法规制度建设，使文化遗产保护做到有法可依；理顺政府各职能管理部门之间的体制机制，加大文化遗产保护资金投入力度，加强社会公众参与，强化对从事文化遗产保护工作相关主体、行为的监管和预警处置机制，避免不当建设对遗产本体、周边环境及其价值造成破坏。同时，针对遗产地普遍存在的不文明游览以及不当建设损害文化遗产等行为，应尽快出台相应的法律法规和管理制度，正确引导游客爱护遗产、周边生态环境与公共设施。

参考文献

李六三、赵云、燕海鸣主编《中国世界文化遗产保护状况报告（2021~2022）》，社会科学文献出版社，2022。

中国气象局国家气候中心：《中国气候公报（2022）》，中国气象局宣传科普中心（中国气象报社），2022。

中华人民共和国文化和旅游部编《中华人民共和国文化和旅游部2022年文化和旅游发展统计公报》，中国统计出版社，2022。

B.5
2022 年中国世界文化遗产工程项目
与日常管理分析报告[*]

范家昱[**]

摘　要：2022 年，共有 19 项遗产、57 处遗产地的保护管理规划公布实施，占遗产地总数的 50.44%。工程项目管理方面，35 项遗产、62 处遗产地开展各类保护工程 175 项，工程数量较前几年有所减少。30 项遗产、51 处遗产地开展了 76 项安消防工程，全力保障遗产安全。各遗产地有序开展日常巡查工作，利用技术手段，建设安全防范系统，提升文博单位安防能力。29 项遗产、40 处遗产地拥有已建成或正在建设（提升）的监测平台，监测平台覆盖率、有效运转率较低。11 项遗产、19 处遗产地开展了 26 项考古调查和发掘项目，考古发掘面积 2.05 万平方米，较上年显著增长，但考古成果发表明显滞后。34 项遗产、61 处遗产地的保护管理机构开展了共 821 项学术研究，成果以理论研究和历史文化为主。

关键词：世界文化遗产　保护管理规划　保护工程

---

* 本报告主要资料来源为我国世界文化遗产保护管理机构 / 监测机构在中国世界文化遗产监测预警总平台上编写的《中国世界文化遗产 2022 年度监测年度报告》，共计 109 份，涉及 41 项遗产、109 处遗产地（不含大昭寺、武夷山景区、大运河衡水—沧州段、澳门历史城区），统计时间为 2023 年 7 月 31 日。

** 范家昱，中国文化遗产研究院中国世界文化遗产中心（中国世界文化遗产监测中心）工程师，主要研究领域：世界文化遗产保护管理规划、遗产展示利用。

本报告围绕我国世界文化遗产保护管理的主要工作，重点从规划编制与实施、工程项目管理、日常管理与监测平台建设、考古调查和发掘、学术研究五个方面，分析我国世界文化遗产工程项目与日常管理现状，简要总结存在的普遍问题，并提出对策和建议。

一 我国世界文化遗产地规划编制和实施情况

（一）保护管理规划未按要求审批公布实施情况普遍存在

截至 2022 年，19 项遗产、57 处遗产地的保护管理规划（含保护规划）报请国家文物局审定后由省级人民政府公布实施，占遗产地总数的 50.44%[①]，较上年（18 项、56 处，占比 49.56%）有所增加。

2022 年，明清皇家陵寝－清东陵和长城－八达岭 2 处遗产地的保护管理规划，根据《世界文化遗产保护管理办法》要求[②]通过了国家文物局的审定，分别由河北省人民政府、北京市人民政府公布实施。

数据表明，截至 2022 年，10 项遗产、11 处遗产地的保护管理规划经过国家文物局审定，但未按要求经省级人民政府公布实施，占比 9.73%，涉及武当山古建筑群，拉萨布达拉宫历史建筑群（含罗布林卡和大昭寺），曲阜孔庙、孔林和孔府，庐山国家公园，明清皇家陵寝，高句丽王城、王陵及贵族墓葬，登封"天地之中"历史建筑群，杭州西湖文化景观，"丝绸之路：长安—天山廊道的路网"，峨眉山—乐山大佛。

另外，22 项遗产、37 处遗产地尚无保护管理规划，或处于在编、规划已过期的状态，占比 32.74%。应尽快开展保护管理规划的编制工作，确保遗产保护管理工作有法可依（见图 1）。

---

① 此资料来源于我国世界文化遗产地提交的 2022 年监测年度报告以及中国世界文化遗产监测预警总平台基础数据库，涵盖 41 项遗产、113 处遗产地（其中大运河按组成部分算，共计 31 处）。澳门历史城区未统计在内。

② 《世界文化遗产保护管理办法》中第八条要求，"世界文化遗产保护管理规划应当由省人民政府组织编制，报国家文物局审定，由省级人民政府公布并组织实施"。

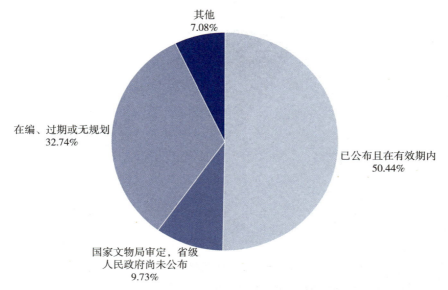

其他
7.08%

在编、过期或无规划
32.74%

已公布且在有效期内
50.44%

国家文物局审定，省级
人民政府尚未公布
9.73%

图 1　2022 年我国世界文化遗产地保护管理规划编制及公布情况

资料来源：2022 年我国世界文化遗产监测年度报告。

（二）各类规划项目得到有序落实

数据显示，2022 年正常实施的规划项目共 195 项，占全年规划项目总量的 90.28%，较上年略有增长（见图 2）。其中实施评价良好的项目数量占比 78.97%，说明各遗产地正在有序推进规划项目，落实规划策略。

据统计，2022 年度未实施的规划项目 21 项，其中有 14 项关于文物本体修缮、环境整治、展示利用、安防等方面的项目进展缓慢。未实施的文物本体（含附属文物）保护修缮的项目共 5 项，涉及遗产地为五台山 – 佛光寺核心区、红河哈尼梯田文化景观和大运河 – 通济渠郑州段。

（三）遗产保护管理呈现出多措并举、统一规划的模式

2022 年，13 项遗产、21 处遗产地编制了 43 项相关规划。规划类型以风景名胜区规划为主，同时涉及土地利用、遗址公园、水利、林业等相关领域，

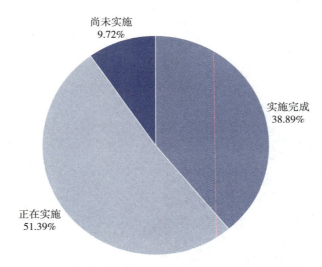

图 2　2022 年我国世界文化遗产地规划项目实施情况

资料来源：2022 年我国世界文化遗产监测年度报告。

呈现多措并举、统一规划的遗产保护与管理模式。数据表明，这 43 项相关规划的出台实施，均对遗产的保护管理工作产生正面影响。

2021 年 3 月，自然资源部、国家文物局联合印发了《关于在国土空间规划编制和实施中加强历史文化遗产保护管理的指导意见》，要求进一步加强规划协调。将历史文化遗产相关区划及管控要求，与其他专业领域的专项规划数据整合到国土空间规划"一张图"上，逐级传导至详细规划层面，通过用途管制和规划许可在规划实施管理中的落地落实，达到统筹保护各类文化遗产的目标。

2021 年国家文化公园建设工作领导小组印发《大运河国家文化公园建设保护规划》后，截至 2022 年底，大运河沿线省（直辖市）基本完成了大运河文化保护传承利用、大运河国家文化公园建设保护规划的编制工作，为整合各省大运河文化相关资源，生动呈现大运河文化的独特魅力，推动大运河国家文化公园建设保护指明发展方向和路径。

例如大运河－浙东运河宁波段，根据国家和浙江省对大运河文化保护传承利用工作的部署，宁波市采用精细化规划体系，编制遗产保护管理专项规划，积极探索在国土空间规划中充分落实文化遗产空间和遗产管控要求的途径，进一步明确、落实大运河遗产河道保护的具体范围及要求。同时，以可持续发展与新型城镇化为导向，协调指导沿线聚落保护和城市有机更新，促进宜居与开发一体化发展，实现遗产保护和城市发展双赢局面。

二　我国世界文化遗产地工程项目管理情况

本节从保护工程 [①] 和安消防工程两个方面，分析我国世界文化遗产地的工程项目开展和实施情况。

（一）保护工程的实施

1. 本体保护工程仍为实施重点

2022 年，有 35 项遗产、62 处遗产地实施了 175 项保护工程，工程数量较前几年有所减少。其中 85 项为当年新开展的保护工程，其余工程为往年延续性项目。

本体保护工程仍为我国世界文化遗产地各类工程的实施重点，共 121 项，占比 69.14%，与上年（142 项，占比 69.27%）基本持平（见图 3）。当年新开展的本体保护工程 49 项，其中 4 项为抢险加固工程，涉及遗产地为平遥古城、苏州古典园林 – 退思园、明清皇家陵寝 – 清福陵、云冈石窟。

云冈石窟第 3 窟是云冈石窟开凿规模最大的洞窟，也是一个没有完工的洞窟，对于研究石窟开凿方式具有重要意义。然而，由于特殊的地质构造和1500 余年的自然风化，洞窟顶板及各壁面均存在极大的稳定性问题，威胁文物和游客的安全。为了彻底解决这些问题，云冈石窟分别于 2019 年和 2022年实施了两期危岩体抢险加固工程，通过病害调查、无损结合钻孔精细勘察、钢结构临时支护、裂隙封堵粘接和灌浆、玻璃纤维锚杆牵拉、风化凹槽封护及稳定性监测等手段，较好地解决了洞窟顶板及各壁面的稳定性问题，减缓了洞窟风化速度，取得了显著的保护效果（见图 4）。

---

① 　根据《文物保护工程管理办法》，文物保护工程分为：保养维护工程、抢险加固工程、修缮工程、保护性建设工程、迁移工程等。

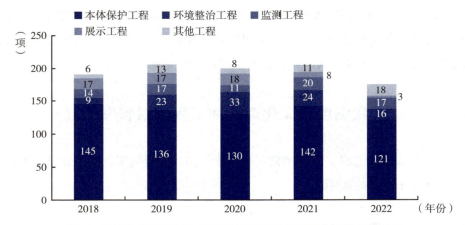

图3　2018~2022年我国世界文化遗产地实施的各类工程数量

资料来源：2018~2022年我国世界文化遗产监测年度报告。

图4　云冈石窟工程区域全景（左）和云冈石窟窟外破碎带加固（右）

资料来源：云冈石窟世界文化遗产2022年度监测报告。

2. 监测工程有序开展

大运河－江南运河杭州段针对水质、拱宸桥结构安全，以及多处大运河遗产要素建档测绘、数据采集等方面，共开展了10项监测工程。其中，杭州拱宸桥周期性监测实施工程、杭州富义仓专项监测实施工程等项目已连续开展多年，积累了大量珍贵监测数据。这些监测工程的开展，有效延续了大运河遗产价值，提升了遗产韧性，为今后的各类工程和决策提供数据支撑，也为大运河沿线地区文化遗产监测工作提供样板。

3. 大运河国家文化公园建设初见成效

习近平总书记指出，"大运河是祖先留给我们的宝贵遗产，是流动的文化，要统筹保护好、传承好、利用好"，国家层面相继出台了《中华人民共和国国民经济和社会发展第十四个五年规划和 2035 年远景目标纲要》《大运河文化保护传承利用规划纲要》《长城、大运河、长征国家文化公园建设方案》《大运河国家文化公园建设保护规划》等重要指导文件，以确保高质量推进大运河保护传承利用和国家文化公园建设。

大运河沿线遗产地在深入贯彻落实党中央、国务院领导的系列批示、指示精神的过程中，注重将遗产保护与文旅融合、民生改善等工作相结合，改善人居环境。

2022 年，大运河 - 江南运河杭州段开展了迎亚运大运河 - 江南运河杭州段亮化提升工程，以及大运河 - 江南运河杭州段水岸互动文旅融合提升工程，展现出大运河焕发的新时代生机和活力。例如，位于杭州市拱墅区运河边的小河公园，其前身是见证了运河历史变迁的小河油库，通过将运河文化与工业遗产、城市记忆相结合，使之不仅成为市民文化休闲活动的场所，更成为杭州大运河国家文化公园的标志性项目之一，是大运河文化得以活化传承的优秀案例（见图 5）。

图 5　杭州小河公园

资料来源：胡行健摄。

（二）安消防能力稳步提升

1. 地方投入安消防工程经费增多

2022 年，共有 30 项遗产、51 处遗产地开展了 76 项安消防工程，其中有

52 项为当年新开展项目，其余项目为往年延续性项目。经费方面，全年安消防经费达 38925.72 万元，其中，中央财政 33376.66 万元，占比 85.74%，可见确保文物安全仍为国家主要经费投入和支持方向。

与往年相比，以地方财政为主要经费来源的安消防项目占比明显增多，越来越多的省（直辖市）高度重视文物安全，并予以大力支持（见图 6）。例如，北京皇家园林—颐和园，2022 年颐和园通过筹集地方财政资金 1220.12 万元，开展了玉澜堂、乐寿堂、养云轩等 33 处古建筑消防工程，实现对园区内古建筑消防探测器的远程监控。明清皇家陵寝的清昭陵，地方财政筹措资金 761.88 万元组织开展北陵公园－清昭陵视频监控系统升级改造项目，实现公园全域 24 小时烟雾综合预警，提高文物安全系数（见图 7、图 8）。

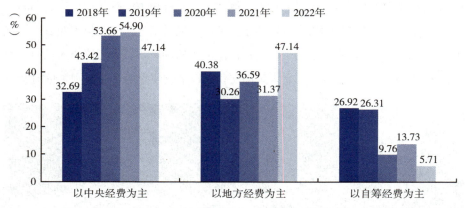

图 6　2018~2022 年我国世界文化遗产安消防经费来源占比统计

资料来源：2018~2022 年我国世界文化遗产监测年度报告。

2. 技术手段护航日常安防

2022 年 4 月，国家文物局印发《文物安全防控"十四五"专项规划》，明确提出加强博物馆等文博机构的安全防护工程建设。2022 年度，国家文物局严肃查处文物法人违法案件，协同开展打击文物犯罪专项行动，完成文物火灾隐患整治和消防能力提升三年行动，持续提升文物安全防范和应急能力，文物安全形势整体趋稳 [1]。

---

[1]　《国家文物局：2022 年度全国文物安全形势整体趋稳》，中国新闻网，2023 年 3 月 31 日。

图 7　颐和园玉澜堂古建筑消防工程

资料来源：颐和园世界文化遗产 2022 年度监测报告。

图 8　清昭陵视频监控系统

资料来源：明清皇家陵寝－清昭陵世界文化遗产监测报告。

　　《文物安全防控"十四五"专项规划》中提出，要加强安全防护工程建设，根据防护对象的风险等级和实际需求，以入侵报警系统、视频监控系统、电子巡查系统为主要技术手段，建设安全防范系统，提升文博单位安防能力。"丝绸之路：长安—天山廊道的路网"沿线多处具有极高价值的古文化遗址、古墓葬、石窟寺的安防工程进行了升级改造提升。例如，克孜尔石窟范围内文物本体、重要通道和出入口适度设置视频监控系统、入侵报警系统、电子巡更系统。汉长安城未央宫遗址对原有视频监控系统进行升级维护改造，实现遗址陈列馆、文物库房、保管所办公区院落全覆盖（见图 9、图 10）。

图 9　克孜尔千佛洞安防升级改造工程

资料来源：克孜尔石窟 2022 年度监测报告。

图 10　汉长安城遗址保管所视频监控系统升级维护改造

资料来源：汉长安城未央宫遗址 2022 年度监测报告。

为落实《"十四五"文物保护和科技创新规划》《文物安全防控"十四五"专项规划》等要求，丽江古城2022年8月13日修订颁布的《丽江古城消防安全管理办法》（自2022年10月1日起施行），进一步完善丽江古城消防安全管理体系，对强化火灾防控体系建设、推动消防安全责任落实、规范建筑消防安全管理工作具有重大现实意义。

此外，各遗产地积极推进各类安防工程建设，以确保遗产安全。例如，明清皇家陵寝－清西陵和十三陵，建设了文物消防报警系统及供水灭火系统，加强文物消防的硬件设施建设，有效降低火灾发生风险，使文物得以长久保存。曲阜孔庙、孔林和孔府结合主要影响因素和致灾因子，开展消防、安防、防雷在内的5项工程，建设、完善消防基础设施、电子巡更系统等工程，使文物安全得到有效保障。

三　我国世界文化遗产地日常管理与监测平台建设情况

本节从日常巡查、监测系统管理两个方面，阐述我国世界文化遗产地的日常管理与监测平台建设情况。

（一）日常巡查保障遗产安全

2022年，我国各世界文化遗产地持续开展日常巡查工作，而且巡查工作能够覆盖所有遗产要素，确保没有因日常保养维护不到位导致遗产本体病害加剧或者遗产本体受损的情况出现，整体情况良好。

经费方面，除用于支付巡查人员劳务费外，33项遗产、64处遗产地投入专门经费用于遗产的日常养护工作，经费总额达37373.02万元，较上年增长140%，增幅明显。

制度建设方面，天坛、明孝陵、十三陵、良渚古城遗址颁布了有关巡查工作的保护管理机构内部制度，为日常巡查工作的规范开展提供制度依据。其中，杭州良渚遗址管理区管理委员会（浙江省杭州良渚遗址管理局）颁布了《文物与遗产管理局关于保护区在建项目的文保巡查办法》和《良渚古城遗址公园重点区域巡查管理及监控中心管理办法》等保护管理机构内部制度，旨在加强良渚遗址保护区内建设项目的文保监管，同时进一步提高良渚古城文物安全管理规范。

（二）现有体系监测平台覆盖率、运转率低

数据显示，截至 2022 年，有 30 项遗产、48 处遗产地已建成或正在建设（提升）监测平台（见表 1），占全部遗产地的 42.48%[①]，与上年（28 项遗产、50 处遗产地）基本持平。

仅有 19 项遗产、27 处遗产地明确表示监测平台能够稳定运转，部分平台因经费保障不足、后期缺乏运维等因素，导致目前系统无法满足监测需求，平台无法稳定运转，不能确保监测工作的有效性和持续性。

表 1 我国世界文化遗产监测平台建设情况（截至 2022 年底）			
序号	遗产名称		监测平台类型	监测平台建设情况
1	明清故宫	北京故宫	体系监测平台	正在建设（提升）平台
2			专项监测平台	已建成平台
3		沈阳故宫	专项监测平台	正在建设（提升）平台
4	秦始皇陵及兵马俑坑		体系监测平台	已建成平台
5	莫高窟		体系监测平台	已建成平台
6	周口店北京人遗址		体系监测平台	已建成平台
7	长城	嘉峪关	体系监测平台	已建成平台
8		八达岭	专项监测平台	已建成平台
9	武当山古建筑群		专项监测平台	已建成平台
10	拉萨布达拉宫历史建筑群	布达拉宫	体系监测平台	正在建设（提升）平台
11		罗布林卡	体系监测平台	已建成平台
12	庐山国家公园		体系监测平台	已建成平台

① 资料来源于我国世界文化遗产地提交的 2022 年监测年度报告以及中国世界文化遗产监测预警总平台基础数据库，涵盖 41 项遗产、113 处遗产地（其中大运河按组成部分算，共计 31 处）。澳门历史城区未统计在内。

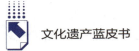
序号	遗产名称		监测平台类型	监测平台建设情况
13	平遥古城		体系监测平台	正在建设（提升）平台
14	苏州古典园林		体系监测平台	已建成平台
15	丽江古城		体系监测平台	已建成平台
16	北京皇家园林—颐和园		体系监测平台	已建成平台
17	大足石刻		体系监测平台	已建成平台
18			专项监测平台	已建成平台
19	明清皇家陵寝	明孝陵	体系监测平台	正在建设（提升）平台
20	龙门石窟		体系监测平台	已建成平台
21	高句丽王城、王陵及贵族墓葬	国内城	体系监测平台	已建成平台
22		五女山城	体系监测平台	已建成平台
23	五台山	佛光寺核心区	体系监测平台	已建成平台
24	登封"天地之中"历史建筑群		体系监测平台	已建成平台
25	杭州西湖文化景观		体系监测平台	已建成平台
26			专项监测平台	已建成平台
27	元上都遗址		体系监测平台	已建成平台
28	红河哈尼梯田文化景观		体系监测平台	正在建设（提升）平台
29	丝绸之路：长安—天山廊道的路网	C06-CN 交河故城	体系监测平台	已建成平台
30		C07-CN 北庭故城遗址	体系监测平台	已建成平台
31		R03-CN 炳灵寺石窟	体系监测平台	已建成平台
32		R08-CN 兴教寺塔	专项监测平台	已建成平台
33		R04-CN 麦积山石窟	体系监测平台	已建成平台
34		R05-CN 彬县大佛寺石窟	体系监测平台	已建成平台
35		R06-CN 大雁塔	体系监测平台	已建成平台
36		A01-CN 张骞墓	体系监测平台	已建成平台

序号	遗产名称		监测平台类型	监测平台建设情况
37	大运河	清口枢纽	体系监测平台	已建成平台
38		淮扬运河扬州段	体系监测平台	已建成平台
39			专项监测平台	已建成平台
40		江南运河无锡城区段	体系监测平台	正在建设（提升）平台
41		江南运河苏州段	体系监测平台	已建成平台
42		江南运河嘉兴段	体系监测平台	正在建设（提升）平台
43		江南运河杭州段和浙东运河萧山段	体系监测平台	已建成平台
44		江南运河南浔段	体系监测平台	已建成平台
45		浙东运河宁波段和宁波三江口、浙东运河余姚段	体系监测平台	已建成平台
46	土司遗址	唐崖土司城遗址	体系监测平台	已建成平台
47	鼓浪屿：历史国际社区		体系监测平台	已建成平台
48	良渚古城遗址		体系监测平台	已建成平台
49	泉州：宋元中国的世界海洋商贸中心		体系监测平台	已建成平台
50	黄山		体系监测平台	已建成平台
51	峨眉山—乐山大佛		体系监测平台	已建成平台
52	武夷山	城村汉城遗址	体系监测平台	正在建设（提升）平台

2022 年，有 4 处遗产地完成了监测平台的建设或提升工作。例如，秦始皇陵及兵马俑坑遗产监测平台在秦始皇陵及兵马俑坑已有长期监测数据与专业资料深入分析的基础上，以监测预警平台架构建设为中心，开展历史监测数据整理分析与利用、遗址本体病害及影响因素监测基础研究、原址保护展存环境与秦俑本体监测、保护区划日常巡查管理监测建设、监测预警平台构架设计及建设、监测网络规划及完善运行环境建设等六个方面内容，实现监测、预警、反馈联动的信息化工作模式，对秦始皇陵遗址进行科学有效的预

防性保护。西藏罗布林卡遗产地监测预警体系囊括数据建设、遗产保护系统建设、通信系统建设、监测中心建设、DLP 大屏幕显示系统、室外工程费用、软件系统、综合信息监测系统平台、动态子项目系统、建筑物检测鉴定、监测子系统、通信子系统、基础建设、软件平台建设。武当山古建筑群开展了金殿危岩体监测项目，完成了前端设备安装和机房设备及平台设计安装与维护。

截至 2022 年，仅有 7 项遗产、8 处遗产地的监测平台实现了与国家总平台的对接，分别是：大足石刻、"鼓浪屿：历史国际社区"、大运河－江南运河嘉兴段、乐山大佛、良渚古城遗址、龙门石窟、宁波三江口、唐崖土司城遗址。2020 年，大运河－浙东运河宁波段率先实现了与中国世界文化遗产监测预警总平台的数据实时对接互通和监测指标统一展示工作，成功将预警信息和处置情况上报至中国世界文化遗产监测预警总平台，宁波由此成为中国大运河沿线 34 个城市试点单位中，首个实施并顺利完成该工作的城市。截至 2022 年 12 月 31 日 24 时，当年双方平台已成功对接各类遗产监测数据 13233 条，其中宁波三江口监测数据 4505 条，浙东运河宁波段 4380 条，浙东运河上虞—余姚段（余姚部分）4380 条。

"丝绸之路：长安—天山廊道的路网"的克孜尔石窟、唐长安城大明宫遗址等遗产地的体系监测平台是申遗前后建成的，建成时间较长，且与新时代背景下的文化遗产保护工作在监测手段、内容、系统建设等方面均存在一定差距。土司遗址的老司城的体系监测平台已失去监测效力。上述遗产地已启动相关立项工作，计划更新、提升遗产体系监测平台，满足世界文化遗产保护与监测管理工作需要。

四 我国世界文化遗产地考古调查和发掘情况

（一）各地积极开展考古调查与发掘工作

2022 年，11 项遗产、19 处遗产地开展了 26 项考古调查和发掘项目，其中 22 项为当年新开展的考古工作。考古发掘面积 2.05 万平方米，较上年（1.7 万平方米）增加 21%。当年新增考古发掘面积 1.84 万平方米，回填率 59%。

经费方面，26 项考古调查和发掘项目投入总计 4489.5 万元，较上年增长 23.97%。经费来源方面，与上年相比，自筹经费投入 2307 万元，占比超五成，中央和地方财政拨款比例略有下降。其中，15 项考古发掘项目投入了专门经费对遗址发掘现场进行保护（见图 11）。

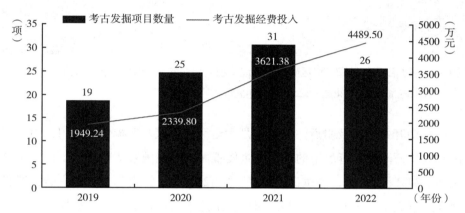

图 11　2019~2022 年我国世界文化遗产考古发掘项目数和经费投入

资料来源：2019~2022 年我国世界文化遗产监测年度报告。

2023 年 3 月 28 日上午，国家文物局正式揭晓"2022 年度全国十大考古新发现"。其中，与世界文化遗产相关的河南安阳殷墟商王陵及周边遗存，以及河南开封州桥及附近汴河遗址入选。

殷墟考古 90 年来，发现了丰富的晚商文化遗存，大型宫殿建筑、商王陵、甲骨刻辞、青铜器和玉器等冠绝当时，实证中国有文字可考的历史早到距今 3000 年前的商代，也见证了中国青铜时代鼎盛时期的辉煌文化、国家政治形态以及技术水平，彰显出中国古代文明的独特风格。2021 年，在财政部专项经费支持下，中国社会科学院考古研究所规划和实施新一轮殷墟考古工作，经过不懈努力，勘探寻找到小屯宫殿区到王陵区之间的干道，也基本确定王陵区的范围为东西 560 米、南北 300 米。这些发现将推动对商代陵墓制度乃至于商文化、商史的研究。同时，也为殷墟国家考古遗址公园的建设提供了新的重要资料（见图 12）。

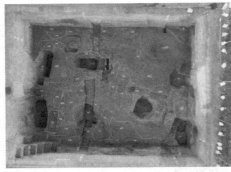

图 12 殷墟制骨、制陶作坊区房基下遗迹（左）和殷墟 H128 坑内泥坯堆积状况（右）

资料来源：殷墟世界文化遗产 2022 年度监测报告。

河南开封州桥及附近汴河遗址是大运河文化遗产保护传承利用、大运河
国家文化公园建设背景下的重要考古发现之一。在国家文物局的支持下（考
执字［2021］161 号、考执字［2022］第 125 号），河南省文物考古研究院联
合开封市文物考古研究所对开封州桥及附近汴河遗址进行了持续性的考古发
掘工作，发现不同时期各类遗存遗迹 117 处，种类包括河道、水工设施、桥
梁等。州桥是北宋东京城的文化高地和精神标识，是运河遗产中的典型代表。
州桥遗址的考古发掘，为探讨北宋时期国家政治、经济、文化、礼仪等提供
了重要材料，填补了中国大运河东京城段遗产的空白，也为我国古代桥梁建
筑技术等研究提供了新的重要资料（见图 13）。

图 13 河南开封州桥及附近汴河遗址考古发掘现场

资料来源：作者自摄。

案例 1：良渚古城及外围水利系统发掘项目

良渚古城遗址开展了 2022 年良渚古城及外围水利系统发掘项目，批准发掘面积 500 平方米。在良渚古城内开展了三处发掘：钟家村、雉山下、张家山。获得一大批良渚时期遗物，包括近 200 件的燧石、玉料、钻芯、石镞等。燧石和钻芯的出土说明此区存在一定规模的手工业生产活动。在外围水利系统对石岭头、劳家头、羊后山、高山上与翁家山等遗址进行了系统发掘。石岭头－羊后山－龙头坝的确认是良渚水利系统结构认识的重大突破，证实塘山长堤北侧也应该存在高坝。石砌迎水面边坡结构是良渚水坝结构工艺的新发现，或与其位置靠近山体、水流冲击剧烈有关。此前塘山猫儿弄、上毛元等地曾发现砌石面，据此推测塘山水坝可能和良渚古城一样底部铺石。本次发现表明，上述存在砌石的地点都位于坝体迎水面，而猫儿弄南坝南侧、长庆湖北坝南侧均未发现密集的砌石面，因此所谓坝底垫石可能也是迎水面边坡。这些地点的性质需要进一步考古工作加以验证。石岭头－羊后山－龙头坝体可能起到西水东调的作用，将水从分水岭西边导向东边，或与劳家头石器制作作坊、塘山金村段玉器作坊等加工用水有关，这也为分析姚家墩一组土墩的用途提供了线索。

案例 2：杭州西湖文化景观考古项目

杭州西湖文化景观 2022 年开展了浙江省杭州市西湖区净慈寺复建项目工程工地遗址、浙江省杭州市上城区圣果寺遗址、浙江省杭州市西湖区吴越石窟寺遗址（神尼塔、烟霞洞和圣果寺）三个考古调查和发掘项目，批准发掘面积供给 2200 平方米。发现五代至宋时期的房址一处。该遗址坐西朝东，因客观原因，北侧未完全揭露。本次发掘为了解净慈寺不同时期主要建筑的特点、营造手法、规模和形制提供了翔实的考古资料，对研究古代寺庙建筑和五山十刹具有重要的历史意义和学术价值。通过对上城区圣果寺遗址的考古工作，主要发现五代至宋、明清时期夯土台基及台基包边、排水沟、道路、房屋及础坑等遗迹。圣果寺遗址整体格局较为清晰，整体保存情况较好，具有重要的历史和考古价值。对了解当时山地佛寺的建筑形制，以及五代时期江南地区的佛教发展情况具有重要意义和学术价值。通过开展吴越石窟寺遗址考古调查和发掘项目，完成了烟霞洞石窟造像整体洞窟和洞内所有龛像，及周边遗迹的考古踏查、文字记录、测绘、建模等所有工作，发现烟霞洞右侧象鼻岩存在建筑遗址，并进行清理以及初步的复原研究。同时在神尼塔遗址发现了塔基遗迹，结合遗迹与出土遗物特征，2022 年发掘中揭露该期遗迹年代应为明清时期（见图 a）。

图 a　2022 年杭州西湖文化景观考古发掘现场（由上至下、由左至右分别为：净慈寺复建项目工程工地遗址、圣果寺遗址、神尼塔遗址、神尼塔遗址鸟瞰）

资料来源：2022 年杭州西湖文化景观监测年度报告。

（二）应加速推动考古成果的整理与转化

2022 年，殷墟、土司遗址、良渚古城遗址、"泉州：宋元中国的世界海洋商贸中心"、武夷山 5 项遗产，共出版或发表了 8 项考古报告 / 简报（见表 2），成果数量与上年持平。

序号	遗产名称	考古报告	编写单位	出版时间
		表 2 2022 年我国世界文化遗产地出版 / 发表的考古报告 / 简报清单		
1	殷墟	《河南安阳洹北商城手工业作坊区墓葬 2015—2020 年的发掘》	中国社会科学院考古研究所安阳工作队	2022 年 8 月
2		《河南安阳市殷墟刘家庄北地 M793》	中国社会科学院考古研究所安阳工作队	2022 年 8 月
3	土司遗址	《海龙囤》	贵州省文物考古研究所、贵州省博物馆、遵义海龙屯文化遗产管理局	2022 年 7 月
4		《反山》（修订本）	浙江省文物考古研究所	2022 年 1 月
5	良渚古城遗址	《瑶山》（英文版）	浙江省文物考古研究所	2022 年 10 月
6		《反山》（英文版）	浙江省文物考古研究所	2022 年 12 月
7	泉州：宋元中国的世界海洋商贸中心	《泉州城遗址考古发掘报告——泉州南外宗正司遗址 2020 年·泉州市舶司遗址 2019~2021 年》	中国社会科学院考古研究所、福建博物院、福建省考古研究院、泉州市海上丝绸之路申遗中心	2022 年 11 月
8	武夷山	《武夷山城村汉城遗址发掘报告 1997—2020》	福建闽越王城博物馆	2022 年 12 月

资料来源：2022 年我国世界文化遗产监测年度报告。

其中，《河南安阳洹北商城手工业作坊区墓葬 2015—2020 年的发掘》和《河南安阳市殷墟刘家庄北地 M793》为考古简报，分别收录于《考古学报》

2022 年第 3 期和《考古》2022 年第 8 期。贵州省文物考古研究所、贵州省博物馆、遵义海龙屯文化遗产管理局编制的《海龙囤》，是土司遗址－海龙囤2012~2014 年度考古发掘专题研究报告，对海龙囤相关遗存进行了全面介绍与深入研究。浙江省文物考古研究所编制的《瑶山》（英文版）和《反山》（英文版），为 2003 年出版的《瑶山》发掘报告，以及 2005 年出版的《反山》发掘报告的英文版。在组织翻译上述报告的英文版时，因涉及对报告中文原版的重新校勘，同时考虑到原报告几乎绝版，决定重新修订中文版并出版。

2020 年，在习近平《建设中国特色中国风格中国气派的考古学，更好认识源远流长博大精深的中华文明》重要论述中，强调了做好考古成果的挖掘、整理、阐释工作，提出"要做好出土文物和遗址的研究阐释工作，把我国文明起源和发展以及对人类的重大贡献更加清晰、更加全面地呈现出来"的要求。数据显示，我国世界文化遗产地的考古成果数量和出版时间，与已开展的考古调查和发掘工作情况相比，明显存在滞后性。

发挥考古学以史育人的重要作用，考古成果和历史研究成果的整理、转化是基础。运用好我国的考古成果和历史研究成果，向国际社会展示博大精深的中华文明，加深世界人民对当今中国的认知和理解，营造良好国际舆论氛围。加快考古研究成果的转化，将最新考古成果与教材、研学活动、博物馆展陈、科普读物等形式相结合，教育引导公众，特别是青少年群体，正确认识中华文明的灿烂成就，增强民族凝聚力、民族自豪感。

五 我国世界文化遗产地学术研究情况

（一）学术研究

2022 年，34 项遗产、61 处遗产地的保护管理机构开展了共 821 项学术研究。其中，科研课题 294 项、著作 98 项、论文 429 篇（见图 14）。相较上年（867项），研究成果总量略有下降。从研究内容看，2022 年度的学术研究成果仍以理论研究和历史文化为主（见图 15）。

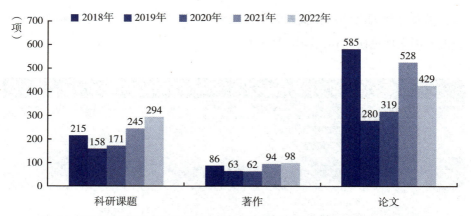

图 14　2018~2022 年我国世界文化遗产地开展的各项学术研究成果数量

资料来源：2018~2022 年我国世界文化遗产监测年度报告。

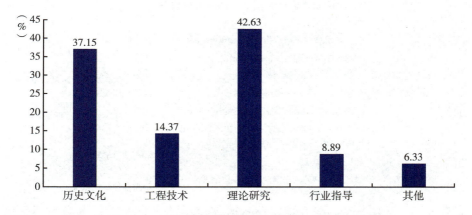

图 15　2022 年我国世界文化遗产学术研究成果研究方向统计

资料来源：2022 年我国世界文化遗产监测年度报告。

2022 年，28 项遗产、41 处遗产地共开展了 294 项科研课题，课题总量较上年有所增长，其中 132 项为 2022 年当年新开展课题，占比 44.90%。2022 年投入科研课题研究经费共计 1.6 亿元，与上年相比略有减少。从课题级别来看，国家级课题 21 项（见表 3），较上年（33 项）有所减少。约三成（8 项）为 2022 年新启动的课题，涉及明清故宫（北京故宫、沈阳故宫）、拉萨布达拉宫历史建筑群（含罗布林卡和大昭寺）、莫高窟、大足石刻、明清皇家陵

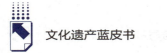

寝，以及"丝绸之路：长安—天山廊道的路网"共 6 处遗产地，新增课题研究方向侧重理论研究和工程技术方面。

序号	遗产名称	课题名称	课题来源
	**表 3　2022 年我国世界文化遗产开展的国家级科研课题清单**		

序号	遗产名称	课题名称	课题来源
1	明清故宫（北京故宫、沈阳故宫）	明清官式建筑营造技艺科学认知与本体保护关键技术研究与示范	科学技术部
2		北京故宫慈宁宫遗址考古资料整理与研究	国家社科基金
3		不可移动文物本体劣化风险监测分析技术和装备研发	科学技术部
4		大型明清古建筑（群）安全风险预警关键技术研究	科学技术部
5		养心殿西暖阁佛堂唐卡画心的保护修复方法研究	国家社科基金
6		有机质可移动文物价值认知及关键技术研究	科学技术部
7		抬梁式木构古建抗震性能系统化研究	国家自然科学基金
8	秦始皇陵及兵马俑坑	文物运输包装规范	国家市场监管总局、国家文物局
9		秦始皇陵铜车马坑陪葬坑综合研究	国家社科基金
10	莫高窟	降雨过程中敦煌石窟围岩水汽运移机制研究	国家自然科学基金
11		敦煌石窟壁画颜料变色机理及色彩复原研究	国家自然科学基金
12	大足石刻	重庆地区石窟寺及石刻铭文史料抢救性收集与整理研究	国家社科基金
13		砂岩质文物内部可溶盐相态变化诱发岩体损伤机理研究	国家自然科学基金
14		大足妙高山、舒成岩、峰山寺、普圣庙、陈家岩石窟考古报告	国家社科基金
15		石窟文物风化评估研究及保护技术应用示范	科学技术部
16		石窟水盐运移的监测系统及规律研究	科学技术部
17		图像与历史：两宋时期陕北与川东地区佛教石窟艺术的综合研究	全国艺术科学规划领导小组办公室
18	明清皇家陵寝	基于数字化分析与模拟的辽宁前清建筑遗产区域整体保护方法研究	国家自然科学基金
19	丝绸之路：长安—天山廊道的路网	麦积山石窟第 74—78 窟考古报告	国家社科基金
20		麦积山石窟第 120—127 窟考古报告	国家社科基金
21		麦积山石窟第 5 窟考古报告	国家社科基金

资料来源：2022 年我国世界文化遗产监测年度报告。

2021 年 9 月 7 日，国家文物局下发了《中国石窟寺考古中长期计划（2021~2035 年）》的通知（以下简称《计划》）。《计划》中明确将石窟寺考古报告编写和出版工程列为重要项目，更将敦煌石窟、云冈石窟、龙门石窟、麦积山石窟等重要石窟寺考古报告编写和出版列为重中之重。《计划》要求，2022 年前完成麦积山石窟考古报告编写计划、体例及样稿；2025 年前完成《麦积山石窟第 74—78 窟考古报告》（第一卷）和《麦积山石窟第 120—127 窟考古报告》（第二卷）编写；2035 年完成 10 卷麦积山石窟考古报告编写。为落实《计划》关于出版麦积山石窟考古报告系列的指示要求，麦积山石窟管理单位在以往研究的基础上，学习和借鉴国内已出版的石窟寺考古报告，利用数字化测量、碳十四测年等技术，利用文字、数字化测绘、图版、影像等多种形式，对麦积山石窟进行全面、客观、科学、准确的记录，并进行初步的复原和对比研究。一系列考古报告的出版，为麦积山石窟在丝绸之路中的作用等提供了有力证明，分析了解其背后蕴藏的社会背景、文化、价值等。按照《计划》的要求，麦积山石窟艺术研究所在 2035 年完成需要完成 10 卷考古报告的编写工作，预计总共要出版 30 多卷报告。

2022 年，为贯彻落实党中央、国务院领导关于大运河保护传承的系列批示、指示精神，践行《大运河文化遗产保护传承规划》《大运河国家文化公园建设保护规划》中提出的各项目标任务和建设目标，江南运河杭州段（含浙东运河杭州萧山段）围绕运河文化遗产保护传承利用开展 8 项课题研究，其中 6 项为单位自主课题，内容涵盖了运河文化遗产保护传承利用、历史环境管控等。例如，"杭州市大运河河长制经验总结与提升"全面梳理运河河长制成效，深刻总结运河治理经验，提炼大运河世界文化遗产河长制治理杭州经验，提出下一步河长制提升建议措施；"盾构下穿对中国大运河的影响研究"根据大运河文化遗产的特点，研究盾构下穿对大运河的影响以及各种管控措施；"杭州大运河遗产河道历史环境保护控制导则"从空间影响要素的具体把控和实际落地层面出发，针对影响历史环境的关键性要素分段提出保护控制要求，为大运河沿岸涉建项目方案设计、建设施工、保护管理和对文物遗产影响的评估提供指导；"大型活态线性遗产保护模式研究——以大运河杭州段为例”全面梳理大型活态线性遗产的特点、保护管理难点，认真审视以法规、规划为引领的制度体系同保护实践的互动机制，明确大运河保护传承利用的工作对象、体制机制和基本路径，总结提炼适用于大运河杭州段的具体做法；等等。这些课题均围绕杭州大运河自身遗产价值和实际保护管理工作中的困难和需求，探寻适用于杭州大运河的具体做法。

（二）出版或发表的科研成果以历史文化为主

新时代文物工作要求开创性地提出“挖掘价值”的任务，要求在保护文物的基础上，深入挖掘好、研究好、阐释好文物的历史价值、文化价值、审美价值和时代价值，讲清楚文物蕴含的哲学思想、人文精神、价值理念、道德规范，为有效利用打好基础。

新时代文物工作要求激发了我国世界文化遗产历史文化方向的科研成果的出版与发表。2022年，我国世界文化遗产地出版（或发表）科研成果（含著作类和论文类）共计527项。其中，以历史文化类科研成果最多，共228项，占比43.26%；其次为理论研究类，共197项，占比37.38%（见图16）。

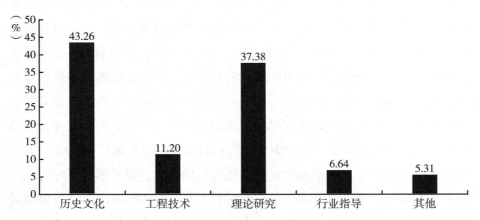

图16　2022年我国世界文化遗产已出版（或发表）科研成果研究方向统计

资料来源：2022年我国世界文化遗产监测年度报告。

布达拉宫管理处开展的"布达拉宫馆藏大明永宣款造像整理与研究"，首次系统、完整地研究布达拉宫馆藏"永宣款造像"，能够体现布达拉宫馆藏文物在不同民族文化交往交融中的历史价值，同时为西藏文化的多样性注入了新鲜活力，进一步奠定了布达拉宫文物研究基础。全国哲学社会科学工作办公室委托开展的《麦积山石窟第 5 窟考古报告》课题，调查麦积山石窟第 5 窟的洞窟遗存信息，通过观察、分析了解其背后蕴藏的社会背景、文化、价值等方面内容。

为深入贯彻落实习近平总书记有关加强文化遗产保护利用指示精神和党中央决策部署，积极配合大运河、长城国家文化公园建设，全国政协文史和学习委员会、中国文化遗产研究院申请国家社科基金重大（特别委托）项目，开展《大运河画传》和《长城画传》的编撰工作。"画传"将历经 2000 多年的中国大运河、长城的历史、考古、科技、文化、社会、经济等领域的知识、传统、故事等，融汇于历史事件、人物故事、文化衍生、保护传承、中西对比等主题之中，以通俗易懂的形式呈现给公众（见图 17）。

图 17 《大运河画传》和《长城画传》

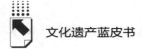

中国文化遗产研究院作为国家文物局直属事业单位，拥有大运河、长城保护管理的丰富资料档案和科研资源；课题组成员认真学习领会习近平新时代中国特色社会主义思想，具有扎实的历史、考古和文化遗产保护研究学术功底，熟悉大运河、长城的历史与现状，科普文章撰写能力突出。

"画传"呼应了新时代全面建成小康社会的时代背景和当下文物活化利用需求，描绘今天作为活态遗产的大运河遗产以及作为民族象征的长城遗产在经济社会建设及文化认同方面的巨大功用，讲述古老传统在今天和未来的价值与传承，充分反映大运河和长城文化遗产保护取得的成就，为进一步增强文化自信提供更加生动、可信的历史与文化基础。

"画传"的编撰和出版，是适应人民群众文化品位不断提高的创新举措，能够填补以往关于大运河、长城研究保护宣传作品类型的空白，在更深入、更广泛地普及历史文化知识，满足人民群众对美好生活向往的意义和方式上都具有很强的创新性，为推动"让文物活起来"，为探索符合国情的文物保护之路，为中华优秀传统文化的传承以及扩大中华文化国际影响力做出了积极贡献。

六 结论与建议

（一）依法保护，尽快编制并依法公布遗产保护管理规划

我国现行法律框架，未明确世界文化遗产保护的法律地位，世界文化遗产的遗产区、缓冲区的管理工作，无法获得对等全国重点文物保护单位的法律依据和管理程序。因此在实际工作中，遗产属地政府通常将遗产要素公布为全国重点文物保护单位或省级文物保护单位，以求通过文物保护单位的法律地位进行区划管理。但是这种做法存在以下弊端：一是这种做法非"强制性"要求；二是即便划定为文物保护单位，文物保护区划普遍无法覆盖遗产区划，在实际工作中，遗产地保护管理机构对超出文物保护单位保护区划的区域缺少保护管理的法律依据，导致无法可依、有法难依、难以执法的困境，无法实现世界文化遗产有效保护的目的。

由于缺乏顶层法律依据，保护管理规划往往是我国遗产地开展保护管理工作的重要依据（甚至是唯一依据）。虽然《世界文化遗产保护管理办法》中对世界文化遗产保护规划的编制和公布有具体的规定，但仍有大量的遗产地尚未编制遗产的保护管理规划，或已编制保护管理规划，但公布主体非省人民政府，导致规划缺少法律效力。据统计，截至 2022 年，我国仅有 19 项遗产、57 处遗产地的保护管理规划（含保护规划）报请国家文物局审定后由省级人民政府公布实施。我国世界文化遗产保护管理规划缺失现象普遍，我国世界文化遗产的依法保护之路仍任重道远。

根据《世界文化遗产保护管理办法》的要求，尚未按要求编制并依法公布实施保护管理规划，或保护管理规划已过期的遗产地，应加快推进遗产保护管理规划编制或修编工作，规划编制完成后，由省级文物主管部门报国家文物局审定。经国家文物局审定的世界文化遗产保护规划，由省级人民政府公布并组织实施。真正做到有法可依、依法保护，使世界文化遗产在我国现有法律框架下得到有效保护。

（二）科技赋能，提升监测体系的智慧管理水平

《操作指南》要求世界遗产委员会及秘书处、咨询机构、缔约国都有责任对世界遗产的保护状况开展或协助开展监测工作。为履行缔约国承诺，《世界文化遗产保护管理办法》对世界文化遗产的监测工作提出了明确要求，利用高新技术建立世界文化遗产管理动态信息系统和预警系统。在此基础上，2006 年底国家文物局公布了《中国世界文化遗产监测巡视管理办法》，明确了中国世界文化遗产监测制度，建立了监测预警体系。

经过多年建设和完善，截至 2022 年，有 30 项遗产、48 处遗产地拥有已建成或正在建设（提升）监测平台，我国已初步建成国家、省、遗产地三个管理层次的世界文化遗产监测预警体系，监测平台已成为遗产地开展日常监测工作的基本工具，收集、积累了一批珍贵的监测数据。但仅有 19 项遗产、27 处遗产地明确表示监测平台能够稳定运转，除了少数遗产地能够将监测数据进行分析、利用，进而提升保护管理工作外，大部分遗产地的监测数据尚

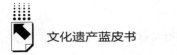

未得到有效分析利用，没有完全发挥监测服务保护管理的作用。

2021年10月28日，国务院办公厅印发《"十四五"文物保护和科技创新规划》，提出树牢文物保护要依靠科技的发展理念。我国已进入高质量发展阶段，数字技术已然成为推动文化遗产保护管理的重要路径之一。借助物联网、地理信息、移动互联网等数字化技术手段，综合运用天空地一体化方式，结合体制机制改革，推动各类数据在文物、生态、建设、水利、交通等相关系统间的联动贯通，实现对遗产地动态、精准、科学、高效、全面的保护管理。

（三）挖掘价值，提升各类科研成果转化率

2021年，国务院办公厅印发了《"十四五"文物保护和科技创新规划》，明确提出大力推进"让文物活起来"，要求坚持创造性转化、创新性发展，深入挖掘、广泛传播文物蕴含的文化精髓和时代价值，创新文物合理利用方式，塑造全民族历史认知，推动文物保护利用工作全面融入经济社会发展。

我国世界文化遗产地经过多年深耕，形成了一批优秀科研成果，但这些科研成果大多在验收完成后被束之高阁，对提升遗产的保护、管理，以及展示利用等方面的作用略显不足。

开展科研工作，形成研究成果不是目的，成果的转化能力在一定程度上反映了科研能力与质量。各遗产地保护管理、研究机构应该结合自身情况，建立成果转化的激励机制，提升科研人员成果转化意识，及时将成果转化为展览、教育等资源。践行"让文物活起来"的新时代文物工作要求，创新采用融媒体技术，加强跨部门、跨领域的交流合作，共同推动科研成果的转化，让文化遗产科研成果能够真正惠及民众，讲好中国故事。

参考文献

《国务院办公厅关于印发"十四五"文物保护和科技创新规划的通知》（国办发〔2021〕43号）。

《以数字化改革助力政府职能转变 提升政府履职科学化精准化智能化水平》，人民网，2022 年 8 月 26 日。

李六三、赵云、燕海鸣主编《中国世界文化遗产保护状况报告（2021~2022）》，社会科学文献出版社，2022。

专题篇
Thematic Reports

B.6
2022年世界文化遗产事业国际形势及中国贡献

高晨翔　贺一硕*

摘　要： 2022年时逢《世界遗产公约》诞生50周年，俄乌冲突为原定于俄
罗斯喀山举办的第45届世界遗产委员会会议蒙上了阴霾，但也激
发了国际社会对公约精神的思考和对乌克兰境内文化遗产的保护
行动。第18届《世界遗产公约》缔约国会议审议通过的为期十年
的《2012—2022战略行动计划与设想》在2022年接近尾声，6项
目标、17个优先事项基本得到落实，围绕遗产影响评估、风险管

* 高晨翔，中国文化遗产研究院中国世界文化遗产中心（中国世界文化遗产监测中心）文博
馆员，主要研究领域：世界遗产国际趋势、系列遗产、遗产阐释；贺一硕，法国蒙彼利埃
第三大学硕士研究生，主要研究领域：国际关系、军事历史。

理、保护水下遗产、应对气候变化、推动可持续旅游和数字资源可持续利用等方面的学术性和实践性探索仍在继续。中国自加入《世界遗产公约》以来，始终践行公约精神，积极推动国际遗产合作与文化交流，积极参与国际趋势性议题，走出了一条符合中国国情的世界遗产保护利用之路。中国作为负责任的遗产大国，仍需在《世界遗产公约》的"下一个 50 年"中更加主动作为，积极参与世界遗产主题计划、倡议和热点议题的探讨，贡献中国智慧和中国方案。

关键词： 世界文化遗产 《世界遗产公约》50 周年 冲突下的世界遗产 战略行动计划

一 《世界遗产公约》50 周年之际重申其和平精神

文化遗产国际保护的概念最初便是为应对武装冲突威胁而诞生的。早在 17~18 世纪，一些欧洲法理学家就提出了战争中涉及文化遗产的道德问题。1907 年海牙和平会议通过的《陆战法规和惯例公约》指出，任何没收、毁灭和故意损害宗教、慈善、教育、艺术和科学机构，历史性建筑物，艺术和科学作品的行为均受到禁止并将被追究法律责任。这为国际遗产保护事业打下了思想基础。

1945 年，随着第二次世界大战结束，在同盟国教育部长会议的倡议下，与会国家代表一致同意建立一个象征和平文化的组织——联合国教育、科学及文化组织（以下简称教科文组织），以"人类智慧与道德的团结"防止爆发新的世界战争。

1954 年，教科文组织基于此前的国际法文件制定了《武装冲突情况下保护文化财产公约》，随着国际遗产保护协作的深入，教科文组织在"保护受到武装冲突威胁的文物"的基础上进一步提出保护"世界范围内的重要文物"。在 20 世纪 60 年代努比亚古迹保护行动的促动下，保护人类共同的遗产成为普遍共识，保护对象也经历了从"有世界影响的文物"到"具有高度历史和艺术价值的文物"，再到"具有突出普遍价值的文物"的转变过程，"世界遗产"的概念逐步成型。

1972 年在巴黎举行的教科文组织第 17 届大会通过了《保护世界文化和自然遗产公约》（以下简称《世界遗产公约》）。此后，在教科文组织世界遗产委员会的领导下，国际社会在世界遗产领域达成诸多共识，逐渐发展形成一套相对完善和广受认可的世界遗产评估和保护体系。在人类社会面临传统安全和非传统安全的挑战时，这些共识为保护和传承对全人类具有突出普遍价值的遗产做出了卓越贡献。正如世界遗产中心主任拉扎赫·伊伦都·阿索莫（Lazare Eloundou Assomo）所说，"在过去的 50 年中，《世界遗产公约》保护和改善了人类的共同遗产，改变了我们评估和保护遗产的方式"。

2022 年 2 月俄罗斯和乌克兰爆发冲突，战火绵延到乌克兰全境。为了避免文化遗产毁于战火，教科文组织积极采取行动。3 月 8 日，教科文组织总干事奥德蕾·阿祖莱（Audrey Azoulay）表示，"应唤起古迹和遗址在国际法中作为保护区的特殊地位"，她致函俄罗斯外长拉夫罗夫，要求俄罗斯承担起保护世界遗产的国际责任，并向俄方提供了乌克兰境内的世界遗产位置信息。同年 7 月，国际古迹遗址理事会和国际文化财产保护与修复研究中心派遣代表前往乌克兰进行考察，与当地机构就文化遗产的保护和记录措施进行探讨，各方在人员培训、建设专业网络、提供资金和技术援助等方面达成共识。

此外，教科文组织积极推进乌克兰城市敖德萨的文化遗产列入《世界遗产名录》的进程。2022 年 10 月，乌克兰申请将敖德萨列为世界遗产。2023 年 1 月，敖德萨历史中心同时列入《世界遗产名录》和《濒危世界遗产名录》①。这一行动的主要意义在于能够避免或最大限度地减少敖德萨文化遗产被战火波及的风险，因为依据《世界遗产公约》第六条的规定，所有缔约国都承诺不得采取任何直接或间接损害世界遗产的行动，而俄罗斯和乌克兰都是《世界遗产公约》

---

① WHC, "Decision 18 EXT.COM 5.2-Any other matter: Nominations to the World Heritage List-Nominations to be processed on an emergency basis-Ukraine", 2023, accessed on 1 November 2023, https://whc.unesco.org/en/decisions/8048.

的缔约国。将敖德萨历史中心列入《世界遗产名录》就是为了敦促交战双方履行保护世界遗产的国际责任和义务[1]。而将这些文化遗产列入《濒危世界遗产名录》则便于教科文组织和国际社会对该地区提供技术和资金援助，从而更好地保护这些文化遗产。阿祖莱表示："敖德萨申遗成功体现我们的共同决心，即确保这个在世界动荡中始终屹立不倒的城市免遭进一步破坏。"

俄乌冲突发生后，世界遗产委员会主席团决定推迟原定于 2022 年 6 月 19~30 日在俄罗斯喀山举办的第 45 届世界遗产委员会会议。2023 年 1 月，世界遗产委员会第 18 届特别会议决定第 45 届世界遗产委员会会议于当年 9 月在沙特阿拉伯利雅得举行。这样的解决方案有效防止了紧张局势进一步升级。

二 国际社会落实《2012—2022 战略行动计划与设想》的成果

2011 年，在《世界遗产公约》诞生 40 周年之际，面对新形势和新挑战，第 18 届《世界遗产公约》缔约国会议通过了《2012—2022 战略行动计划与设想》，以便在 2012~2022 年指导《世界遗产公约》的实施。《2012—2022 战略行动计划与设想》提出了 6 项目标、17 个优先事项（见表 1）。

表 1 《2012—2022 战略行动计划与设想》提出的目标及优先事项	
目标	优先事项
1. 保持世界遗产的突出普遍价值	1.1 突出普遍价值声明 1.2 监督机制 1.3 保护要求 1.4 培训与研究 1.5 缓解严重威胁
2. 使《世界遗产名录》成为最杰出文化和自然遗产的可信的精选集	2.1 促进《世界遗产名录》代表性、平衡性和可信性的战略 2.2 遗产申报

---

[1] UNESCO, "Odesa: UNESCO strongly condemns attack on World Heritage property", 2023, accessed on 13 October 2023, https://www.unesco.org/en/articles/odesa-unesco-strongly-condemns-attack-world-heritage-property.

目标	优先事项
3. 保护和保存遗产的同时兼顾目前和未来的环境、社会和经济需求	3.1 可持续发展
4. 保持或提高世界遗产的品牌质量	4.1 提高认识 4.2 公众心目中的形象
5. 使委员会能够解决政策和战略问题	5.1 制定包容和系统的政策 5.2 与相关公约间的协调
6. 为会议决议的形成提供依据并切实执行决议	6.1 决策 6.2 工作量 6.3 秘书处支持 6.4 预算 6.5 实施计划

在过去的十年间，世界遗产中心采取了一系列行动以落实目标和优先事项：针对目标1，开展了回顾性突出普遍价值声明，定期审议遗产保护状况报告，促进缔约国与咨询机构的对话合作，实施环境影响评估、遗产影响评估和灾害风险管理，进行能力建设培训，利用《濒危世界遗产名录》缓解严重威胁等；针对目标2，开展关于近代冲突记忆遗产的专题研究，完善上游程序，制定预评估制度等；针对目标3，出台《将可持续发展愿景纳入〈世界遗产公约〉进程的政策》等；针对目标4，开展宣传活动，设立非洲世界遗产日等；针对目标5，发布政策纲要，推动文化－自然融合等；针对目标6，更新《操作指南》等。2021年第23届《世界遗产公约》缔约国会议认为，《2012—2022战略行动计划与设想》取得了积极成果，并鼓励世界遗产中心在缔约国和咨询机构的支持下，继续开展《2012—2022战略行动计划与设想》所确定的各项活动。

（一）保障遗产本体安全与缓解威胁

1. 制定新的影响评估和风险管理工具

在《世界遗产公约》问世50周年之际，联合国教科文组织会同世界遗产委员会专业咨询机构共同更新了《世界遗产背景下的影响评估指南和工具包》[1]，旨在推进跨部门、多学科之间的合作，为缔约国、遗产管理者、决策者、规划者和开发商提供实用的技术和工具，以帮助他们正确评估开发项目对遗产的影响，从而制定满足可持续和高质量发展要求的实施方案，践行将宝贵的遗产传承给子孙后代的庄严承诺。

2022 年 11 月，国际文化财产保护与修复研究中心发布了由加拿大遗产保护研究所和巴西奥斯瓦尔多·克鲁兹基金会合作开发的"ABC 文化遗产风险管理系统"[2]。该系统基于文化遗产预防性保护的"ABC 法"进行研发，可以帮助决策者和遗产管理者进行遗产风险管理并为决策提供支撑[3]。

2. 应对气候变化带来的负面影响

2022 年，由教科文组织、国际古迹遗址理事会和联合国政府间气候变化专门委员会联合主办的"文化、遗产与气候变化全球联合会议"发布《文化和自然遗产在气候行动中的作用》白皮书，主张采用前沿的、创造性的思维应对气候变化问题，在对文化、遗产和气候变化的交叉点进行深入分析和探讨后，研究者认为单纯基于自然科学的解决方案可能会引发社会、经济、政治和文化等方面的互相纠缠，制定解决方案的同时也要从社会科学和人文学科的角度加以考虑。要关注如何调动遗产的情感感召力，使其转化为应对气候变化的强大力量[4]。会议还发布了《关于文化、遗产和气候变化的全球研究和行动议程》，其中指出文化和遗产可以保存地质、气候、社会变迁和过去人类应对气候变化和环境压力的相关证据，在帮助国际社会了解气候变化的原因和影响以及制定应对措施方面发挥着关键作用。报告在分析讨论文化、遗

---

[1] UNESCO, ICCROM, ICOMOS, IUCN, "Guidance and toolkit for impact assessments in a World Heritage context", 2022, accessed on 13 October 2023, https://openarchive.icomos.org/id/eprint/2707/.

[2] ABC 是 26 个英文字母的前三个，通常用来指一般常识或浅显的道理。

[3] ICCROM, "Managing risks to cultural heritage with the ABC System", 2022, accessed on 13 October 2023, https://www.iccrom.org/news/managing-risks-cultural-heritage-abc-system.

[4] ICSM CHC, ICOMOS, "ICSM CHC White Paper III: The role of cultural and natural heritage for climate action: Contribution of Impacts Group III to the International Co-Sponsored Meeting on Culture, Heritage and Climate Change", 2022, accessed on 11 October 2023, https://openarchive.icomos.org/id/eprint/2719/.

产和气候变化交叉知识体系以及气候变化对文化和遗产影响的基础上，提出要发挥文化和遗产在社会变革中的作用，主要包括以下三个方面：首先，重视历史建筑、景观和传统社区领地的固碳能力；其次，保护文化和自然遗产可以提升应对灾害的能力；最后，遗产可以为气候适应和气候缓减行动提供灵感[①]。制定相关议程旨在支持和帮助各方制定蓝图、行动计划和资助有关提案，以促进研究和合作，产出更多的成果。

此外，2022年国际古迹遗址理事会发布的《非物质文化遗产、多元知识体系与气候变化》白皮书中同样强调了文化和遗产对于适应和缓减气候变化的作用。白皮书认为应当通过利用不同的认知方式和建立在互相尊重基础上的合作来应对气候变化。同年气候遗产网络（Climate Heritage Network）也发布了2022~2024年行动方案，主张提高基于文化的气候行动的数量和质量，以帮助公众和社区更好地适应气候变化。

（二）促进遗产的合理利用与可持续发展

1. 文化遗产数字化资源的可持续利用

随着信息技术的不断发展和数字化手段的日益普及，如何确保遗产数字化资源的可持续利用和发展成为决策者所面临的新挑战。针对博物馆、图书馆或档案馆内存有的数字化遗产，国际文物保护与修复研究中心联合多家机构于2022年发布了《数字化可持续性自评估工具》，创造性地提出了"可持续性飞轮"模型，从构建响应式数字服务、对遗产资源妥善地进行数字化和保存、为社会创造价值以及获取支持等四个方面加强数字化能力建设和长期妥善保存数字化遗产。

2. 文化遗产的可持续旅游

国际旅游业的发展创造了众多就业岗位，繁荣了社会经济，但粗放式的传统旅游活动有时会对遗产的保护构成重大威胁。针对这一问题，国际古迹遗址理事会于2022年通过了《国际古迹遗址理事会（ICOMOS）国际文化遗

[①] ICSM CHC, "Global research and action agenda on culture, heritage and climate change", 2022, accessed on 11 October 2023, https://openarchive.icomos.org/id/eprint/2716/.

产旅游宪章：通过负责任和可持续的旅游管理，加强文化遗产保护和社区韧性》，提倡负责任和多元化的旅游开发和管理，以推动文化遗产保护、社区赋权、提升社区复原力和福祉以及构建一个健康的全球环境。宪章为实现负责任的旅游规划和管理建立了原则，即在文化遗产旅游开发政策制定和项目决策过程中，必须将文化遗产保护和社区权益置于核心地位；宪章主张通过以人为本和基于权利的方法来促进利益相关方——包括文化遗产管理者和旅游开发管理者在内——实现参与式治理；宪章支持旅游开发和文化遗产管理同联合国可持续发展目标和气候行动政策相适应 [①]。

三　中国对世界遗产体系的贡献

（一）增强《世界遗产名录》的代表性、平衡性与可信性

2022 年，中国继续推进世界遗产预备名单项目的培育工作。在此过程中，着重关注能够填补国内外类型缺口、能够带动文化－自然融合，以及有助于促进国际合作和反映文化交流的项目，从而为增强《世界遗产名录》的代表性、平衡性与可信性贡献力量。

1. 海上丝绸之路：推动国际遗产合作与文化交流

中国国家主席习近平曾指出，"文明因多样而交流，因交流而互鉴，因互鉴而发展"。中国提出"一带一路"倡议和推动"海上丝绸之路"申报世界遗产充分彰显了中国开放包容的胸襟。中国主张各文明应平等发展、互学互鉴、相互尊重、相互理解，国际社会应当加强合作，广泛凝聚共识，为保护好全人类共同财富而通力合作，将世界遗产事业推向新的高度。

随着新冠疫情的阴霾逐渐消散，国际人员和文化交流活动再次频繁，中国以《世界遗产公约》诞生 50 周年为契机，在澳门特别行政区举办了"庆祝

---

① ICOMOS, "International Charter for Cultural Heritage Tourism (2022): Reinforcing cultural heritage protection and community resilience through responsible and sustainable tourism management", 2022, accessed on 11 October 2023, https://www.icomos.org/images/DOCUMENTS/Secretariat/2023/CSI/eng-franc_ICHTCharter.pdf.

《保护世界文化和自然遗产公约》50周年——海上丝绸之路国际文化论坛"。来自十余个国家和地区的代表以及教科文组织、国际古迹遗址理事会等国际遗产保护机构的代表出席了此次论坛，与会各方对海上丝绸之路蕴含的人类共同价值进行了探讨，并对既往研究成果、新的考古发现、文物保护科技手段以及遗产保护与可持续发展理念、面临的风险和挑战等议题深入交流后，达成一系列共识，共同发表了《关于海上丝绸之路保护与申报世界文化遗产的澳门倡议》。与会各方支持海上丝绸之路沿线国家和地区加强国际合作，积极推进联合申遗进程，并邀请教科文组织和国际古迹遗址理事会等专业机构参与其中，为申遗提供技术指导。与此同时，鼓励海上丝绸之路沿线国家和地区加强自身能力建设，培养起满足需求的专业性队伍，以加强对相关遗产的保护①。

本次论坛举办期间，中国国家文物局副局长关强深入解读了中国政府在文化遗产保护、国际申遗合作、文明和文化交流理念、践行《世界遗产公约》精神等方面所奉行的积极态度和相关举措，以及对《世界遗产公约》下一个50年的展望。

本次论坛结束后，中国广西壮族自治区北海市又于12月23日成功举办了2022年海上丝绸之路保护和联合申报世界文化遗产城市联盟联席会议。此次会议审议并通过了香港、杭州、温州、茂名、佛山、钦州加入海上丝绸之路保护和联合申遗城市联盟的申请，至此已有34座城市加入联盟。会议还审议通过了《"海上丝绸之路·中国史迹"保护状况报告》和《海上丝绸之路保护和联合申报世界文化遗产三年行动计划（2023—2025年)》，与会代表鼓励各城市加强合作和联动，深化联合申遗策略研究，积极推进对申遗潜力点的保护和价值研究。

2. 普洱景迈山古茶林文化景观：生态保护理念的文化产业实践

普洱景迈山古茶林文化景观是人与自然和谐共生、文化与自然有机融合的例证，"茶"在其中起着重要的纽带作用。2022年，习近平总书记在中央

---

① 《关于海上丝绸之路保护与申报世界文化遗产的澳门倡议》，2022，最后检索时间：2023年8月12日，https://www.culturalheritage.mo/msricf/2022/assets/file/Initiative_s.pdf。

农村工作会议上强调，"产业振兴是乡村振兴的重中之重，要落实产业帮扶政策，做好'土特产'文章"。

为保护好景迈山这处重要的云南茶产地，以及当地独特的种植技术、森林景观和民族文化，普洱市自 2022 年 1 月 1 日起落实《普洱市古茶树资源保护条例实施细则》，普洱景迈山古茶林保护管理局于同年 7 月公开征求《景迈山古茶林及古茶树管护技术规范》意见，以加强普洱景迈山古茶林文化景观的保护、管理和利用水平。

自 2010 年 6 月启动申报世界文化遗产工作以来，历时 11 载，普洱景迈山古茶林文化景观于 2021 年 1 月经国务院批准为中国 2022 年正式申报世界文化遗产项目。2022 年 9 月，普洱景迈山古茶林文化景观申报世界文化遗产国际迎检工作完成，景迈山接受了国际专家团队的考察与评估。

3. 北京中轴线：以申遗促进遗产保护的典范

北京中轴线浓缩了中国传统文化和哲学元素，是一种东方理想都城秩序的体现，而北京中轴线申报世界遗产的意义还远不止于此。2020 年 7 月，中央政治局常委会会议审议《首都功能核心区控制性详细规划（街区层面）（2018 年—2035 年）》时，习近平总书记强调，"中轴线申遗保护是个大事，也是个契机，要以此带动重点文物、历史建筑腾退，强化文物保护和周边环境整治"。

自 2012 年北京中轴线被列入《中国世界文化遗产预备名单》以来，北京市政府长期以来将北京中轴线申遗作为有力抓手，积极推动遗产保护相关的各项工作，取得了良好成果。

2022 年 8 月，国家文物局确认北京中轴线为我国 2024 年世界文化遗产推荐项目，北京中轴线申遗进入最后冲刺阶段。

2022 年 3 月 30 日，西城区大栅栏街道启动影响正阳门箭楼南望永定门景观视廊的楼顶违建拆除工作。2022 年 8 月 1 日，北京中轴线绿色空间景观提升（东城段）向市民全面开放。2022 年 11 月，东、西城区分别对辖区内鼓楼周边街巷进行了立面修缮、公共空间环境提升和街巷建筑立面恢复等工作。

2022 年 10 月 1 日，《北京中轴线文化遗产保护条例》正式实施。条例明

确，中轴线的具体遗产点位包括北京鼓楼、万宁桥、景山、故宫、太庙、天安门广场建筑群等，还包括在中轴线居中对称格局下形成的历史城郭、历史街巷、城市标志物、景观视廊、历史河湖水系、古树名木等历史文化资源。此外，与中轴线价值密切相关的国家礼仪传统、城市管理传统、建造技艺传统、民俗文化传统等物质和非物质环境，也是条例规定的保护对象。

2022年11月，《北京中轴线保护管理规划（2022年—2035年）》进行公示。规划首次明确遗产区、缓冲区具体范围边界，总面积共51.3平方千米，提出因"人"施策确立保护管理体系和以"城"为本推动老城整体保护与复兴。随着一系列措施相继出台，北京中轴线的保护传承将不断有序推进。

4. 三星堆遗址与金沙遗址：揭示更加真实全面的古代中国

2022年全国两会期间，有全国人大代表和政协委员提出三星堆遗址与金沙遗址联合申遗的提案。

关于中华文明多元一体格局的形成过程，习近平总书记曾指出："对文明起源和形成的探究是一个既复杂又漫长的系统工程，需要把考古探索和文献研究同自然科学技术手段有机结合起来，综合把握物质、精神和社会关系形态等因素，逐步还原文明从涓涓溪流到江河汇流的发展历程。"

三星堆遗址拥有巨大的城墙、宫殿区、祭祀区，密集的生活区、居住区、作坊和大批珍贵文物，是长江上游重要的古代文明中心之一。金沙遗址则极有可能是三星堆文明衰落后在成都平原兴起的又一个政治、经济、文化中心，是中国先秦时期最重要的遗址之一。二者是中华文明多元一体格局的生动例证，对于勾勒真实全面的古代中国具有重要意义。

（二）积极参与国际趋势性议题

1. 探索应对气候变化问题的解决方案

全球气候变暖导致各类极端气象灾害频发，自然和文化遗产面临重大威胁。2022年，中国古迹遗址保护协会积极响应国际古迹遗址日"遗产与气候"的主题，举办了"遗产与气候"学术研讨会。此次会议是对中国在遗产保护中应对气候变化的理念和经验的一次梳理和总结。来自国家文物局、国家林业和草原局、中国科学院、北京市文物局、中国古迹遗址保护协会、中国文化遗产研究院、敦煌研究院、故宫博物院、清华大学等机构的代表和专家从各自专业领域出发，分析当下面临的形势，介绍进行中的有效实践，探讨未来工作的重点方向。

与会者围绕"遗产与气候"的主题，主张加强遗产保护机构和气象部门的联动，加强对遗产地及周边地区的天气和灾害预报，在对遗产地进行常态化监测的同时，要建立起极端恶劣天气和灾害的预警制度，以技术手段和科学化的管理来应对气候变化对遗产的威胁[①]。

我国已经建立了国家级—省级—遗产地级"三级联动"的世界文化遗产监测预警体系，通过出台专项制度、设立专门机构、配套相应技术人员来实现监测工作的落地实施。这种全国范围内体系化、标准化的世界遗产监测模式在世界上绝无仅有。未来，我国的遗产工作者将进一步完善既有监测体系，在注重遗产本体监测的基础上充分观照与之密切相关的自然和社会环境，推动跨部门资源协调与协作，综合使用现代化科技手段赋能遗产监测。

2. 支持教科文组织"非洲优先"事项

2022 年，首届中非文明对话大会在北京召开，会议以"文明交流互鉴推动构建新时代中非命运共同体"为主题，为中非人文交流搭建了新平台。

教科文组织于 1989 年第 25 届大会将非洲列为该组织的优先事项，旨在陪伴和支持非洲的发展。2011 年 8 月至 2012 年 4 月，教科文内部监督办公室对"非洲优先"进行了评估并制定了首个《非洲优先业务战略（2014—2021年）》[②]，以期对非洲的主要挑战做出回应，同时把握住非洲蓬勃发展带来的机遇。然而，受限于财务资源状况，"非洲优先"的落实面临不小的挑战。

2016 年，在中国政府的资助下，世界遗产中心、坦桑尼亚和中国联合召开了"保护非洲世界遗产促进可持续发展"国际会议，来自 40 个国家的

---

① 《2022 年国际古迹遗址日"遗产与气候"学术研讨会举行》，中国古迹遗址保护协会，2022，http://www.icomoschina.org.cn/content/details78_10650.html，最后检索时间：2023 年 8 月 12 日。

② UNESCO, "Operational Strategy for Priority Africa, 2014-2021", 2013, accessed on 9 September 2022, https://unesdoc.unesco.org/ark:/48223/pf0000228745.

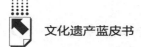
专家学者出席会议并通过了以保护世界遗产实现可持续发展目标的《恩戈罗恩戈罗宣言》，该文件对于非洲的世界遗产保护具有里程碑式的意义。2019年，"联合国教科文组织—中国—非洲世界遗产能力建设与合作论坛"在法国巴黎教科文总部举办，会议制定了一份保护非洲世界遗产的能力建设长期计划。中国对该计划给予了充分支持，帮助非洲国家提升世界遗产的保护管理水平[①]。

在首个《非洲优先业务战略（2014—2021年）》完成后，2021年的教科文组织大会继续制定并通过了《非洲优先业务战略（2022—2029年）》[②]，提出五大旗舰项目，其中就包括促进文化遗产事业和能力发展，世界遗产中心将该项目具体细化为支持非洲的《世界遗产公约》缔约国开展世界遗产能力建设，特别是在申报世界遗产和将受到威胁的遗产移出《濒危世界遗产名录》方面开展工作[③]。在此过程中，中国一如既往地积极响应教科文组织的倡议，通过经验分享、技术和资金支持，为构建具有代表性、平衡性、可信性的《世界遗产名录》贡献力量。

（三）积极探索具有中国特色的文化遗产保护利用之路

自《变革我们的世界：2030年可持续发展议程》（以下简称《2030年议程》）和《将可持续发展愿景纳入〈世界遗产公约〉进程的政策》于2015年发布以来，中国忠实履行作为缔约国的责任和义务，为可持续发展目标的达成贡献了巨大力量。值得注意的是，尽管《2030年议程》在"目标11"中明确设立了"进一步努力保护和捍卫世界文化和自然遗产"[④]的子目标，但由于

---

① UNESCO, "Operational Strategy for Priority Africa, 2014-2021", 2013, accessed on 9 September 2022, https://unesdoc.unesco.org/ark:/48223/pf0000228745.

② UNESCO, "Government of China-Capacity Building and cooperation for World Heritage in Africa", 2023, accessed on 12 October 2023, UNESCO-Africa-China Forum on World Heritage Capacity Building and Cooperation.

③ UNESCO, "Second phase of Global Priority Africa consultations launched", 2022, accessed on 12 October 2023, https://whc.unesco.org/en/news/2403.

④ 《变革我们的世界：2030年可持续发展议程》，联合国，2015，https://www.un.org/zh/documents/treaty/A-RES-70-1，最后检索时间：2023年11月2日。

需要兼顾各国情况，不免在规划实施路径时显得笼统，各国仍须基于本国国情制定切实可行的落实方案。中国政府和文物主管部门在立足本国国情的基础上博采众长，不断建立健全遗产保护法律法规和体制机制，真正做到与国际标准接轨，同时又探索具有中国特色的创新性发展路径。虽然中国的经验并不适用于所有《世界遗产公约》缔约国，但这种积极的态度和举世瞩目的成果无疑极大鼓舞着其他仍处于文物保护利用探索阶段的国家。

1. 出台新时代文物工作要求

中国特色社会主义制度赋予了中国集中力量办大事的优势。随着党和政府愈发重视文化遗产工作，文化遗产相关表述广泛融入各领域"十四五"规划文件，利用文化遗产带动各领域"可持续发展目标"的落实有了顶层设计层面的依托。

2022 年 2 月 20 日，中共中央宣传部、文化和旅游部、国家文物局联合印发《关于学习贯彻习近平总书记重要讲话精神 全面加强历史文化遗产保护的通知》，要求学习贯彻习近平总书记关于历史文化遗产保护的重要论述和指示批示，为新时代增强文化自信、加强历史文化遗产保护指明了方向、提供了遵循[1]。

2022 年 7 月 22 日，全国文物工作会议在北京召开，中共中央政治局常委、中央书记处书记王沪宁出席会议并强调要坚持以习近平新时代中国特色社会主义思想为指引，深入学习习近平总书记关于文物工作的一系列重要论述，全面提升文物保护和文化遗产利用水平，坚持保护为先，提高对中华文明、历史和文物的研究水平，加强专业人才队伍建设，推进国际合作，扩大中华文化影响力[2]。会后，全国各地文物部门相继召开专题会议，学习贯彻全国文物工作会议精神，并据此研究和部署下一阶段工作。河北、山东、湖北、甘肃、吉林、四川等多地文物主管部门从人才队伍建设、文物古迹保护、文物与旅游等产业协调发展、提高考古发掘和研究水平等多方面做出具体部署，

---

① 《中共中央宣传部等 3 部门发文 全面加强历史文化遗产保护》，中华人民共和国中央人民政府，2022，https://www.gov.cn/xinwen/2022-02/20/content_5674766.htm，最后检索时间：2023 年 9 月 9 日。

② 《全国文物工作会议在京召开》，中华人民共和国中央人民政府，2022，https://www.gov.cn/xinwen/2022-07/22/content_5702248.htm，最后检索时间：2023 年 8 月 13 日。

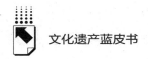

以实际行动落实会议精神，主动融入和支持国家文化发展战略[①]。

全国文物工作会议确立了"保护第一、加强管理、挖掘价值、有效利用、让文物活起来"的新时代文物工作要求。此次文物工作要求的调整顺应了新时代新征程的趋势，确保文物事业继续沿着正确的方向前进。新时代文物工作要求的各项要求环环相扣，密不可分，保护是文物工作的主线，管理是文物工作的关键，研究是文物工作的基础，利用是发挥文物作用的路径，"让文物活起来"是文物工作的导向[②]。文物工作要求作为文物事业发展的总方略，需要各级文博单位和从业人员深入学习，融会贯通。

2. 探索大型系列遗产的国家文化公园建设模式

2022 年，党的二十大报告提出："加大文物和文化遗产保护力度，加强城乡建设中历史文化保护传承，建好用好国家文化公园。"这不仅强调了国家文化公园建设的重要性，也为未来国家文化公园的建设发展明确了方向。

2022 年以来，全国多地纷纷建立了国家文化公园建设工作机制，相继出台了建设方案，推动具体项目落地。中央部委和地方政府在推动国家文化公园建设过程中，紧密围绕满足人民群众的美好生活需要，统筹文化建设、旅游开发和经济社会发展，依托沿线富集的自然和人文资源，激活各类资源要素，为地区发展塑形、赋能，推动文旅深度融合，让沉睡的资源活跃起来，让潜在的优势发挥出来。

针对大运河国家文化公园建设，运河沿线城市成绩斐然。北京市的大运河源头遗址公园在前期文物腾退、村庄搬迁的基础上，进行了系统的环境整治、修缮保护、资源数字化及档案管理等工作；路县故城考古遗址公园一期顺利完成；北京大运河博物馆（首都博物馆东馆）正式定名并实现外立面亮相。天津市西青区杨柳青大运河国家文化公园（元宝岛）一期项目正式开工。河北省大运河沧州段生态廊道的 8 个新建码头全部建设完成，沧州中心城区

① 《文物系统学习贯彻全国文物工作会议精神》，国家文物局，2022，http://www.ncha.gov.cn/art/2022/8/10/art_722_176298.html，最后检索时间：2023 年 8 月 13 日。

② 《李群：准确把握和认真落实新时代文物工作方针——深入学习贯彻习近平总书记关于文物工作重要论述》，国家文物局，2022，http://www.ncha.gov.cn/art/2023/1/5/art_722_178973.html?eqid=87b6647600037fa40000000364366517，最后检索时间：2023 年 9 月 9 日。

河段恢复旅游通航。山东省发布《大运河国家文化公园（山东段）建设保护规划》，举办"原真古貌·创新传承——大运河国家文化公园（德州）论坛"。河南省郑州市出台的《郑州市大运河文化保护传承利用暨大运河国家文化公园建设实施方案》正式实施，洛阳市隋唐大运河文化博物馆正式面向公众开放，大运河国家文化公园（新乡红旗区段）开工奠基。安徽省隋唐大运河（泗县段）国家文化公园项目和濉溪县柳孜运河遗址国家文化公园建设项目进入筹备阶段。江苏省苏州市宝带桥·澹台湖大运河国家文化公园主体改造提升工程开工，京杭大运河宝带桥段航标灯塔提升改造竣工，无锡市《梁溪区大运河文化带和国家文化公园建设三年行动计划（2022—2024 年）》发布。浙江省杭州市发布《杭州大运河国家文化公园规划》。

针对长城国家文化公园建设，甘肃、青海、山西、宁夏、山东、内蒙古在 2022 年相继发布省级《长城国家文化公园建设保护规划》，对辖区内的长城文化资源进行了梳理，统筹考虑了地域特色和发展需要。此前已出台规划的省、自治区和直辖市也在有序地推动规划落地。在保护修缮等方面，北京市文物局、天津市文物局、河北省文物局签订《全面加强京津冀长城协同保护利用的联合协定》，共同推动长城协同保护；展示利用方面，多地举办长城文化论坛，展示长城沿线地区近年来的工作成果并展望未来。

3. 借助考古学揭示遗产价值

2022 年，国内考古成绩丰硕，随着考古工作的深入，尘封的历史逐渐变得生动鲜活，遗产的价值脉络也愈发清晰。这为我们正确地理解这些遗产和未来的世界遗产申报工作提供了参照。

在已经列入《世界遗产名录》的遗产地中，殷墟外围的辛店、陶家营、邵家棚遗址三项聚落考古成果发布，进一步揭示出商代的手工业生产方式和"居葬合一"的族邑布局模式；元上都遗址西关厢遗址出土的动物种属证明生活在该地区的古代先民采取了农牧兼营的方式，为深入探讨元代的社会经济状况提供了实物资料；汉魏洛阳城的考古新发现确认了宫城显阳殿、显阳殿宫院、永巷等遗址位置，还确认了千秋门遗址、魏晋时期水道遗迹等位置、形制和保存状况；秦始皇帝陵博物院先后公布了秦始皇陵园外城东门遗址、

秦陵 K9901 陪葬坑 4 号和 28 号俑等最新的研究成果，进一步厘清了秦始皇帝陵园外城东门的营建过程，为秦始皇帝陵的朝向问题以及礼制布局、陵墓制度研究提供了基础资料。

在培育中的世界遗产申报项目中，温州朔门古港遗址被发现与发掘，该遗址真实再现了宋元时期温州港的繁荣景象，为海丝申遗提供了经典样本；二里头遗址最新考古发现进一步明确了其"多网格式城市布局"，显示当时的社会结构层次明显、等级有序，统治格局秩序井然，是进入王朝国家的最重要标志；钓鱼城遗址考古发掘清理揭露了一批前所未见的高规格建筑遗存；景德镇御窑博物院设立景德镇古陶瓷基因库，对于构建陶瓷考古年代框架体系、研发古陶瓷鉴定方法、制定陶瓷行业技术标准、推动陶瓷数字藏品与文旅应用等具有重要意义。

4. 推进石窟寺科技保护和创新展示

《"十四五"石窟寺保护利用专项规划》中明确提出，要加强科技创新，发挥科技支撑和引领作用，充分利用融媒体平台、云展览、数字化等现代科技手段，创新拓展石窟寺展示利用。

2022 年 1 月，大足石刻研究院联合复旦大学召开"砂岩质石窟岩体裂隙渗流精细探测与防治关键保护技术研究"会议，旨在解决大足石刻所面临的岩体裂隙渗水病害等问题；7 月，龙门石窟奉先寺完成了 50 年来的首次大修，龙门石窟研究院在对奉先寺进行"大修"的同时，还联合多个院校和科研院所组成科研团队对造像进行了检测，研究人员除了在卢舍那大佛身体表面发现绿色、红色、黑色颜料外，还首次在卢舍那大佛面部检测到金、银元素存在；8 月，历时 10 年建设的全球敦煌文献资源共享平台"敦煌遗书数据库"正式上线，这是敦煌研究院首次向全球发布目前收录最全的敦煌遗书资料。同年，杭州西湖风景名胜区管理委员会与浙江大学文化遗产研究院合作，对飞来峰造像开展全面三维数字化保护工作，对造像龛周边的 200 余处摩崖题刻进行拍照、拓片，进一步摸清遗产家底。利用数字化手段，对飞来峰山体进行测绘，摸清造像的整体分布情况，为进一步保护、研究山体遗迹与文物价值打下基础。

四　总结与建议

2022 年是《世界遗产公约》正式通过的第 50 年。截至 2022 年，全球已经有 194 个国家加入该公约，有来自 167 个国家的 1154 项遗产列入《世界遗产名录》。在《世界遗产公约》各缔约国、世界遗产中心和专业咨询机构的密切协作下，世界遗产体系不断发展完善，《世界遗产公约》在保护和传承全人类共同的珍贵财产方面的价值得到彰显。

回顾过去，放眼未来，要看到目前的世界遗产体系仍然存在一些问题需要解决。首先，世界遗产分布不平衡，1154 项世界遗产中只有 8.5% 的遗产位于非洲，但 52 项濒危世界遗产中却有 21 项位于非洲。尽管此前在 1994 年通过的"构建具有代表性、平衡性、可信性的《世界遗产名录》的'全球战略'"，以及 2000 年的《凯恩斯决议》和 2004 年的《苏州决议》都尝试对这一问题加以修正，但要使世界遗产更具代表性和平衡性仍然有很长的路要走，"非洲优先"事项融入世界遗产体系或许能够更有针对性地解决这一问题。其次，《世界遗产公约》的初衷是保护好全人类共同的财产并将其传承给子孙后代，如何更有效地面向所有群体分享和传播遗产的价值是一个需要持续探索的课题，除了引导公众以可持续旅游的方式实地探访遗产，利用新技术和新媒介可持续地使用遗产数字化信息也可以让更多人以更便捷的方式接触、认识和了解遗产。最后，世界遗产仍不时遭受战争、恐怖袭击、气候变化、环境污染、不合理城市化进程以及过度旅游开发等问题的威胁。面对传统安全和非传统安全问题，《世界遗产公约》缔约国需要团结一致、积极践行公约精神，一方面利用国际先进技术和工具解决自身遗产保护管理问题，另一方面积极探索符合本国国情的遗产保护利用之路。

通过观察世界遗产国际趋势可以发现，近年来世界遗产领域的热点议题至少可以追溯至 10 年前《世界遗产公约》诞生 40 周年之际的《2012—2022 战略行动计划与设想》，部分议题，诸如气候变化、可持续发展等则可以追溯至 20 世纪末，且最先发轫于联合国系统下的其他公约组织或临时工作组。因

此应当认识到，一方面，世界遗产的运行存在周期性规律，宜提早对未来10年的世界遗产工作进行战略布局；另一方面，与联合国的其他机构相比，教科文组织及其旗舰项目世界遗产的影响力仍然有限，从其他领域影响到世界遗产的议题远多于由世界遗产外溢至其他领域的议题。因此，需要加强对其他领域和国际组织的关注，促进公约间协作，避免闭门造车、自说自话。

我国在制定未来10年行动计划时，建议从以下几方面寻求突破。

一是资助并主导一项世界遗产主题计划或倡议，或尝试将海上丝绸之路项目与小岛屿发展中国家世界遗产计划和世界遗产海洋计划融合，推动世界遗产申报、管理、研究、利用方面的国际合作项目。

二是效仿非洲国家酝酿"非洲优先"议题的过程，依托亚洲文化遗产保护联盟和基金会，酝酿一份"亚洲立场文件"和针对亚洲世界遗产的主题行动计划，构建一个更加团结的亚洲。

三是持续关注《针对气候变化对世界遗产影响的政策文件》的修订、近代冲突记忆遗产如何适应《世界遗产公约》的讨论、疫情防控新阶段世界遗产的恢复工作等新兴全球性议题，转变以往观望等待和附议他国意见的做法，积极开展主题研究，在议题讨论的关键节点提出有建设性的意见和观点。

四是继续坚持走具有中国特色的世界遗产保护利用之路，围绕《中华人民共和国国民经济和社会发展第十四个五年规划和2035年远景目标纲要》开展世界遗产工作，但应注重将国内工作成果转译为国际话语体系的惯用表达方式，以便更好地向国际社会介绍中国的世界遗产工作。

保护好、发展好、传承好文化和自然遗产，既是中国建设社会主义文化强国、提高文化自信、增强文化软实力的必然要求，也是中国作为一个负责任的遗产大国保护好全人类共同财富的使命担当。面对未来的风险和挑战，中国需要一如既往地与国际社会一道，同心勠力，深化国际交流与合作，积极分享在遗产保护领域的成果和经验，为全人类文明交流互鉴做出新的、更大的贡献。

参考文献

联合国教科文组织驻华代表处:《中国世界遗产能力建设手册——世界遗产概述》,2021。

联合国教育、科学及文化组织:《联合国教育、科学及文化组织组织法》,2022。

〔加〕斯蒂芬·米哈尔斯基、〔巴西〕小何塞·路易斯·佩德索利:《ABC 法——一种文化遗产预防性保护的风险管理方法》,张亦弛等译,文物出版社,2021。

任虎、张颖:《文化财产的国际保护及国家责任研究》,《华东理工大学学报》(社会科学版)2010 年第 1 期。

史晨暄:《世界遗产"突出的普遍价值"评价标准的演变》,清华大学博士学位论文,2008。

高进安、高晨翔、张思宇:《国内外"双重战略"背景下的世界遗产工作研究》,《国际公关》2023 年第 12 期。

WHC,*World Heritage Review n103*,2022。

Marie-Theres Albert, Roland Bernecker, Claire Cave, Anca Claudia Prodan, Mattias Ripp, eds., *50 Years World Heritage Convention*:*Shared Responsibility – Conflict & Reconciliation*(Springer, 2022).

B.7
中国世界文化遗产 2021~2022 年
图斑监测数据分析

范家昱 *

摘 要： 我国世界文化遗产普遍受到城市建设、商业开发、旅游压力、气候变化等多重因素的影响，依靠传统的人工巡查方式已无法满足新时代遗产保护要求。自 2018 年起，中国世界文化遗产中心运用卫星遥感技术开展中国世界文化遗产地遥感监测工作，并在中国世界文化遗产监测预警总平台上发布变化图斑信息。2022 年监测结果显示，25 处遗产地开展遥感监测的遗产地的图斑变化虽仍以人工地物为主，但正面变化图斑数量较多，在一定程度上凸显遗产保护工作在提升人居环境、满足人民日益增长的美好生活需求等方面的作用。本报告建议国家和地方双向推动法律体系建设、沟通共享机制完善、加快科技创新，进一步提升遥感监测工作效能，严格保护遗产的突出普遍价值。

关键词： 世界文化遗产　遥感监测　建设控制

截至 2022 年，我国已拥有 56 项世界遗产，其中包括 42 项文化遗产和 4 项文化自然混合遗产。我国世界文化遗产类型丰富、地域分布广，在社会经济高度发展的今天，广泛受到城市建设、商业开发、旅游压力、气候变化等人为或自然因素的多重影响，涉及世界文化遗产地的建设项目逐年增多，加

---

* 范家昱，中国文化遗产研究院中国世界文化遗产中心（中国世界文化遗产监测中心）工程师，主要研究领域：世界文化遗产保护管理规划、遗产展示利用。

大了遗产保护管理工作的难度。

为解决建设项目管理问题，中国世界文化遗产中心利用中国世界文化遗产监测预警总平台（以下简称总平台）开展了遥感监测，综合利用全球导航卫星系统（GNSS）、航空航天遥感技术（RS）、地理信息系统技术（GIS），基于两期遥感影像数据，主动获取世界文化遗产地遗产区、缓冲区内不同时期地表覆盖变化情况，早发现、早干预、早处理，为世界文化遗产的保护管理、监测提供数据支撑，切实提升保护管理效率和水平。

遥感影像具有分辨率高、覆盖范围广、目视解译容易等特点，是目前适用于开展我国世界文化遗产监测的最有效的数据源之一。遥感监测信息采集是利用两期高分辨率遥感影像数据，采集遗产区、缓冲区范围内不同时期的变化信息，展现地物变化情况，并对其进行统计分析。

2022 年，共对 10 项遗产地开展了遥感监测（见表 1），并对监测得到的图斑①比对进行初步分析。

表 1 2022 年开展遥感监测的 10 项遗产、25 处遗产地			
序号	遗产地		基准影像（前时相）	对比影像（后时相）
1	明清故宫（北京故宫、沈阳故宫）	北京故宫	2021	2022
2		沈阳故宫	2021	2022
3	秦始皇陵及兵马俑坑	秦俑馆	2020	2022
4	周口店北京人遗址		2021	2022
5	曲阜孔庙、孔林和孔府		2021	2022
6	武当山古建筑群		2021	2022
7	明清皇家陵寝	十三陵	2021	2022
8		明显陵	2020	2022
9		清西陵	2020	2022
10		清东陵	2021	2022
11		清福陵	2021	2022
12		明孝陵	2021	2022
13		清永陵	2021	2022
14		清昭陵	2021	2022

① 变化图斑未经实地核实。

141

			续表
序号	遗产地	基准影像（前时相）	对比影像（后时相）
15	五台山	台怀核心区	2018	2022
16		佛光寺核心区	2018	2022
17	登封"天地之中"历史建筑群	启母阙	2021	2022
18		嵩阳书院	2021	2022
19		观星台	2021	2022
20		太室阙和中岳庙	2021	2022
21		少林寺建筑群（常住院、初祖庵、塔林）	2021	2022
22		少室阙	2021	2022
23		会善寺	2021	2022
24	杭州西湖文化景观		2021	2022
25	泰山		2021	2022

一　2022 年度遥感监测总体情况

经过对上述 10 项遗产、25 处遗产地提取到的 6106 处变化图斑数据进行统计，发现五台山 - 台怀核心区，明清皇家陵寝 - 十三陵，秦始皇陵及兵马俑坑 - 秦俑馆等遗产地图斑变化总数较多。登封"天地之中"历史建筑群 - 观星台、少林寺建筑群（常住院、初祖庵、塔林）、会善寺，明清皇家陵寝 - 清昭陵等遗产地图斑变化总数相对较少。

以遗产地为基本单元，对图斑变化信息进行统计分析，获取图斑变化面积占遗产区、缓冲区面积的比重。经统计得出了 25 处遗产地图斑变化面积占比情况。其中，明清皇家陵寝 - 明显陵在遗产区、缓冲区变化图斑面积占比最高。

二　图斑变化信息统计分析

（一）图斑变化仍以转为人工地物为主

对 10 项遗产、25 处遗产地遗产区和缓冲区范围内的自然地物、人工地物之间的变化情况进行了统计分析，发现变化图斑以人工地物转为人工地物为主，面积占比 56.32%；自然地物转为人工地物次之，面积占比 24.11%；人工地物转为自然地物、自然地物转为自然地物较少，面积各占 10.22% 和 9.33%（见图 1）。

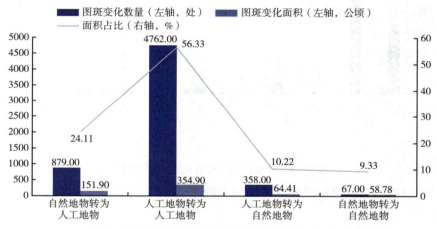

图1　25 处遗产地地物类型变化统计（遗产区划）

注：遗产区划是指世界遗产的遗产区和缓冲区范围，共计有 6066 处变化图斑。因我国世界文化遗产地普遍存在遗产区、缓冲区小于保护范围、建设控制地带的情况，所以该范围内的变化图斑数量小于上文总数 6106 处。

资料来源：中国世界文化遗产监测预警总平台遥感监测。

对 25 处遗产地的地物类型变化后的情况进行了统计分析，结果显示，变化后的类型以人工堆掘地为主，面积占比 28.7%；构筑物、房屋建筑区次之，面积占比 27.92%、17.88%；耕地、水域面积占比较少（见图 2）。

（二）正面变化图斑数量较多

受到国土空间优化、北京中轴线申遗项目等一系列国家级重大战略的影响，2022 年度遥感监测正面变化的图斑数量较多。例如，因国土空间规划的要求，一些遗产地开展了环境修复工程，如十三陵实施了村庄搬迁、修复林地等工作，在遥感图斑变化上则体现为人工地物转变为自然地物。因北京中

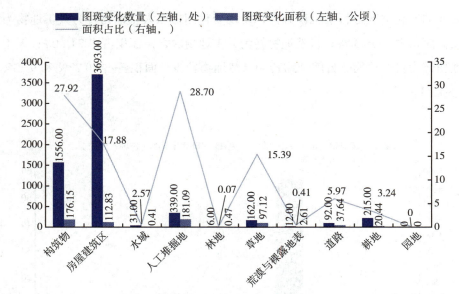

图2　25处遗产地地物变化后的类型统计

资料来源：中国世界文化遗产监测预警总平台遥感监测。

轴线申遗项目的持续推进，开展了一批老城文化遗产保护项目，这类项目的图斑虽然变化后仍为人工用地，但实际上开展了降层、环境整治等工程，在历史环境保护、提升人居环境等方面效果显著。

明清皇家陵寝－十三陵于1961年被公布为全国第一批重点文物保护单位，2003年作为明清皇家陵寝的扩展项目列入世界遗产名录。作为北京市七处世界文化遗产地之一，十三陵陵区面积大、散落的文物多、文物保护和利用面临较大困难。为达到以生态建设促文保、逐渐恢复陵区周边的古风古貌的目标，切实提升十三陵世界文化遗产保护管理水平，提高周边居民人居环境质量，履行申遗承诺，2019年起陆续开展陵区周边村庄、土地经营权流转工作，在十三陵风景名胜区保护范围之外，规划新建十三陵门户区，用来安置拆迁出来的村民，并新建一片生态社区。

比对北京故宫2021年与2022年两期遥感影像，发现在北京故宫的缓冲区内有一处房屋建筑区的变化图斑，图斑面积1117.27平方米（见图3）。经

图 3　北京故宫变化图斑示意图（人工地物转为人工地物）

资料来源：中国世界文化遗产监测预警总平台遥感监测。

了解，这是积水潭医院内的新北楼"减量"工程。积水潭医院位于北京市西城区新街口，是在棍贝子府原址基础上建设而成的，是名副其实的"王府花园"，院内水池、假山、古树和部分老建筑尚存。棍贝子府花园于 1989 年被公布为区级文物保护单位。而就在同年，积水潭医院这座高 11 层的新北楼建成并投入使用。三十多年来，这座高层建筑对"银锭观山"历史景观造成了负面影响。"银锭观山"是"燕京小八景"之一，也是中轴线上山水视廊的重要组成部分。根据《北京中轴线文化遗产保护条例》等保护要求，对新北楼施行降层改造工程，再现"银锭观山"历史景观。

　　除积水潭医院老院区后续整治提升工作外，为配合北京中轴线申遗和疏解非首都功能工作，北京市陆续出台《首都功能核心区控制性详细规划（街区层面）（2018 年—2035 年）》《北京中轴线文化遗产保护条例》等重要文件，以老城整体保护为目标，统筹考虑风貌保护、城市安全与减量发展，谋划并实施了一批修缮、疏解、更新工作，重现舒朗壮美的空间秩序，让城市留住记忆、让人们记住乡愁。

（三）变化图斑信息填报情况不佳

　　通过将 2022 年度 28 处遗产地遥感监测发现的变化图斑与遗产地填报的

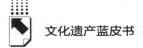

变化图斑信息进行对比，明清故宫（北京故宫、沈阳故宫），秦始皇陵及兵马俑坑，周口店北京人遗址，武当山古建筑群，曲阜孔庙、孔林和孔府，登封"天地之中"历史建筑群，五台山，泰山，杭州西湖文化景观，明清皇家陵寝已开展变化图斑的人工核查工作，已核查的图斑数量占总变化图斑数量的8.97%，不掌握实际变化情况的图斑占比超八成。此外，杭州西湖文化景观、泰山表示需要进一步核实变化图斑信息。

初步分析，出现大量变化图斑未经核查的情况主要有以下四种原因。其一，监测年度报告的填报主体为遗产地的保护管理机构，在我国，世界文化遗产主要依托文物部门进行管理，他们的管辖权限以文物保护单位的保护范围和建设控制地带为主，而世界遗产的遗产区和缓冲区普遍远远大于文物保护单位的保护范围和建设控制地带，许多建设项目信息不会流转到管理机构，所以管理机构并不掌握建设项目资料，无法补充填报变化图斑实际信息。其二，部分建设项目未依法履行报批程序，存在未批先建或边批边建的情况，导致遥感监测变化信息出现在先，涉建项目信息上报在后。其三，部分地区依然持有遗产保护与经济发展为矛盾体的态度，担心上报涉建项目会制约地方经济建设和社会发展，故而存在瞒报或知情不报的现象。其四，遥感监测得到的变化图斑仅为遥感影像初步比对结果，需要人工到现场核查项目报批资料后，方可判定是否为违规建设项目，导致年报或图斑信息上报不及时的情况。所以需要再次强调，2022年度遥感监测发现的变化图斑大部分未经人工判定，不能完全体现本年度我国世界文化遗产地涉建项目和保护管理的实际情况。

三 对策与建议

我国世界文化遗产地普遍面临着大规模城镇化建设、商业旅游开发、基础设施建设等方面的影响，这些是影响世界遗产突出普遍价值真实性、完整性的主要因素。已开展的遥感监测工作虽然能够在一定程度上起到遗产地涉建项目管理的作用，但仍受到法律法规不健全、管理责权不清、沟通协调机制不完善、科技手段参与度不高等因素的制约。本报告建议通过国家和地方层面，双向推动法律体系建设、完善沟通共享机制、加快科技创新，实现对涉建项目的有效管理，严格保护遗产的突出普遍价值。

（一）依法保护，落实地方责任

探索将世界文化遗产的遗产区和缓冲区，以及遗产要素的保护管理纳入法律体系的途径，从国家层面为世界文化遗产监测等工作提供法律支撑。

落实《自然资源部 国家文物局关于在国土空间规划编制和实施中加强历史文化遗产保护管理的指导意见》的要求，依托国土空间规划"一张图"，将世界遗产区划、遗产要素，以及各项管控要求等，纳入国土空间规划，予以严格管控。从省、市级层面，统筹谋划各类基础设施、服务设施等功能分区，杜绝违规建设项目对世界遗产突出普遍价值造成的负面影响，避免大拆大建、重复建设造成的土地、环境等各类资源浪费。

坚持国家对世界文化遗产监测工作的主导职能，落实地方责任。充分发挥省级监测平台在遥感监测、建设控制等监测工作中的监督、协调、管理职能，结合遗产类型、主要影响因素、致灾因子等，科学建设监测系统，实现我国世界文化遗产的自动化、智能化监测。

（二）多跨共享，完善协调机制

2022 年，在对习近平总书记关于数字政府建设重要论述精神全面系统贯彻的重要指导文件《关于加强数字政府建设的指导意见》中，提出了"集约建设、互联互通、协同联动"的工作要求，发挥数字化在政府履行职能时的重要支撑作用，并总结了"三融五跨"的方法路径，强化系统观念，统筹推进协同管理和服务水平。

从国家层面，完善世界遗产监测与巡查监管衔接制度，建议与自然资源部等机构建立合作机制，共同建设国家级监测数据库，并定期更新，避免重复购买、制作同类型数据。建立国家文物局与自然资源局关于世界遗产地遥感影像的共享机制，整合数据资源，体现国家层面在世界文化遗产监测工作

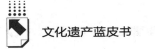

中的指导职能。疏通与自然资源部遥感图斑比对数据的供给渠道，定期共享图斑、涉建项目、审批等相关数据，以便高效开展遥感监测工作。

在地方层面，落实世界文化遗产监测工作和地方责任，建立遗产管理、文物、考古、规划建设等部门间有效的协调工作机制。将遥感监测工作纳入各级保护管理机构的日常工作，配备专业人员从事遥感监测工作，定期复核、审查图斑，提交相关数据，以及处理突发事件。

（三）科技赋能，提升监测效能

受到项目经费、人员限制，现阶段每年仅限 8~10 项遗产开展遥感监测工作，合每处遗产地平均 3~4 年进行 1 次遥感影像比对，这样的监测频率已远远落后于经济发展的速度。有些遗产地的遗产区、缓冲区规模较大，依靠人工巡查，难以达到遥感监测早发现、早干预的工作预期。在科学技术高速发展、广泛应用的今天，借助科技手段提升监测效能已迫在眉睫。

落实《"十四五"文物保护和科技创新规划》，加强世界遗产保护管理，提升科技手段在遗产监测中的参与度，利用卫星、无人机等技术，落实经费支出，提升监测效能，通过监测平台实现国家层面对遗产地的远程指挥调度功能，突出国家对遗产地的总体监管与管控职能。

加快变化图斑自动化比对技术的研发，提高 AI 自动比对技术的准确率。建立、扩充 AI 学习模型库，增加对建筑高度、植被、季节、地质灾害等变化的敏感度，降低遥感变化图斑后期人工判定的工作量，充分发挥科学技术在遥感监测中的作用。

B.8
中国世界文化遗产 2022 年舆情监测数据分析

张依萌 *

摘　要： 2022 年中国世界文化遗产核心舆情数量连续 4 年下降，负面舆情大幅减少。遗产地舆情信息分布依然不平衡。世界遗产宣传展示利用、古建筑类世界文化遗产、列入中国世界文化遗产预备名单的遗产地安全、考古发现等受到社会的关注。舆情所见长城、大运河国家文化公园建设报道占比增加，国家文化公园建设、石窟寺保护、大遗址保护等成果丰硕。2022 年度报道中国世界文化遗产相关信息的网络媒体占比下降，但各方面内容的报道数量全面占优。新媒体较传统媒体报道对象和内容更加均衡。澳门历史城区、明清故宫等成为境外媒体关注焦点。基于多年舆情数据观察，下一步建议遗产地保护管理机构做好舆情引导与处置，加强宣传，趋利避害；遗产保护管理机构应加强古遗址及古墓葬类世界文化遗产价值阐释与展示；专业科研机构应加强舆情综合分析研判，服务保护管理决策。

关键词： 世界文化遗产　舆情监测　舆情处置

---

* 张依萌，中国文化遗产研究院中国世界文化遗产中心（中国世界文化遗产监测中心）副研究馆员，中国世界文化遗产监测预警总平台负责人，主要研究领域：中国世界文化遗产保护管理理论政策、世界文化遗产监测、长城考古与保护。

一 2022年度舆情监测总体情况

（一）中国世界文化遗产核心舆情数量连续4年下降

2022年度全网涉及全球世界文化遗产的核心舆情信息[①]共7428篇，其中明确针对42项中国世界文化遗产的核心舆情共计5620篇，列入预备名录的中国文化遗产1864篇，外国文化遗产109篇，文化遗产相关宏观信息（未涉及具体遗产）241篇，以及预备名录以外遗产申遗动态41篇。

2022年中国世界文化遗产核心舆情信息数量连续4年下降。相较上年，舆情总数量下降1584篇，降幅21.3%。42项世界文化遗产核心舆情信息数量减少900篇，降幅13.8%。尽管新冠疫情防控政策大幅调整，但受经济、社会发展状况及国际局势的影响，旅游业重振乏力，公众的关注焦点并未向包括世界文化遗产保护利用在内的文化领域转移。核心舆情数量的持续下降是这一背景的直观反映（见图1）。

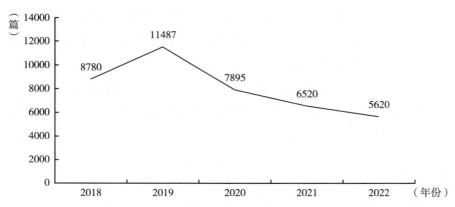

图1　2018~2022年我国42项世界文化遗产核心舆情数量

资料来源：中国世界文化遗产监测预警总平台舆情监测数据。

[①] 为确保分析准确性，避免冗余信息的干扰，本报告以涉及我国世界文化遗产地核心舆情信息为分析对象。核心舆情信息即非转载的独立报道。

（二）遗产地舆情分布不平衡，大运河蝉联舆情数量冠军

2022 年，舆情信息数量排名前五的中国世界文化遗产与上一年度相同，依次是大运河、明清故宫（北京故宫、沈阳故宫）、长城、莫高窟、"丝绸之路：长安—天山廊道的路网"，五项遗产的舆情数量占中国世界文化遗产信息总数的 53.9%（见图 2）。2022 年，国家持续加强对大运河文化保护传承利用工作，稳步推进大运河国家文化公园的建设工程，外加《京杭大运河百年来首次全线通水》等报道影响，大运河舆情信息数量增长 4.3%，排名第 1。此外，黄山、长城等遗产地舆情数量也有一定程度的增加（见表 1）。

表 1 2021~2022 年各项遗产核心舆情数量的变化情况

单位：%

序号	遗产名称	2022 年报道量增减幅度
1	大运河	4.30
2	明清故宫（北京故宫、沈阳故宫）	−0.62
3	长城	1.03
4	莫高窟	0.32
5	丝绸之路：长安—天山廊道的路网	0.52
6	黄山	2.12
7	殷墟	0.97
8	泉州：宋元中国的世界海洋商贸中心	−2.11
9	杭州西湖文化景观	0.17
10	北京皇家园林—颐和园	0.09
11	平遥古城	0.72
12	秦始皇陵及兵马俑坑	−0.79
13	鼓浪屿：历史国际社区	−0.57
14	良渚遗址	0.13
15	北京皇家祭坛—天坛	−0.12
16	武夷山	0.16

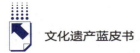

		续表
序号	遗产名称	2022 年报道量增减幅度
17	苏州古典园林	0.44
18	龙门石窟	0.29
19	泰山	−0.51
20	大足石刻	0.23
21	云冈石窟	−0.74
22	峨眉山—乐山大佛	0.40
23	武当山古建筑群	−0.20
24	明清皇家陵寝	−0.05
25	福建土楼	−0.10
26	澳门历史城区	0.63
27	五台山	−0.01
28	曲阜孔庙、孔林和孔府	0.21
29	拉萨布达拉宫历史建筑群（含罗布林卡和大昭寺）	−0.32
30	登封"天地之中"历史建筑群	−0.01
31	青城山—都江堰	−0.54
32	庐山国家公园	0.13
33	皖南古村落—西递、宏村	−0.15
34	丽江古城	−0.02
35	承德避暑山庄及其周围寺庙	−0.05
36	土司遗址	−0.11
37	红河哈尼梯田文化景观	−0.25
38	周口店北京人遗址	−0.25
39	元上都遗址	0.21
40	开平碉楼与村落	0.11
41	左江花山岩画文化景观	−0.10
42	高句丽王城、王陵及贵族墓葬	−0.03

资料来源：中国世界文化遗产监测预警总平台舆情监测数据。

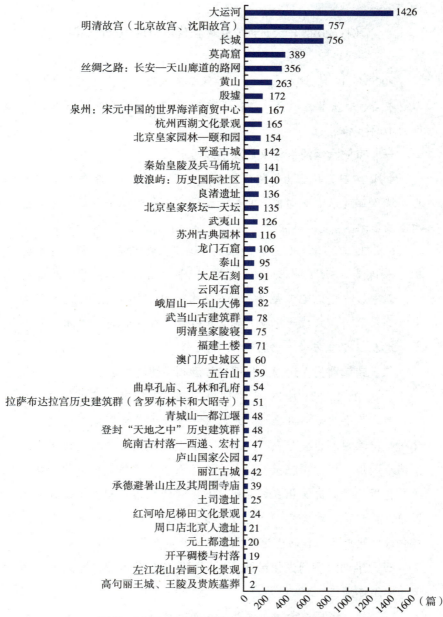

图2　2022 年中国世界文化遗产舆情信息数量

注：一篇核心舆情可能会涉及多个遗产地，所以 42 项遗产的核心舆情数量之和可能会大于核心舆情总数。
资料来源：中国世界文化遗产监测预警总平台舆情监测数据。

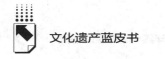

案例：2022年大运河文化保护传承利用10件大事

2022年12月28日，中国大运河智库联盟联合大运河智库发展研究中心、重庆智库研究院，在京发布2022年大运河文化保护传承利用10件大事。

一、京杭大运河百年来首次全线通水

4月28日，位于山东德州的四女寺枢纽南运河节制闸开启，来自岳城水库的水滚滚向前，京杭大运河实现了近一个世纪以来的首次全线通水。

6月28日，水利部召开的京杭大运河全线贯通补水新闻发布会称，水利部4~5月联合北京、天津、河北、山东四地政府，统筹南水北调东线一期北延工程供水、四地本地水、引黄水、再生水及雨洪水等水源，向京杭大运河黄河以北707公里河段进行补水，总补水量达5.15亿立方米，相当于37个西湖的水量。

二、京津冀为大运河文化保护传承利用协同立法

11月25日、11月29日和12月1日，北京市、河北省和天津市人大常委会先后召开会议，通过《关于京津冀协同推进大运河文化保护传承利用的决定》。《决定》提出三地政府建立大运河文化保护传承利用工作协调机制，统筹大运河及沿线文物保护单位、非物质文化遗产、历史文化名城名镇名村、传统村落、特色小镇等文化资源，构建跨区域文化遗产连片、成线整体保护体系；加强大运河文化数字化展示，推动大运河文化对外交流合作；等等。

三、推动大运河文化带和大运河国家文化公园建设写入六省两市政府工作报告

1~2月，北京、天津、河北、山东、江苏、浙江、安徽和河南等大运河沿线六省两市先后举行"两会"，各自2022年政府工作

报告均写入"推动大运河文化带建设"或"建设大运河国家文化公园"和相关举措。至此，大运河沿线 8 个省市级辐射区、40 个地市级拓展区和 150 个县（区、市）级核心区均将大运河文化带建设和大运河国家文化公园建设列为政府工作的重要日程。

四、海外民众"云端"畅游大运河

7 月和 8 月，由文化和旅游部、国家广播电视总局指导，中外文化交流中心与大运河沿线六省两市文化和旅游厅局联合举办的2022"大运河主题旅游海外推广季"在全球多个国家联动亮相，向海外民众展示大运河优美风光、讲述大运河生动故事，通过大运河文化这个世界通用的主题，与各国开展交流对话与文明互鉴。

五、京杭大运河京冀段实现互联互通

6 月 24 日，京杭大运河北京段、河北段联合举行京冀游船通航仪式，通州、香河旅游船舶相向驶过船闸，大运河京冀段全线 62 公里实现互联互通。借此，京冀两地整合北京（通州）大运河文化旅游景区、河北香河潮白河大运河国家湿地公园等优质资源，共同开发包括水上观景、船上商务、岸上漫步、非遗展示等"运河游船 +"主题游线路。

六、一批文艺作品厚重呈现

4 月 14 日，国家大剧院首部原创民族歌剧《运河谣》首演。该剧从戏曲、民歌、民俗等中国文化精华中汲取营养，展现剧中人物在大运河上跌宕起伏的命运际遇。8 月 1 日，由国家广电总局指导，浙江省委宣传部等四个单位联合出品，国内首部展现大运河新时代巨变的重大现实题材电视剧《运河边的人们》播出。9 月 27 日，中央广播电视总台文艺节目中心制作的 16 集大型融媒体节目《行走大运河》正式开播。10 月，中国新闻社联合京浙两地有关机构举办"大运河这 10 年"第二届国际大运河影像大赛。

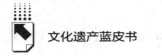

七、江苏力推大运河论坛及展会

6月27日，以"运河城市遗产保护与可持续发展"为主题的2022世界运河城市论坛在扬州举行。论坛共商世界运河文化的保护传承，共谋世界运河城市的合作发展。

9月22日，第四届大运河文化旅游博览会在苏州举行。大运河城市文旅精品展、"丝路与运河的邂逅"国际展、运河特色旅游产品展、大运河非遗展、大运河数字文旅产业展、大运河美食文化展等六大展览同步亮相。

八、大运河源头遗址公园竣工

7月，位于北京市昌平区的大运河源头遗址公园一期工程全部竣工。作为大运河文化带重要节点，大运河源头遗址公园依托白浮泉遗址、龙泉禅寺、都龙王庙三处文物景观，围绕"一泉贯出天下脉"主题，打造了龙泉漱玉、长流惠泽、山水清音三处景点及运河源、引水台、聆泉处、读泉圃等五处节点，借此传承保护大运河源头历史文化，提升白浮泉遗址山水环境品质。

九、淮安以大运河百里画廊引领"运河之都"

1月6日，江苏淮安大运河百里画廊项目正式开工，涵盖文旅融合、乡村振兴、城市更新、产业转型和基础设施等类型。1月20日，淮安"百里画廊"进入江苏省政府工作报告的2022年重点工作安排范畴。9月30日，淮安打造"运河之都"智库报告显示，淮安以大运河百里画廊引领，推进大运河文化带暨大运河国家文化公园建设，将建成京杭大运河沿线设区地级市的先导段和示范区，其时间轴和行动轴均将快于、优先于同称为"运河之都"的其他设区地级市。

十、杭州大运河亚运公园项目获颁"鲁班奖"

12月11日，杭州大运河亚运公园项目获得2022~2023年度第一批中国建设工程鲁班奖（国家优质工程）。大运河亚运公园是浙江首座集场馆、公园、商业于一体的综合性城市体育公园，总占地701亩，园区内设有3.6公里跑道、1.3万平方米人工湖、1.6公里城市河道，日接待游客达4万人以上。作为杭州主城区唯一新建的亚运场馆群，大运河亚运公园届时将承办第19届亚运会乒乓球、霹雳舞和曲棍球等三项重要赛事。

2022 年，被列入预备名录的中国文化遗产中共有 39 项受到媒体不同程度的关注，报道量排名在前五名的分别是古蜀国遗址、北京中轴线、海上丝绸之路（中国段）、江南水乡古镇及中国明清城墙。

与中国世界文化遗产相同，被列入预备名录的中国文化遗产亦存在舆情分布不平衡问题，舆情数量与遗产地的知名度密切相关。其中以网红遗产地三星堆遗址为主要构成要素的古蜀国遗址、2024 年申遗项目北京中轴线，以及国家文物局的重点项目海上丝绸之路（中国段）舆情数量位列前三，三者的舆情数量占全部列入预备名录的中国文化遗产的56.0%（见图 3）。

（三）预备名录中的遗产地安全、考古发现受关注

2022 年各月舆情信息量波动总体较小，其中 6 月信息数量最大，其次是 8 月（见图 4）。

6 月，大运河京冀段正式实现互通互联。京冀通航后，京冀两地的游客可以乘船互通旅游，欣赏风光旖旎的运河美景。6 月 11 日是 2022 年文化和自然遗产日，一系列的活动引起了各级媒体和广大网友的关注。

8 月，列入预备名录的遗产地舆情高发。位于福建省宁德市屏南县的超过 900 年历史的万安桥毁于火灾，成为月转载量最高的新闻；此外，石峁遗址、古蜀国遗址等列入预备名录的文化遗产地重要考古发现层出不穷。8 月

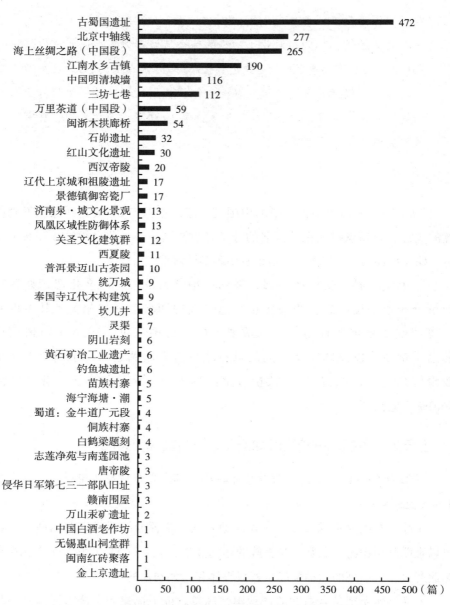

图3　2022年列入预备名录的中国文化遗产舆情信息报道量

资料来源：中国世界文化遗产监测预警总平台舆情监测数据。

30 日，《北京中轴线文化遗产保护条例》实施与公众参与研讨会举行，北京中轴线申遗专家智库成立，也颇受关注（见表2）。

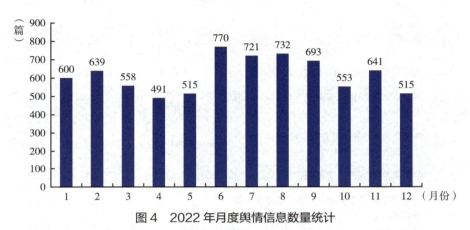

图4　2022 年月度舆情信息数量统计

资料来源：中国世界文化遗产监测预警总平台舆情监测数据。

表2　2022 年 6 月、8 月涉及中国世界文化遗产核心舆情转载量 Top20 一览
单位：篇

序号	新闻标题	涉及遗产	日期	转载量
1	宁德屏南万安桥着火　为国家重点文物保护单位	闽浙木拱廊桥	8月6日	1709
2	考古新发现！陕西石峁遗址皇城台发现大型人面石雕	石峁遗址	8月7日	1299
3	受高温干旱天气影响　乐山大佛"真身"全部显露	乐山大佛	8月20日	1294
4	布达拉宫官方平台闭馆公告	布达拉宫	8月9日	1119
5	三星堆考古成果再上新"祭祀坑"年代确认	古蜀国遗址	6月13日	831
6	三星堆迄今最大神兽出土	古蜀国遗址	8月24日	784
7	三星堆青铜鸟脚人像终于找回"另一半"	古蜀国遗址	6月16日	744
8	免门票后，各地景区如何转型"突围"	/	6月26日	672
9	敦煌遗书数据库正式上线	莫高窟	8月19日	624
10	世界文化遗产点锁阳城遗址内的塔尔寺建于隋唐	锁阳城遗址	8月1日	521

续表

序号	新闻标题	涉及遗产	日期	转载量
11	秦始皇帝陵博物院发现并修复罕见"仰卧俑"	秦始皇陵及兵马俑坑	6月11日	502
12	914件珍贵文物赴港展出！	明清故宫（北京故宫、沈阳故宫）	6月23日	435
13	大运河京冀段实现互联互通	大运河	6月24日	426
14	厦门新增三例确诊 鼓浪屿等多景区发闭园通知	鼓浪屿	8月9日	406
15	中国最长木拱廊桥万安桥烧毁 三问如何不让"廊桥"成"遗梦"？	闽浙木拱廊桥	8月6日	360
16	数字技术将"重现"敦煌藏经洞	莫高窟	6月15日	329
17	"万象中轴"正式亮相，打造首条数字中轴探访线路	北京中轴线	8月7日	319
18	香港故宫文化博物馆：香港文化新地标	明清故宫（北京故宫、沈阳故宫）	6月25日	268
19	2022年文化和自然遗产日主场城市活动在兰州举行	/	6月11日	256
20	2022世界运河城市论坛27日在扬州举行	大运河	6月23日	146

资料来源：中国世界文化遗产监测预警总平台舆情监测数据。

（四）宣传展示利用最受关注，专业遗产保护工作受关注度低

2022年，中国世界文化遗产舆情中"宣传展示利用"相关信息数量保持第1，占68.92%。其次为"保护管理"（18.04%）、"旅游与游客管理"（10.35%）。"机构与能力""遗产保存情况与影响因素""行政批复"等内容的关注度则多年来一直处于较低水平（见图5）。而在列入预备名录的中国文化遗产中，"宣传展示利用"相关信息数量则占到82.4%。遗产"保护管理"与"申遗工作"相加，舆情数量占比只有16.6%（见图6）。

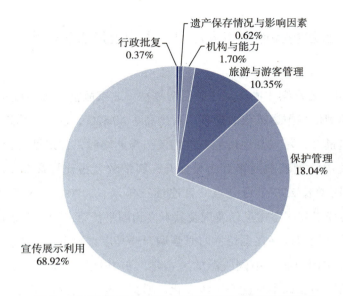

图 5　2022 年度中国世界文化遗产舆情内容分类统计

资料来源：中国世界文化遗产监测预警总平台舆情监测数据。

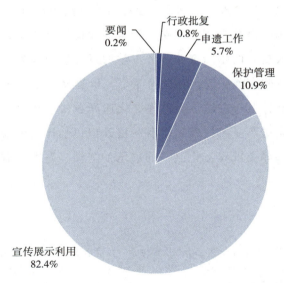

图 6　2022 年度列入预备名录的中国文化遗产舆情内容分类统计

资料来源：中国世界文化遗产监测预警总平台舆情监测数据。

（五）古建筑类遗产引人注目，古遗址及古墓葬类遗产受关注度低

2022 年，公众媒体广泛关注的明清故宫（北京故宫、沈阳故宫）、长城等古建筑类型信息报道量依旧最多，占比高达 40.52%。这与古建筑类世界文化遗产数量最多，可观赏性最强直接相关。与此同时，古遗址及古墓葬类世界遗产的受关注度较前两年有明显提升，舆情数量占比提高到 15.44%（见图 7），同比增长 2.39 个百分点，且连续三年增长。2020 年 9 月 28 日，中共中央政治局以我国考古最新发现及其意义为题举行第二十三次集体学习[①]。中共中央总书记习近平在主持学习时强调，要高度重视考古工作，努力建设中国特色、中国风格、中国气派的考古学，更好认识源远流长、博大精深的中华文明，为弘扬中华优秀传统文化、增强文化自信提供坚强支撑。2022 年 5 月 27 日，中共中央政治局就深化中华文明探源工程进行第三十九次集体学习[②]。习近平总书记强调，要深入了解中华文明五千多年发展史，把中国文明历史研究引向深入，推动全党全社会增强历史自觉、坚定文化自信，坚定不移走中国特色社会主义道路，为全面建设社会主义现代化国家、实现中华民族伟大复兴而团结奋斗。考古学的意义被提高到了国家发展战略层面，引起学界的空前关注。在此背景下，世界文化遗产考古工作的社会关注度有所提升。但与古建筑类世界文化遗产数量不相伯仲的古遗址及古墓葬类世界文化遗产受关注度尽管有所提升但仍然比前者低得多，如何做好古遗址及古墓葬类世界文化遗产的展示、阐释，是未来需要大力研究的课题。

① 《习近平主持中央政治局第二十三次集体学习并讲话》，中华人民共和国中央人民政府，https://www.gov.cn/xinwen/2020-09/29/content_5548155.htm?ivk_sa=1023197a，最后检索时间：2023 年 12 月 18 日。

② 《习近平主持中共中央政治局第三十九次集体学习并发表重要讲话》，中华人民共和国中央人民政府，https://www.gov.cn/xinwen/2022-05/28/content_5692807.htm，最后检索时间：2023 年 12 月 18 日。

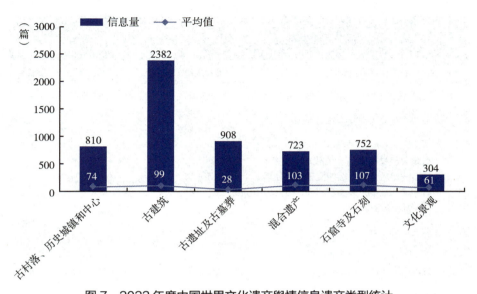

图 7　2022 年度中国世界文化遗产舆情信息遗产类型统计

资料来源：中国世界文化遗产监测预警总平台舆情监测数据。

（六）负面舆情降幅巨大，数量极少

2022 年中国世界文化遗产信息中的负面舆情数量极少，仅 5 篇报道，占总数 0.09%，涉及大运河、明清故宫（北京故宫、沈阳故宫）、澳门历史城区等 3 项遗产（见图 8、表 3）。

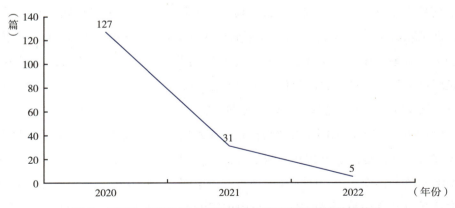

图 8　2020~2022 年中国世界文化遗产负面舆情数量统计

资料来源：中国世界文化遗产监测预警总平台舆情监测数据。

表3　2022年度中国世界文化遗产负面舆情事件

单位：篇

序号	新闻标题	涉及遗产	日期	转载量
1	700个水泥支架"扔进"浙东运河	大运河	2022年11月9日	3
2	澳门文化局：在文物建筑上涂鸦，违法！	澳门历史城区	2022年4月19日	1
3	兽角装反是小问题，你到这凝香亭北侧看一眼就知道什么叫金玉其外败絮其中了，他们只装点了门面，后面掉了十几个钩子都不管	明清故宫（北京故宫、沈阳故宫）	2022年4月1日	4
4	网友投稿，太和殿北侧大门在风中未能幸免	明清故宫（北京故宫、沈阳故宫）	2022年3月4日	9
5	这段南运河为啥雨后臭味熏人？	大运河	2022年11月25日	4

资料来源：中国世界文化遗产监测预警总平台舆情监测数据。

二　舆情所见国家政策视野下的中国世界文化遗产

（一）长城、大运河国家文化公园建设相关报道占比上升

2022年，长城国家文化公园建设亮点频出。与长城相关的756篇核心舆情信息中260篇涉及长城文化公园建设，占比34.39%，为《长城、大运河、长征国家文化公园建设方案》（以下简称《方案》）2019年发布以来最高。内容涉及各地长城国家文化公园建设保护规划发布、长城区域协同保护利用、长城保护队伍建设、法治建设、长城文化与保护学术交流等方面。侧面反映出长城国家文化公园建设的实效（见图9）。

2022年，大运河国家文化公园建设也取得很大的成绩。相关舆情信息主要涉及各地大运河国家文化公园建设保护规划与实施方案发布、沿线的环境整治、数字再现工程、展示利用项目、大运河文化与保护学术交流等，在与大运河相关的1426篇核心舆情信息中占339篇，占比23.77%，同样为《方案》发布以来最高（见图10）。

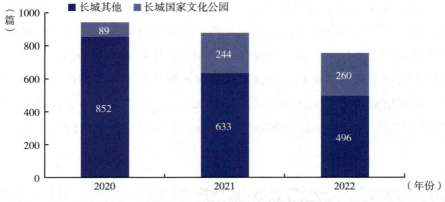

图 9　2020~2022 年长城相关舆情数据情况

资料来源：中国世界文化遗产监测预警总平台舆情监测数据。

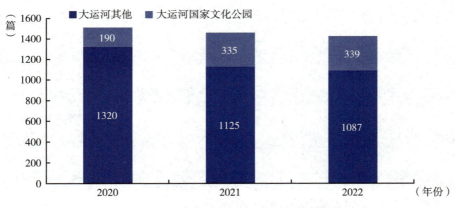

图 10　2020~2022 年大运河相关舆情数据情况

资料来源：中国世界文化遗产监测预警总平台舆情监测数据。

（二）石窟寺保护重点突出

本年度涉及石窟寺及石刻类遗产的舆情信息共 752 篇，涉及莫高窟、云冈石窟、龙门石窟、乐山大佛、大足石刻、麦积山石窟、克孜尔石窟、炳灵寺石窟、彬县大佛寺石窟、飞来峰造像等 10 个遗产地，内容主要为石窟寺保护成果和数字化成果发布。

这表明 2022 年各地积极落实《"十四五"石窟寺保护利用专项规划》要求，积极开展保护利用项目与宣传工作，同时石窟寺保护利用工作也得到全社会的广泛关注，石窟寺的时代价值和社会作用进一步凸显。另外，中国的石窟寺及石刻类世界文化遗产也表现出舆情信息不平衡的现象。其中莫高窟舆情数量最多，达 389 篇，占比 46.92%，而彬县大佛寺石窟的相关信息仅 3 篇，这也反映出遗产地的知名度、宣传能力及意愿的差异等问题（见表 4）。

表 4　2022 年度中国世界文化遗产（石窟寺及石刻类遗产）媒体报道情况统计

单位：篇

序号	名称	舆情信息数量	所属市县
1	莫高窟	389	甘肃省敦煌市
2	云冈石窟	85	山西省大同市
3	龙门石窟	106	河南省洛阳市
4	乐山大佛	66	四川省乐山市
5	大足石刻	91	重庆市大足区
6	麦积山石窟	36	甘肃省天水市
7	克孜尔石窟	19	新疆阿克苏地区拜城县
8	炳灵寺石窟	9	甘肃省永靖县
9	彬县大佛寺石窟	3	陕西省彬县
10	飞来峰造像	25	浙江省杭州市

资料来源：中国世界文化遗产监测预警总平台舆情监测数据。

（三）大遗址考古与保护成果丰硕

中国世界文化遗产地中属于大遗址的有 23 处，列入预备名录的遗产地及申遗培育项目中有 21 处。2022 年中国世界文化遗产舆情涉及除陕西唐代帝陵（含顺陵）、四川蜀道外的上述全部大遗址。其中中国世界文化遗产地舆情 618 篇[1]，河南殷墟、陕西秦始皇陵及兵马俑坑、浙江良渚古城遗址舆情信息

---

[1]　长城、大运河未统计在内。

最多，分别为 172 篇、137 篇和 136 篇，三者的舆情数量占比达到 72.01%（见表 5）；列入预备名录的遗产地及申遗培育项目 1040 篇，古蜀国遗址（含三星堆遗址、金沙遗址）、河南二里头遗址数量最多，分别为 578 篇和 188 篇，二者占比达 73.65%（见表 6）。

从舆情主要内容看，主要包括国家考古遗址公园建设、考古发现、展览展示与公共文化服务、专项立法等内容。

表 5 2022 年度中国世界文化遗产中的大遗址舆情信息统计			
			单位：篇
序号	所在地	名称	舆情信息数量
1	北京市	周口店北京人遗址	21
2	内蒙古	元上都遗址	20
3	辽宁	高句丽王城、王陵及贵族墓葬（凤凰山山城、辽宁－五女山城）	1
4	吉林	高句丽王城、王陵及贵族墓葬（洞沟古墓群、丸都山城、国内城、罗通山城、自安山城、龙潭山城）	2
5	浙江	良渚古城遗址	136
6	福建	武夷山（城村汉城遗址）	8
7		泉州：宋元中国的世界海洋商贸中心（德化窑遗址）	8
8	河南	殷墟	172
9		丝绸之路：长安—天山廊道的路网（汉魏洛阳故城）	21
10		丝绸之路：长安—天山廊道的路网（隋唐洛阳城遗址）	3
11	湖南	老司城遗址	11
12	贵州	土司遗址（海龙屯遗址）	12
13	陕西	秦始皇陵及兵马俑坑	137
14	甘肃	丝绸之路：长安—天山廊道的路网（汉长城遗址）	10
15		丝绸之路：长安—天山廊道的路网（唐长安城大明宫遗址）	8
16		丝绸之路：长安—天山廊道的路网（锁阳城遗址）	6
17	新疆	丝绸之路：长安—天山廊道的路网（北庭故城遗址）	13
18		丝绸之路：长安—天山廊道的路网（苏巴什佛寺遗址）	5
19		丝绸之路：长安—天山廊道的路网（交河故城）	18
20		丝绸之路：长安—天山廊道的路网（高昌故城）	8

资料来源：中国世界文化遗产监测预警总平台舆情监测数据。

表 6　列入预备名录的遗产地及申遗培育项目中的大遗址舆情信息统计

单位：篇

序号	所在地	名称	舆情信息数量
1	内蒙古	辽代上京城和祖陵遗址（含辽陵及奉陵邑）	18
2	辽宁	红山文化遗址（牛河梁遗址）	34
3	黑龙江	金上京遗址	7
4	江苏	海上丝绸之路（中国段）（扬州城遗址）	11
5	浙江	青瓷窑遗址（上林湖越窑遗址）	1
6	安徽	中国明清城墙（明中都遗址）	22
7	江西	景德镇御窑瓷厂（含湖田窑址、高岭瓷土矿遗址）	18
8	河南	二里头遗址	188
9	湖北	铜绿山古铜矿遗址	6
10	广东	南越国宫署遗址	17
11	广西	海上丝绸之路（中国段）（合浦汉墓群与汉城遗址含草鞋村遗址、大浪古城遗址）	9
12	重庆	钓鱼城遗址	10
13	四川	古蜀国遗址（三星堆遗址）	465
14		古蜀国遗址（金沙遗址）	113
15	陕西	石峁遗址	42
16		西汉帝陵（含薄太后陵）	45
17		统万城遗址	11
18	宁夏	西夏陵	16
19	新疆	坎儿井地下水利工程	7

资料来源：中国世界文化遗产监测预警总平台舆情监测数据。

三　2022 年度舆情信息源分析

（一）网络媒体占比下降

2022 年，报道中国世界文化遗产及列入预备名录的中国文化遗产的媒体源共 793 个，报道负面舆情的媒体源 16 个。从媒体类型看，报道中国世界文化遗产的网络媒体数量较上一年度下降明显，占比从 67% 下降至 54%，但仍然占优；传统媒体占比则上升至 46%（见图 11）。从媒体级别看，中央媒体 [①]18 个，舆情报道量占总数的 6.45%。

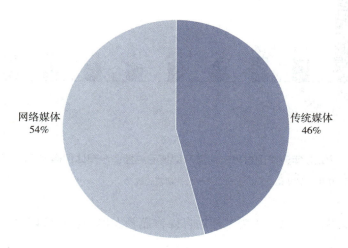

图 11　2022 年度中国世界文化遗产舆情信息报道媒体类型统计

资料来源：中国世界文化遗产监测预警总平台舆情监测数据。

其中，中国新闻网报道量突出，体现出对文化遗产领域的关注。中央媒体中的《光明日报》、《人民日报》、人民网、《北京日报》、《中国旅游报》，以及地方媒体中的扬州网等对中国世界文化遗产报道量也较多（见图 12）。

（二）网络媒体报道数量全面占优

从媒体类型看，尽管在 2022 年报道中国世界文化遗产相关信息的网络媒体源占比下降，但网络媒体报道量首次在各类舆情内容的报道数量中全部高于传统媒体（见图 13）。网络媒体的报道成本比传统媒体低，但自由度和

---

① 　中央媒体:《人民日报》、新华社、《求是》、《解放军报》、《光明日报》、《经济日报》、《中国日报》、中央人民广播电台、中央电视台、中央国际广播电台、《科技日报》、《中国纪检监察报》、《工人日报》、《中国青年报》、《中国妇女报》、《农民日报》、《法制日报》、中新社共 18 个。

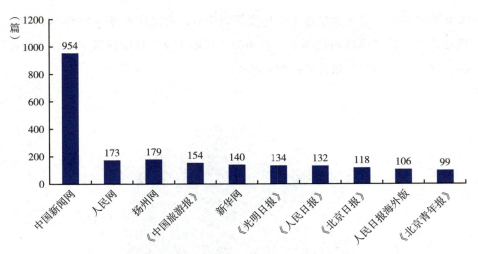

图12 2022 年度中国世界文化遗产舆情信息报道源媒体报道量 Top10 统计

资料来源：中国世界文化遗产监测预警总平台舆情监测数据。

效率更高。尤其是以个人为主体的自媒体蓬勃发展，也导致网络信息爆发式增长。

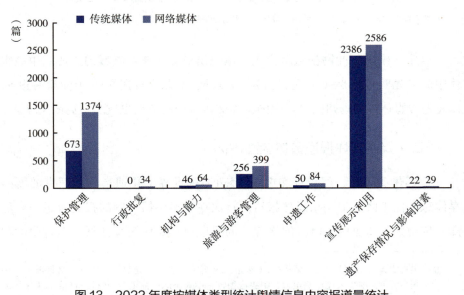

图13 2022 年度按媒体类型统计舆情信息内容报道量统计

资料来源：中国世界文化遗产监测预警总平台舆情监测数据。

（三）新媒体（微信、微博）报道对象和舆情内容分布更加均衡

2022 年，涉及中国世界文化遗产的新媒体（微信、微博）舆情信息共计 4254 篇次。其中，通过人工判别并精确标引的新媒体（微信、微博）核心舆情信息有 61 篇次。所有内容均非负面。

与舆情内容总体分布不同，新媒体（微信、微博）发布的各类舆情信息内容和报道对象均呈现出比传统媒体更加均衡的态势。在舆情内容方面，对遗产"保护管理"的关注度较高，报道数量与"宣传展示利用"基本相当，占比分别为 32.79% 和 31.15%，随后为"旅游与游客管理"（19.67%）、"申遗工作"相关内容（13.11%）（见图 14）。

在新媒体（微信、微博）报道对象方面，涉及古建筑类型遗产的内容仍然最多，占比为 33%。但与其他类遗产的舆情信息数量差距较传统媒体小得多。表明社会公众对于中国世界文化遗产的关注角度更加全面、多元（见图 15）。

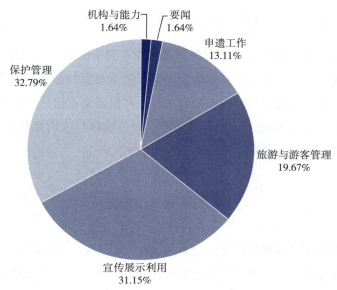

图 14　2022 年度新媒体（微信、微博）舆情信息内容分类

资料来源：中国世界文化遗产监测预警总平台舆情监测数据。

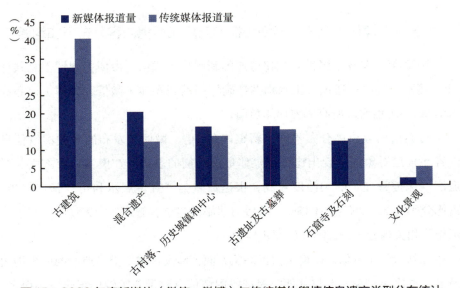

图15　2022年度新媒体（微信、微博）与传统媒体舆情信息遗产类型分布统计

资料来源：中国世界文化遗产监测预警总平台舆情监测数据。

（四）澳门历史城区、明清故宫成为境外媒体关注焦点

2022年，境外媒体报道中国世界文化遗产舆情信息共98篇，涉及15项遗产。与国内媒体关注点不同，境外媒体报道量最大的是澳门历史城区，其次是明清故宫（北京故宫、沈阳故宫）。二者报道量占比达到全部境外媒体报道量的77.55%（见图16）。内容方面，境外媒体与国内媒体关注点一致，聚焦于遗产的"宣传展示利用"和"保护管理"。

四　对策与建议

2022年是新冠疫情防控决胜的关键年份，也是国际形势风云变幻的一年。由于内外环境的影响，当年舆情数据与往年相比有一定的特殊性，如中国世界文化遗产负面舆情极少，不具统计分析意义。2023年，预计中国世界文化遗产舆情将迎来强势反弹。在此背景下，各级文物部门和世界文化遗产地保

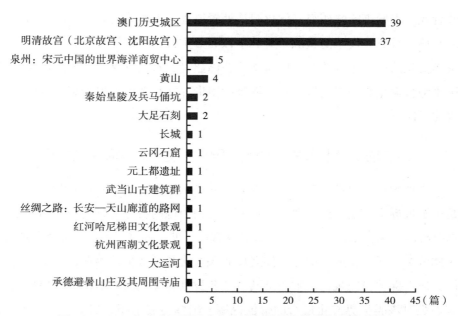

图 16　2022 年度中国世界文化遗产舆情信息境外媒体报道情况

资料来源：中国世界文化遗产监测预警总平台舆情监测数据。

护管理机构与监测机构应加强对社会舆情的跟踪，及时发现问题，减少负面影响。同时应积极主动宣传世界遗产价值、保护管理工作，展示中国世界文化遗产保护者的风采，积极回应社会的质疑。

根据舆情对遗产保护工作现状的反馈，各级文物部门和各遗产地保护管理机构应进一步加强古遗址及古墓葬类世界文化遗产价值阐释与展示；专业科研机构应加强舆情综合分析研判，用更加科学的数据，更好地服务保护管理决策。

（一）重视网络媒体，做好舆情引导与处置，加强宣传，趋利避害

建议国家和各级文物部门在国家空前重视中国世界文化遗产保护利用的背景下，制定针对中国世界文化遗产舆情监测与宣传教育的鼓励政策。各世界文化遗产地保护管理机构也应紧跟时事，用好、用足政策，一方面做好舆

情管控、引导等策略研究，优化舆情处置流程，提高处置效率，顺应当前网络媒体、自媒体繁荣的状况，对其予以充分重视，有效管控。另一方面围绕世界文化遗产申报与监测、国家文化公园建设、石窟寺保护、大遗址保护与国家考古遗址公园建设等主题，编制中国世界文化遗产宣发计划，有序开展宣传活动。

（二）加强古遗址及古墓葬类世界文化遗产价值阐释与展示

遗产地舆情数量与知名度明显正相关。古遗址及古墓葬类世界文化遗产，是中国世界文化遗产的重要组成部分，也是中国的特色文化遗产，但由于其本身材质、保存条件等特性，导致其观赏性较差，或难于为社会公众所理解，因此该类世界文化遗产的总体知名度和关注度长期较低。为此，各级文物部门、遗产保护研究机构、古遗址及古墓葬类世界文化遗产地保护管理机构均应加强对该类世界文化遗产的价值挖掘、阐释与展示相关研究、应用工作，使该类世界文化遗产更好为当下服务。

（三）专业科研机构加强舆情综合分析研判，服务保护管理决策

中国世界文化遗产监测预警总平台已开展了多年的舆情专项监测，积累了一定的舆情数据与分析经验，但分析对象仍以行业内舆情数据为主，分析技术与方法亦有待升级。下一步建议与各级政府舆情管理机构、专业舆情监测机构开展广泛深入的合作，进一步拓展舆情数据获取渠道，实现基于大数据的舆情分析模型构建，在多领域、多元舆情耦合条件下开展舆情综合分析研判，为中国世界文化遗产保护管理决策提供明确方向和坚实的依据。为实现上述目的，文化遗产保护科研机构也应加强舆情研究专业队伍建设。

参考文献

王芳、段若男:《专题报告一：2018 年度中国世界文化遗产舆情分析报告》,《中

国文化遗产》2019 年第 6 期。

中国文化遗产研究院:《中国世界文化遗产 2019 年度保护状况总报告》,文物出版社,2020。

中国文化遗产研究院:《中国世界文化遗产 2020 年度保护状况总报告》,文物出版社,2021。

李六三、赵云、燕海鸣主编《文化遗产蓝皮书:中国世界文化遗产保护状况报告（2021~2022）》,社会科学文献版社,2023。

《中共中央办公厅、国务院办公厅印发〈长城、大运河、长征国家文化公园建设方案〉》,中华人民共和国中央人民政府,https://www.gov.cn/zhengce/2019-12/05/content_5458839.htm,最后检索时间:2023 年 12 月 18 日。

《国家文物局关于印发〈"十四五"石窟寺保护利用专项规划〉的通知》（文物保发〔2021〕34 号）,中华人民共和国中央人民政府,https://www.gov.cn/zhengce/zhengceku/2021-12/08/content_5659232.htm,最后检索时间:2023 年 12 月 18 日。

《大遗址保护利用"十四五"专项规划》（文物保发〔2021〕29 号）,中华人民共和国中央人民政府,https://www.gov.cn/zhengce/zhengceku/2021-11/19/content_5651816.htm,最后检索时间:2023 年 12 月 18 日。

B.9
气候变化背景下的世界遗产保护理论
发展及实践概述

付梓杰*

摘　要： 当前，气候变化已经成为国际社会广泛关注的跨领域热点议题，在世界遗产领域，气候变化理论和实践的发展经历了漫长的过程，以此为背景，本报告对气候变化背景下的世界遗产保护理论发展与实践历程进行了梳理。本报告认为，自联合国政府间气候变化专门委员会首次评估报告以来，遗产保护在整体气候变化体系中呈现出相对孤立的地位，遗产学界整体并未形成有关气候变化的统一认识。伴随着气候变化对世界遗产影响凸显，世界遗产领域不断深化对气候变化问题的认识与探索。以此为契机，以《针对气候变化对世界遗产影响的政策文件》为基础，世界遗产委员会逐渐对《操作指南》等文件进行修订，不断调整世界遗产的工作程序与机制。当前，针对气候变化，世界遗产领域内的反思与再认识仍然在进行中，及时跟进国际遗产学界在气候变化问题上的应对思路，有助于与我国实际国情下遗产状况相结合，形成兼顾国际视野与经验，面向我国遗产地实际需求的气候变化应对体系。

关键词： 世界文化遗产　气候变化　保护理论与实践概述

---

*　付梓杰，中国古迹遗址保护协会助理馆员，主要研究领域：遗产保护与管理、遗产展示与阐释。

1979 年，联合国全球气象组织（World Meteorological Organization，WMO）召开了首届世界气候大会，首次将气候变化对人类社会的影响作为议题纳入讨论议程。1988 年，伴随着日益严峻的气候变化状况影响，联合国环境规划署（United Nations Environment Programme，UNEP）与 WMO 共同成立了联合国政府间气候变化专门委员会（Intergovernmental Panel on Climate Change，IPCC），旨在针对气候变化的潜在诱因、影响与应对，以及与气候变化相关的科学技术、社会经济状况等问题开展综合评估工作，并为各国政府与有关机构开展推行与之有关的政策与规定提供必要的科学依据。1992 年，全球 154 个国家与地区在巴西里约热内卢签署了人类社会第一个合作应对全球气候变化的国际公约，即《联合国气候变化框架公约》（United Nations Framework Convention on Climate Change，UNFCCC），为气候变化的全球性治理框架的建立奠定了基础[1]。

然而，全球性的治理和应对工作并非一蹴而就，气候变化的有关议题影响广泛且复杂，时常与发展、能源等议题相联系，以至于成为国际社会讨论与博弈的焦点问题。以此为背景，伴随着国际社会谈判的不断深入，有关问题的共识不断得到形成与落实，并通过国际文件、协定等形式得到反映。如先后于 1997 年、2015 年和 2021 年通过的《联合国气候变化框架公约京都议定书》、《巴黎协定》与《格拉斯哥气候公约》，不仅对责任与义务进行了明确，同时也针对地球大气温室气体排放、全球气候变暖等共识性问题达成一致，推动了全球气候变化治理工作实践与认识的进步。

在气候变化的大背景下，世界遗产无法独善其身。21 世纪以来，极端气候现象频次的不断增高，对遍布全球的文化与自然遗产安全影响不断凸显，据世界遗产中心统计，1972~2023 年，全球共有遍布 62 个国家的 89 处世界遗产地正面临着气候变化与极端天气所带来的威胁，气候变化与极端天气逐渐成为世界遗产价值与安全的重要威胁之一[2]。在此情况下，以世界遗产委员会

---

① 黄惠康：《论气候变化全球治理的中国主张——纪念〈联合国气候变化框架公约〉开放签署30 周年》，《国际法学刊》2022 年第 4 期，第 1~33、154 页。

② World Heritage Center, "State of Conservation", accessed on 30 August 2023, https://whc.unesco.org/en/soc/?action=list&id_threats=130,129,128,127,244,12".

（World Heritage Committee,WHC）、国际古迹遗址理事会（ICOMOS）、国际文化财产保护与修复中心（ICCROM）为代表的遗产学界国际组织不断开展与之相关的理论研究与实践探索，逐步形成了气候变化背景下的世界遗产工作体系及风险应对机制，并以此为基础形成了一系列政策与导则性文件，用以指导《世界遗产公约》缔约国与遗产地的利益相关者应对气候变化可能造成的威胁。

以此为背景，本报告将以时间发展顺序为主轴，对世界遗产体系在气候变化议题上切入过程进行梳理，力图逐步描绘出在气候变化认识不断深入的背景下，世界遗产保护管理、预防监测等概念与实践的发展过程。

一 气候变化大背景下相对孤立的遗产保护

早在 1990 年发布的首次评估报告中，IPCC 便初步澄清了驱动气候变化的自然与人为要素，对未来气候变化的尺度进行了预测，并梳理了气候变化对农业和林业；自然地球生态系统；水文学和水资源；人类居住环境、能源、运输和工业各部门，人类健康和大气质量；海洋和海岸带；季节性雪盖、冰和永冻层等方面的影响[①]。

1995 年，IPCC 第二次评估报告进一步细化气候变化的影响范围，将受影响的范围重新整合并划分成为包括陆上和水上生态系统、水文和水资源管理、粮食和纤维、人类基础设施与人类健康在内的五个领域。在第二次评估报告中，IPCC 也对气候变化下的不同系统适应能力的重要性进行了阐述，划定了适应能力与气候变化脆弱性之间的反函数关系[②]。

2001 年，在既往研究数据的基础上，IPCC 第三次评估报告将"人类活动"界定为过去 50 年间大部分气候增暖现象的主要诱因，以此为背景，IPCC 提

[①] 世界气象组织 / 联合国环境规划署、政府间气候变化专门委员会:《气候变化 政府间气候变化专门委员会 1990 和 1992 年的评估:IPCC 第一次评估报告综述和决策者概要以及 1992 IPCC 补充篇》，1992，https://www.ipcc.ch/site/assets/uploads/2018/02/ipcc_90_92_assessments_far_full_report_zh.pdf，最后检索时间：2023 年 8 月 30 日。

[②] 政府间气候变化专业委员会:《IPCC 第二次评估:《气候变化 1995》，1995，https://www.ipcc.ch/site/assets/uploads/2018/05/2nd-assessment-cn.pdf，最后检索时间：2023 年 8 月 30 日。

出了名为"气候变化——一种综合框架"的综合评估思路（见图1），将由气候变化引起的次生现象、对人类和自然系统的影响、社会经济发展途径等要素间的因果循环进行了关联。并重新整理了气候变化的影响具象，将其在与自然和人类系统中易受影响的水文和水资源，农业和粮食安全，陆地和淡水生态系统，海岸线和海洋生态系统，人居、能源和工业，保险及其他金融服务机构，人体健康等七个方面中的影响进行了分析[①]（见表1）。

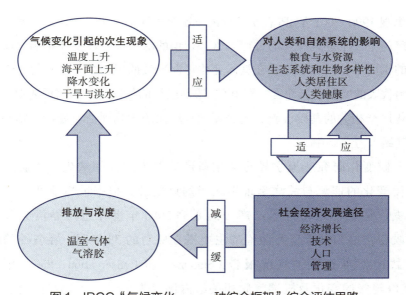

图 1　IPCC"气候变化——一种综合框架"综合评估思路

资料来源：《气候变化 2001 综合报告》。

表 1　IPCC 前三次定期报告中气候变化现象的影响因素		
第一次评估报告	第二次评估报告	第三次评估报告
农业和林业	陆地和水上生态系统	水文和水资源
自然地球生态系统	水文和水资源管理	农业和粮食安全

---

① 政府间气候变化专业委员会：《气候变化 2001：综合报告》，2001，https://www.ipcc.ch/site/assets/uploads/2018/08/TAR_syrfull_zh.pdf，最后检索时间：2023 年 8 月 30 日。

第一次评估报告	第二次评估报告		第三次评估报告
水文学和水资源	粮食和纤维		陆地和淡水生态系统
人类居住环境、能源、运输和工业各部门，人类健康和大气质量	人类基础设施		海岸线和海洋生态系统
海洋和海岸带	人类健康		人体健康
季节性雪盖、冰和永冻层			人居、能源和工业
			保险和其他金融服务机构

纵观 1990~2001 年 IPCC 所开展的三次报告评估，可以看出对气候变化的认识经历了一个逐渐深入的过程，这一认识的深入不仅体现在影响气候产生变化的诱因上，同时也体现在气候变化可能导致的影响结果上。但对以文化遗产为代表的文化领域而言，在 IPCC 层面进行的气候变化影响评估中，可能与文化遗产相关的基础设施、人居环境等层面的影响评估与分析，则始终没能将其纳入考量之中。

气候变化研究主流学界对文化遗产等要素关注的缺失，使遗产学界对气候变化的理解与关注呈现出相当的后发性。根据世界遗产中心统计的数据，从 1972 年《世界遗产公约》到 2005 年世界遗产委员会首次承认气候变化成为世界遗产面临的主要潜在威胁的 33 年间，在各缔约国提交的共计 4394 份保护状况报告（Statement of Conservation，SoC）中，仅有 99 份与气候变化及极端气候相关，占比仅为 2%[1]。占比如此之少，不仅是由于气候变化作为一种处于变化过程中的全球性问题，其对遗产安全造成的影响需要一定时间的积累才能得到表现，同时也是学界对气候变化是否和遗产安全有关、产生何种影响等问题尚未形成统一认识所致。

---

[1] World Heritage Center, "State of Conservation Information System", accessed on 30 August 2023, https://whc.unesco.org/en/soc.

二 世界遗产学界对气候变化问题认识的 初步深化与探索

2005 年，世界遗产委员会在当年举办的第 29 届世界遗产大会上形成了有关将尼泊尔的萨加玛塔国家公园、秘鲁的瓦斯卡兰国家公园、澳大利亚的大堡礁与伯利兹堡礁保护区四处世界遗产地列入《濒危世界遗产名录》的 29COM 7B.a.Rev 号决议。该决议正式承认了气候变化对世界遗产的潜在威胁，决议指出"无论是自然或文化遗产，气候变化正在影响，并可能在未来影响更多的世界遗产地"①。世界遗产委员会同时指出，应当鼓励《世界遗产公约》有关缔约国采取进一步行动，在遗产规划、监测与风险预防等工作体系中纳入与气候变化有关的内容，并通过世界遗产地网络，与咨询机构开展合作，梳理世界文化与自然遗产易受潜在的威胁，在此基础上开展具有针对性的策略研究。决议同时特别要求世界遗产中心、咨询机构与缔约国成立联合专家工作组开展研究，回顾当前气候变化现象所导致的风险灾害，协助起草应对气候变化的适应性策略。

在该会议决议的指引下，上述国际机构与以英国为代表的 15 个缔约国组成了联合工作组，召集了来自气候变化到遗产地管理者在内的专家学者与一线遗产从业者，通过案例分析的形式，在世界遗产的语境下，对部分世界遗产地受到的气候变化影响进行了分析与讨论。经过审慎讨论与合作，特别专家组形成了《世界遗产气候变化影响的预测和管理》（*Predicting and Managing the Effects of Climate Change on World Heritage*）与《协助缔约国开展适当管理回应的策略》（*A Strategy to Assist States Parties to Implement Appropriate Management Response*）两份主题调查报告，就气候变化及其对自然与文化世界遗产的影响、对《世界遗产公约》的影响进行了讨论，并列举了气候变化背景下世界遗产领域各利益相关者所能够开展的应对策略。

---

① World Heritage Committee, "Decision 29 COM 7B.a:Threats to World Heritage Properties", accessed on 30 August 2023, https://whc.unesco.org/en/decisions/351/.

《协助缔约国开展适当管理回应的策略》指出，对自然遗产而言，生物群落的绝大多数主体将受到气候变化的负面影响，而对文化遗产而言，气候变化的影响则涉及物质、社会和文化等层面。鉴于当前的经验，需要在国家和地区等层面开展一系列的管理回应以应对气候变化影响所带来的压力。然而，考虑到文化与自然遗产之间的紧密联系，气候变化所带来的影响对《公约》的实施而言既是挑战也是机遇，有助于拉近自然与文化遗产之间的联系。而在应对层面，鉴于气候变化对文化与自然遗产造成的影响各不相同，与之相关的应对策略应当尽可能涵盖不同的遗产类型[①]。

在具体有关气候变化的应对策略层面，《协助缔约国开展适当管理回应的策略》认为（遗产）保护是对变化的管理，气候变化是当今世界社会和环境面临的最为重要的全球挑战之一。因此，保护遗产所需要采取的行动包括以下三个方面。

（1）预防性措施：在个体、社区、机构和集体层面采取环保型策略和决定以监测、报告与中和气候变化所带来的影响；

（2）矫正性措施：通过全球和地区性策略与当地的管理计划来适应气候变化现实；

（3）智识共享：涵盖最佳实践案例、研究、沟通、公众与政治支持、教育与培训、能力建设、合作网络构建等。

在此基础上，采取的任何应对气候变化的策略应当：

（1）可以执行；

（2）可在任一层级开展；

（3）与其他倡议或行动产生联系支持；

（4）能够传播智识和专业性认识；

（5）解决实际应用与回顾可用资源；

（6）包括短期、中期和长期行动规划。

---

① World Heritage Committee, "Decision 30 COM 7.1:Issues related to the stage of conservation of World Heritage Properties: the Impacts of Climate Change on World Heritage Properties", accessed on 30 August 2023, https://whc.unesco.org/en/decisions/1046/.

以此为基础，专家组以全球（Global）世界遗产公约/地区（Regional）跨缔约国/缔约国（State Party）遗产地等三个不同层级为基础，为前文中划定的预防性、矫正性气候变化应对措施提供了不同的建议。如在预防性措施阶段，在全球层面，《世界遗产公约》应当在体制层面将气候变化有关的影响纳入遗产的定期报告、反应性监测与其他监测工作中，以确保实现全球性的气候变化影响评估。在地区层面，则应在开展监测性工作的基础上，对地区性的气候变化因子与趋势进行统计。在缔约国层面，则鼓励各遗产地在力所能及范围内，监测气候参数，开展可能的气候适应策略，并尽可能减少非气候性的遗产影响因子，提高气候变化韧性[1]。

同期专家组形成的《世界遗产气候变化影响的预测和管理》文件指出，根据现有气候模型和科学知识推断，在 2100 年时，全球气温将提升 1.4~5.8℃，同时地球将迎来一轮水循环的强化，极端降雨事件的发生频率逐渐提升。与此同时，干旱与半干旱地区将迎来更为频繁的干旱情况。此外，到 2100 年时，全球海平面将提升 0.09~0.88 米，风暴潮的发生频率将逐渐提升[2]。

以此为背景，气候变化现象可以预见的加剧，以及次生灾害频率的逐步走高，海平面升高、全球变暖等现象的累计，一方面将不可避免地对地球生态环境造成影响，危及生物、山地、海洋生态系统等环境的多样性与丰富性。另一方面，气候变化也会对包括农业、人类健康、林业与基础设施等在内的社会系统造成无法忽视的影响。而在气候变化带来的复杂影响下，自然与文化遗产同样面临着不可小觑的危机。

《世界遗产气候变化影响的预测和管理》报告指出，对于文化遗产而言，长期与短期的气候变化将导致土地中的水文、化学和生物平衡现象产生变化，

---

[1]　World Heritage Committee, "Decision 30 COM 7.1:Issues related to the stage of conservation of World Heritage Properties: the Impacts of Climate Change on World Heritage Properties", accessed on 30 August 2023, https://whc.unesco.org/en/decisions/1046/.

[2]　World Heritage Committee, "Decision 30 COM 7.1:Issues related to the stage of conservation of World Heritage Properties: the Impacts of Climate Change on World Heritage Properties", accessed on 30 August 2023, https://whc.unesco.org/en/decisions/1046/.

进而导致埋藏、保存在地下的特殊材质考古材料受到影响。对历史建筑而言，其相较于现代建构筑物与地面有着更为密切的联系，历史建筑的墙面与楼层在地下水和表面蒸发过程中发挥着重要的作用，气候变化所带来的地表与土壤中的水分增加，将导致更大层面的盐分转移，进而在干燥后破坏建筑表面装饰。

对木头或其他有机建筑材料而言，其可能受到由气候变化催生的生态型威胁，如不同海拔和维度的害虫侵袭等。此外，在气候变化的大背景下，洪涝灾害和长时间的浸泡，以及洪涝后的干化，将促使具有危害性的微生物生长，进而影响建构筑物类遗产的安全。此外，对考古遗址与纪念物而言，洪涝灾害所带来的侵蚀效应，也将不可避免地对遗产造成影响。气候变化在不同地区所引发的极端天气与次生气象灾害，如飓风、土地沙漠化等，也会对位于特定区域的文化遗产的安全造成威胁[①]。

作为协助世界遗产委员会为代表的遗产学界介入气候变化契机的基础性科学报告，《世界遗产气候变化影响的预测和管理》《协助缔约国开展适当管理回应的策略》两份文件较为系统全面地对气候变化这一全球性现象对世界遗产的影响进行了梳理。不仅基于不同类型的遗产特点与各地所面临的气候变化及次生灾害种类，对气候变化可能导致的影响和病害进行了进一步细化。同时也在研究的基础上初步提出了遗产保护过程中不同层级应对气候变化的策略，尝试建立"预防性—矫正性—分享性"的三重应对体系。整体来看，两份报告一方面提升了以世界遗产委员会为代表的世界遗产决策机构对气候变化的认识，另一方面，以上报告的面世则成为遗产学界介入气候变化议题的契机，为未来的多学科视野下的遗产气候变化研究与应对，乃至更为健全完善的遗产监测体系等的建立提供了基础。

---

① World Heritage Committee, "Decision 30 COM 7.1:Issues related to the stage of conservation of World Heritage Properties: the Impacts of Climate Change on World Heritage Properties", accessed on 30 August 2023, https://whc.unesco.org/en/decisions/1046/.

三 由《针对气候变化对世界遗产影响的政策文件》 驱动的气候相关议题探索深化

2006 年，于立陶宛维尔纽斯举办的第 30 届世界遗产大会对特别专家组的成果进行了审议，形成了 30 COM 7.1 号决议。该决议要求各缔约国在主题报告的指导下，采取必要的手段与措施保护气候变化影响下世界遗产地的突出普遍价值、真实性与完整性。决议指出缔约国、世界遗产中心与 IPCC 应加强合作，在 IPCC 的未来评估报告纳入世界遗产有关的章节，并特别要求世界遗产中心在气候变化领域专家和遗产保护管理工作者的参与下，起草专门适用于世界遗产地的应对气候变化政策文件，供委员会审议 ①。

2007 年，为落实会议决议，世界遗产中心出版了《世界遗产与气候变化案例研究》(Case Studies on Climate Change and World Heritage)，通过对全球各个大洲的部分冰川（Glaciers）、海洋（Marine）、陆地（Terrestrial）、考古遗址（Archaeological Sites）以及历史城市与聚落（Historic Cities and Settlements）类世界遗产进行分析，探明日益严重的气候变化现象对世界遗产地的影响，并探索目前已经或可能启用的气候变化缓解应对措施 ②。以此为背景，在大量与气候变化有关的世界遗产案例、策略研究的基础上，于同年举办的第 16 届缔约国大会通过了《针对气候变化对世界遗产影响的政策文件》（以下简称《政策文件》），主要围绕《世界遗产公约》与其他国际公约与组织的协同、未来研究需求、法律问题与工作机制、世界遗产社区的节能减排问题进行讨论，并为世界遗产地的决策者与政策制定者提供指导 ③。

---

① World Heritage Committee, "Decision 30 COM 7.1: Issues Related to the State of Conservation of World Heritage Properties: the Impacts of Climate Change on World Heritage Properties", accessed on 30 August 2023, https://whc.unesco.org/en/decisions/1046/.

② Augstin Colette, Kisore Rao, Bastian Bomhard, Alton C. Byers, et al., "Case Studies on Climate Change and World Heritage", accessed 30 August 2023, https://whc.unesco.org/en/activities/473.

③ WHC, "16 GA 10 Policy Document on the Impacts of Climate Change on World Heritage Properties", accessed on 30 August 2023, https://whc.unesco.org/en/decisions/6462/.

　　《世界遗产公约》与其他国际公约与组织的协同，其本质是推进遗产学界与气候变化相关专业领域的合作与沟通，《政策文件》分别从全球和缔约国两个层面对协同工作进行了引导。在全球层面，《政策文件》指出，在气候变化议题上，要充分利用各组织的优势，尊重其职能与机制，进而提高《世界遗产公约》实施时的效率。此外，在《政策文件》的指引下，世界遗产中心与咨询机构应当同缔约国以及其他相关组织开展合作，在开展定期报告、反应性监测和其他研究工作中对气候变化的应对、适应等进行适当的评估，并基于 UNFCCC 提出的方法与工具，以评估气候变化的影响、脆弱性等。

　　而在缔约国层面，《政策文件》指出了《世界遗产公约》在协助单个缔约国应对气候变化过程中的局限性，除需要与气候变化的政策决策者合作应对气候变化对遗产保护的影响外，对缔约国而言，也应当积极融入 UNFCCC 和联合国框架下的其他气候协定中，通过建立起主题性、地区性和全球性的视域来实践气候变化应对的中和策略。此外，缔约国也应当积极将气候变化有关信息适当地融入交流、教育工作中，唤起公众对气候变化与世界遗产面临影响的意识，从而为未来可能的应对工作奠定基础[1]。

　　在研究需求层面，《政策文件》认为，对世界遗产而言，其面临的主要挑战来自数据、能力、相关资源的缺失，以及由此导致的对气候变化给遗产保护造成的影响了解不充分等问题。因此，为应对气候变化给世界遗产带来的挑战，如何弥补知识、信息和能力方面的空白，通过适当的脆弱性评估决定干预措施的优先级，是遗产气候相关议题未来的研究方向。以此为基础，《政策文件》指出，世界遗产地的管理者与研究者应当多开展包括火灾、干旱、洪涝等与气候变化相关的风险因子的研究，以支撑世界遗产地制定有关灾害风险的规划。此外，剖析气候变化造成的经济、社会影响，探究威胁世界遗产地气候变化韧性的自然与其他压力因素，同样也应该作为世界遗产地优先的研究项目得到落实。

　　作为联合国教科文组织框架下关注世界遗产申报、保护管理的国际性公

---

① WHC, " 16 GA 10 Policy Document on the Impacts of Climate Change on World Heritage Properties", accessed on 30 August 2023, https://whc.unesco.org/en/decisions/6462/.

约,《世界遗产公约》如何通过除《濒危遗产名录》以外的工作机制回应气候变化议题,则是"法律问题与工作机制"一节重点关注的问题。《政策文件》指出,《世界遗产公约》第四、第五与第六条,分别奠定了缔约国处理与世界遗产地有关的气候变化问题的法理基础、责任与工作方法。而在此基础上,为更好应对气候变化给世界遗产造成的威胁,应当按需求修订《操作指南》,建议从世界遗产申报、遗产监测、定期报告、管理规划与管理系统等方面着手,纳入与气候变化有关的内容,强化世界遗产地管理者、决策者应对气候变化及其次生灾害的能力。

除此之外,《政策文件》强调了起草《可供区分易受气候变化影响的世界遗产地的标准》(*Criteria for Identifying World Heritage Properties Most Affected by Climate Change*)与《气候变化背景下世界遗产预防性决策》(*The Precautionary Approach in World Heritage Decision-making in Context of Climate Change*)的重要性,以便进一步完善世界遗产在面对气候变化时的风险灾害评估体系和中和适应方法,同时提升缔约国与咨询机构在面对可能对世界遗产地造成影响的气候变化灾害与不确定性因素时的预防性决策能力[①]。

在此基础上,《政策文件》也树立了世界遗产委员会在处理气候变化方面的准则,包括:

(1)世界遗产委员会将与其他有责任、有资源的气候变化相关组织开展合作,以更好应对对(世界遗产)突出普遍价值、完整性与真实性造成影响的气候变化现象;

(2)世界遗产委员会将鼓励与气候变化相关的研究,并努力影响、支持相关合作伙伴推进研究工作;

(3)世界遗产地将在适当的情况下成为有效提升人们关注气候变化对遗产影响认识的手段,并在有关国际辩论中充当催化剂,以获取减缓气候变化的政策支持,同时在脆弱性评估、适应策略、减缓机会与试点项目中发挥案例作用;

---

① WHC, "16 GA 10 Policy Document on the Impacts of Climate Change on World Heritage Properties", accessed on 30 August 2023, https://whc.unesco.org/en/decisions/6462/.

（4）气候变化将在世界遗产地的申报、管理、监测与相关状况报告等工作中得到考虑；

（5）在考虑气候变化对世界遗产突出普遍价值、真实性、完整性构成的威胁时，世界遗产委员会将使用《世界遗产公约》与《操作指南》的现有工具（如《濒危世界遗产名录》）和工作程序（如反应性监测、定期报告）。在《操作指南》的修订时，委员会将考虑列入关于气候变化的具体条款。

总体来看，《政策文件》的出现，不仅使包括世界遗产委员会在内的遗产学界国际机构与组织在开展气候变化应对与研究工作时有了可以凭依的指导工具，同时也切实推动了世界遗产在保护管理、监测评估等方面的机制调整与改革。

四　气候变化大背景下世界遗产的工作程序调整与完善

以该文件为基础，《操作指南》后续分别对其第 179 段、第 180 段与第 181 段进行了修订，均纳入了与气候变化应对有关的内容，如第 179 段 b 段第（vi）款，将原文的"由地理、气候和其他环境要素引起的缓慢变化"更改为"由气候、地理与其他环境因素造成的威胁影响"。又如第 180 段 b 段新增第（v）条内容，将"气候、地理和其他环境因素所造成的威胁影响"纳入世界自然遗产面临的潜在危险之一。第 181 段，则将"可能影响世界遗产地完整性的要素"等表述，修改为"可能影响世界遗产地完整性的威胁与其潜在影响"[1]。

此外，《操作指南》也在遗产地的管理系统、国际援助等方面对既有条文进行了修订，推动了世界遗产保护管理机制对气候变化问题的响应。如第

---

[1]　原文为"the factor or factors which are threatening the integrity of the property"，第 32 届世界遗产大会 7A.32 号决议将其调整为"threats and/or their deleterious impacts on the integrity of the property"。

111 条 d 段，要求有效的管理规划应当评估遗产可能受到的来自社会、经济及其他方面的压力，如灾难和气候变化，监测时下各种趋势和干预活动对遗产的影响。又如第 118 段和第 118bis 段，要求《世界遗产公约》缔约国将灾害、气候变化和其他风险防范作为世界遗产管理规划和培训战略的组成部分进行考虑，并积极开展环境影响评估、遗产影响评估和 / 或战略影响评估，确保世界遗产地的突出普遍价值得到长期保护，并加强遗产抵御灾害和气候变化的能力[①]。

气候变化的有关表述，更加清晰、更加明确地出现在《操作指南》等世界遗产工作文件中，有利于推动将全球性气候应对问题与现有的世界遗产工作体系进行联系。除《政策文件》外，同期世界遗产外部的气候变化有关文件，如《联合国 2030 可持续发展议程》，《巴黎气候协定》等文件的面世与施行，同样推动着气候变化大背景下世界遗产相关议题的讨论与建设。伴随认识的进一步深入，愈来愈多的学者与从业者开始关注气候变化现象及其次生灾害对世界遗产地的威胁。

据统计，2007 年以来，世界遗产中心共收集到约 212 份诱因为气候变化的遗产地保护状况报告（见图 2），其中与文化遗产相关的保护状况报告有 111 项，有关自然遗产的报告 94 项，有关混合遗产的报告 7 项。如将上述数据与 2007 年之前进行对比，可以发现报告总量增长近 1 倍之多，其中文化遗产、自然遗产与混合遗产各单类报告的数量都有显著提升[②]。数据总量的提升，一方面反映了气候变化现象的客观增加，展现了当前遍布全球的不同类型世界遗产地所面临的严峻气候问题，另一方面，反映了以《政策文件》为代表的文件、报告在应对气候变化影响方面的重要作用[③]。

---

① 联合国教育、科学及文化组织，保护世界文化与自然遗产政府间委员会，世界遗产中心联合印发，中国古迹遗址保护协会译《实施〈保护世界文化和自然遗产公约〉操作指南》。

② WHC, "State of Conservation Information System", accessed on 30 August 2030, https://whc.unesco.org/en/soc.

③ 付梓杰、高晨翔、张思宇：《从世界遗产委员会到缔约国：遗产气候变化应对工作的发展、困境与启示》，《世界遗产公约五十周年论文集》。

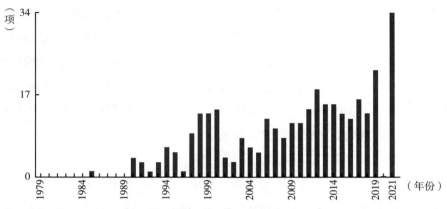

图 2　1979~2021 年与气候变化相关的世界遗产保护状况报告数量

资料来源：世界遗产中心。

　　以《政策文件》为契机，加之联合国《2030 年可持续发展议程》（*Transforming our World:The 2030 Agenda for Sustainable Development*）和 UNFCCC 框架下《巴黎气候协定》等文件的问世，以世界遗产委员会等为代表的专业机构加速了对气候变化应对议题的讨论与研究，先后出版了《世界遗产灾害风险管理》（2010）、《世界自然遗产地适应气候变化实用指南》（2014），以及《气候变化下的世界遗产与旅游业》（2016）等工具文件，旨在深化遗产领域行业认识，提高遗产地工作者、管理者与其他利益相关者对气候变化现象的鉴别能力，提升对气候变化及其引发的次生灾害的中和、应对能力。此外，相关报告也从可持续性的角度，对气候变化与其他影响世界遗产地的要素，如城市化、污染、自然资源枯竭、旅游发展的关系进行了探索。

五　面向未来的对世界遗产领域气候变化问题的反思与再认识

　　伴随着气候变化影响适应和中和工作经验的不断积累，以及有关气候议题讨论的不断深入，尤其是国际法框架下有关"共同但有区别责任"等问题的探讨与博弈，既有的气候变化公约与共识不断更新，在这一背景下，世界遗产领域的气候变化议题也需要因时制宜做出改变。

2017 年，世界遗产委员会在第 40 届世界遗产大会上做出决议，一方面鼓励世界遗产中心加强与 UNFCCC、IPCC 等气候领域国际性组织的沟通与合作，进一步梳理气候变化对世界遗产地的影响，并在未来将世界遗产纳入 IPCC 评估报告。另一方面，委员会要求中心与咨询机构对政策文件进行阶段性回顾与更新，以使其符合当前气候变化应对前沿认识与技术，建立健全世界遗产领域内的气候变化应对工作体系[①]。

以此为背景，在委员会的牵头下，《政策文件》的修订工作自 2017 年正式启动。相较于 2007 年的文本，《政策文件》的修订目标旨在确保其扎根于世界遗产体系中，符合《世界遗产公约》的基本框架；并确保其与联合国《2030 年可持续发展议程》、可持续发展目标、《巴黎气候协定》以及其他的世界遗产政策有着清晰的联系。此外，修订后《政策文件》还需要纳入对当代气候政策与科学、当地居民权益与传统知识的考虑，并进一步明确教育与能力建设在气候变化应对中的重要性，厘清各利益相关者在气候变化应对与遗产保护中的角色与责任[②]。

然而，与气候变化议题的复杂化议事相同，针对《政策文件》的修订依然面临重重困难，尽管第 44 届世界遗产大会期间，委员会认可了《政策文件》的基本修订草案，但该文件的落实仍需就 UNFCCC 框架下的共同但有区别的责任和能力（CBDR-RC）的基本原则，基于 CBDR-RC 的气候变化缓解行动和 UNFCCC 和《巴黎协定》的"国家自主决定贡献"共识，以及由发达国家向发展中国家的鼓励性技术转移与能力建设三项议题进行磋商[③]。气候变化议题的复杂性，《政策文件》的修订与整个世界遗产框架下的气候变化应对工作提出了挑战。

---

① WHC, "Decision 40 COM 7-State of Conservation of World Heritage Properties", accessed on 30 August 2023, https://whc.unesco.org/en/decisions/6817.

② WHC, "The Technical Advisory Group of Experts", accessed on 30 August 2023, https://whc.unesco.org/en/climatechange/.

③ UN, "United Nations Framework Convention on Climate Change", accessed on 30 August 2023, https://unfccc.int/resource/docs/convkp/conveng.pdf.

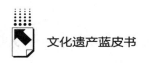

六　结语

当前，除世界遗产委员会外，包括国际古迹遗址理事会（ICOMOS）在内的其他世界遗产学界机构也在不断加强对气候变化议题的参与和关注。如2018年，ICOMOS出版了其首个气候变化相关的科学报告《我们过去的未来：气候行动下的文化遗产参与》（*Future of Our Pasts: Engaging Cultural Heritage in Climate Action*），该文件对多个气候变化大背景下的文化遗产问题进行了回应，对包括文化遗产与气候变化之间的内在联系，遗产、气候行动与可持续发展目标之间的关系，遗产作为气候行动内在资源，文化遗产与气候科学的整合等议题进行了探讨。国际文化财产保护与修复中心（ICCROM）则在遗产灾害防治与韧性构建的体系下，对包括气候变化在内的遗产安全影响因素进行了探讨。

我国目前保有57处世界遗产，其中文化遗产39项、自然遗产14项、混合遗产4项。在气候变化的大背景下，数量众多、类型丰富、分布广泛的遗产资源，意味着其可能面临着更加多样、更加复杂的气候变化影响。近年来，我国极端气候频发，极端降水、极端高温等气候灾害频繁见诸报端，一方面对我国人民群众的生命财产安全造成了威胁，另一方面，也使我国世界遗产地，尤其是世界文化遗产地，面临着前所未有的保护管理与监控防范压力。以此为背景，了解气候变化大背景下世界遗产保护管理理念与实践的演变，不仅有助于及时跟进国际遗产学界在气候变化问题上的应对思路，同时也有助于与我国实际国情下遗产状况相结合，形成兼顾国际视野与经验，面向我国遗产地实际需求的气候变化应对体系。

B.10
大运河国家文化公园调研报告

摘　要： 本报告深入评估了大运河国家文化公园建设总体进展情况，特别是大运河文化遗产保护传承利用情况，包括以大运河为核心的历史文化资源挖掘以及大运河文化在中华文化中的标识意义展示情况，大运河文化遗产保护同生态环境保护提升、沿线名城名镇保护修复、文化旅游融合发展、运河航运转型提升等有关工作情况，大运河文化国际传播情况，数字化赋能大运河国家文化公园建设，综合运用现代信息和传媒技术手段，加强大运河文化遗产数字化保护与传承弘扬情况等。在掌握充分翔实的最新汇报材料与实地调研基础上，报告就大运河文化遗产保护传承利用和大运河国家文化公园建设面临的主要问题和困难进行了分析与总结，并对下一步工作考虑及未来着力方向提供了具体的意见与建议。

---

* 课题组成员：赵云，中国文化遗产研究院中国世界文化遗产中心（中国世界文化遗产监测中心）主任、研究馆员，主要研究领域：世界文化遗产、文物保护；王喆，中国文化遗产研究院中国世界文化遗产中心（中国世界文化遗产监测中心）高级工程师，主要研究领域：世界文化遗产的保护与监测；罗颖，中国文化遗产研究院中国世界文化遗产中心（中国世界文化遗产监测中心）工程师，主要研究领域：世界文化遗产保护状况、遗产监测；李雪，中国文化遗产研究院中国世界文化遗产中心（中国世界文化遗产监测中心）助理工程师，主要研究领域：世界文化遗产、文物保护；范家昱，中国文化遗产研究院中国世界文化遗产中心（中国世界文化遗产监测中心）工程师，主要研究领域：世界文化遗产保护管理规划、遗产展示利用；赵瑗，中国文化遗产研究院中国世界文化遗产中心（中国世界文化遗产监测中心）工程师，主要研究领域：世界文化遗产、共享交流；郝爽，中国文化遗产研究院中国世界文化遗产中心（中国世界文化遗产监测中心）助理工程师，主要研究领域：世界文化遗产；刘懿夫，中国文化遗产研究院中国世界文化遗产中心（中国世界文化遗产监测中心）工程师，主要研究领域：世界文化遗产保护管理、监测研究等。

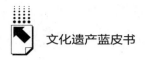
关键词： 大运河国家文化公园　保护传承利用　调研评估

习近平总书记指出，大运河是祖先留给我们的宝贵遗产，是流动的文化，要统筹保护好、传承好、利用好。为贯彻落实党中央、国务院领导关于大运河保护传承的系列批示、指示精神，加快推进运河国家文化公园建设工作，2023 年 5 月中国文化遗产研究院对大运河文化公园建设开展调研工作。

本次调研工作基于《大运河国家文化公园建设保护规划》（2021 年 8 月国家文化公园建设工作领导小组印发）、《大运河文化遗产保护传承专项规划》（2020 年 7 月 1 日国家文物局、文化和旅游部、国家发展和改革委员会联合印发）梳理出的 69 个核心指标，重点调查分析两个规划公布以来的实施情况和问题，梳理大运河沿线各省市大运河国家文化公园建设的工作特点，旨在为下阶段高质量推进大运河国家文化公园建设提供技术支持和专业指导。

一　大运河国家文化公园建设成效

（一）坚持保护优先，打造全球范例

在大运河申遗工作对遗产保护状况极大改善的基础上，随着大运河国家文化公园建设，大运河遗产保护情况得到显著提升：大运河的文化内涵得到了极大扩展；大运河的保护不再拘泥于文物工作，而是与改善生态环境、带动经济社会发展、提升社会整体利益相结合；大运河遗产的保护状况得到进一步优化，各项保护工程有序推进，考古、研究齐头并进；跨行业的保护利用工作效果初见；法律法规体系逐步健全，空间管控逐步完善，跨部门、跨区域协调机制初步成型；监测预警工作得到高度重视。从世界范围来看，我国大运河国家文化公园建设工作，在探索遗产保护与可持续发展结合方面，是具有重要示范意义的重要实践。

1. 完善法定保护，夯实运河文物保护基础

遗产保护法规、规划持续完善。多省市出台大运河保护专项法规，近年

公布实施省级法规或政策文件 4 项（见表 1），出台省级保护传承、国家文化公园等规划 13 项（见表 2），并持续开展保护规划评估与修编工作。

表 1　近年公布实施的省级大运河保护专项法规或政策文件		
名称	公布单位	公布时间
《关于促进大运河文化带建设的决定》	江苏省人民代表大会常务委员会	2019 年
《浙江省大运河世界文化遗产保护条例》	浙江省人民代表大会常务委员会	2020 年
《天津市大运河文化遗产保护利用条例》	天津市人民代表大会常务委员会	2022 年
《河北省大运河文化遗产保护利用条例》	河北省人民代表大会常务委员会	2022 年

表 2　近年公布实施的省级大运河保护传承、文化公园相关规划	
名称	公布时间
《大运河遗产保护规划（北京段）》	2012 年
《北京市大运河文化带保护建设规划》	2018 年
《北京市大运河文化保护传承利用实施规划》	2019 年
《河北省大运河文化保护传承利用实施规划——文化遗产保护传承专项规划》	2020 年
《河南省大运河文化保护传承利用实施规划》	2020 年
《河南省大运河文化遗产保护传承规划》	2021 年
《大运河国家文化公园（河南省）建设保护规划》	—
《江苏省大运河文化遗产保护传承规划》	2021 年
《江苏省大运河文化旅游融合发展规划》	2021 年
《安徽省大运河文化旅游融合发展规划》	2021 年
《大运河国家文化公园（安徽段）建设保护规划》	2022 年
《安徽省大运河文化遗产保护传承规划》	2022 年
《大运河国家文化公园（浙江段）建设保护规划》	2022 年

空间管控逐步完善。省级层面出台 5 项核心管控区国土空间管控办法（见表 3），厘清不同保护区划间的关系、明确了管控要求。浙江编制《浙江省大运河核心监控区建设项目准入负面清单》，山东、河南、浙江将大运河保护区划纳入国土空间基础信息，进一步严格涉建项目审批。

表 3　近年公布实施的省级大运河核心管控区国土空间管理办法

名称	公布时间
《大运河江苏段核心监控区国土空间管控暂行办法》	2019 年
《大运河河南段核心监控区国土空间管控办法（试行）》	2020 年
《大运河天津段核心监控区国土空间管控细则（试行）》	2020 年
《大运河安徽段核心监控区国土空间管控规定》	2021 年
《浙江省大运河核心监控区国土空间管控通则》	2021 年

重要文物保护项目有序进行。大运河沿线各省市均开展了大量大运河相关文物保护工程，《大运河国家文化公园建设保护规划》确定的重要遗址遗迹保护传承工程中有 66.7% 的项目已经启动实施，《大运河文化遗产保护传承规划》确定的重点水工遗存保护项目的落实率达到 55.6%。文物保护最新理念与技术得到广泛应用，北京、山东、江苏等地实施了文物预防性保护工程、数字化保护工程，保护工程的科学性、有效性得以提升。

2. 健全管理体制，实现公园建设责任落实

"省总负责、分级管理、分段负责"的要求得到初步落实。天津、山东、江苏、安徽、浙江成立了大运河文化保护传承工作和国家文化公园建设领导小组，统筹推进大运河文化公园建设工作。江苏、浙江等地将大运河文化带和国家公园建设任务纳入县区高质量发展考核指标体系。

跨区、跨部门协调机制初步建立。北京会同天津、河北建立大运河保护利用会商机制，探索以文化建设促进区域合作新模式。山东建立省际会商协调机制，定期召开联席会议。天津市西青区成立了区域和产业协同办公室，设立编制 19 人，通过建立专职机构统筹协调大运河保护传承和国家文化公园建设工作。

3. 探索保护模式，打造遗产保护创新样板

深入挖掘遗产资源，广泛开展考古研究。2017 年以来，河南共有 7 项大运河考古发掘成果入选历年"全国十大考古新发现"，分别为 2017 年洛阳东汉帝陵考古调查与发掘、新郑郑韩故城遗址，2020 年巩义双槐树遗址、洛阳伊川徐

阳墓地，2022 年偃师二里头都邑多网格式布局、安阳殷墟商王陵及周边遗存、开封州桥及附近汴河遗址。相关研究取得长足进展，形成了大量科研成果与专著。

探索地方标准，指导规范大运河保护管理。杭州发布多项大运河相关标准，涵盖遗产监测、档案管理、驳坎保护、导览标识、历史环境保护等方面。

跨行业大保护，特殊类型遗产保护体系初具雏形。北京、山东、河南等地开展水利遗产专项调查及重要水利工程设施保护修缮工程，北京公布了第一批"北京市水利遗产名录"，为进一步完善运河遗产的保护打下坚实基础。

4. 创新技术手段，加强运河遗产监测预警

综合运用现代信息和技术，从建立数字资源管理平台、遗产监测预警体系、数字化展示等入手，深入践行习近平总书记"运用先进技术加强文物保护和研究"的指示精神。已完成 7 项大运河监测预警系统的建设工作，并逐步推进已有平台的互联互通；浙江、河南、江苏开展省级大运河监测预警平台建设，推进省—市监测数据互通。北京、山东、江苏、浙江应用数字化手段，形成数字化档案资料，达到综合展示、管理、保护的目的。

（二）立足遗产价值，弘扬时代精神

为进一步彰显大运河文化在中华文化中的标识意义，各省高度重视大运河文化宣传展示工作，按照国家统一部署，结合地方实际，大力开展场馆建设，深化展示利用，积极组织文化活动与对外交流，展示利用体系初步建成，中华文化重要标识基本成型，文化精神及当代价值突显，大运河文化逐渐融入沿线人民生活并远播海外，取得了广泛的社会效益。

1. 现场展示与场馆展示结合，中华文化重要标识基本成型

专题博物馆、考古遗址公园展示体系逐步完善，展示利用方式多样化，文化阐释能力逐步增强。在《大运河文化遗产保护传承规划》确定的 3 项专题博物馆重点项目中，江苏扬州中国大运河博物馆、河南洛阳隋唐大运河文化博物馆已完成建设并开放，山东济宁河道总督府遗址博物馆建设已近尾声。5 项考古遗址公园重点项目稳步推进（见表 4），北京汉代路县故城考古遗址

公园预计 2024 年实现开园。《大运河国家文化公园建设保护规划》中确定的 9 项主题博物馆中，4 项完成建设或提升工作（见表 5），占总体的 44.4%，其他项目正积极开展实施。展示利用方面，以"舟楫千里——大运河文化展"为代表的精品展览频出，智慧文旅平台、智慧博物馆等数字项目持续推进。

表4　考古遗址公园重点项目		
序号	考古遗址公园重点项目	工程进展
1	北京汉代路县故城考古遗址公园	预计 2024 年实现开园
2	江苏清口枢纽遗址公园	保护规划修编中
3	山东南旺枢纽遗址公园	推进中
4	河道总督府遗址公园	推进中
5	河南北宋东京城汴河遗址公园	考古发掘中

表5　主题博物馆建设情况		
序号	主题博物馆	工程进展
1	扬州中国大运河博物馆	已完成
2	大运河（北方民俗）文化博物馆	推进中
3	大运河水工科技馆	推进中
4	浙东运河博物馆	已完成
5	中国水利博物馆	推进中
6	淮北隋唐大运河博物馆	已完成
7	河道总督府遗址博物馆	推进中
8	大运河南旺枢纽博物馆	推进中
9	隋唐大运河文化博物馆	已完成

2. 阐释渠道拓展，大运河精神深入民心

各省市加强媒体宣传，孵化艺术创作生产，筹办文化活动，加强社会参与，运河当代价值与精神融入人民生活，取得广泛社会影响。各地积极举办

公众文化活动与媒体宣传活动；北京联合全国 30 多家电视机构共同推出国家文化公园系列融媒体直播；河南州桥遗址考古成果广受社会关注，持续受到新华社等主流媒体跟踪报道。社会参与全面加强，北京发起大运河遗产监测公众活动；江苏开设"大运河文化"等教育课程，覆盖全省 12 所学校；山东大力实施"非遗小课堂"社区传承服务工程；浙江广泛开展青少年志愿者活动。

3. 运河文化扬帆出海，讲好中华文明故事

打造国际平台，深化对外交流，探索海外出版，传播中国运河文化，扩大国际影响力。江苏扬州持续举办世界运河城市论坛，成为全球宣传运河文化重要平台；北京开展北京（国际）运河文化节，提升大运河国际影响力；安徽举办 2022 大运河主题旅游海外推广季，在多国驻外机构官网推送运河文旅资讯；江苏常州摄制文化节目《大运河》，通过央视国际频道进行海外传播，覆盖全球约 3.5 亿观众。

（三）遗产融合发展，保护利用形态多样繁荣

为贯彻落实习近平总书记"要把大运河文化遗产保护同生态环境保护提升、沿线名城名镇保护修复、文化旅游融合发展、运河航运转型提升统一起来，为大运河沿线区域经济社会发展、人民生活改善创造有利条件"的指示、批示精神，大运河沿线各省市结合大运河自身遗产价值特性和地域特色，在遗产融合发展方面开展了一系列有益的探索和实践。

1. 以传承价值为核心，打造运河新时代新功能

持续推进大运河生态保护治理，实现全线贯通。各地积极筹建运河文化生态公园，拓展绿色生态空间，大运河生态功能和服务价值显著提升。2022 年 4 月，京杭大运河实现百年来首次全线贯通，大运河生态环境提升取得重大进展。截至 2023 年，国家文化公园建设规划要求的 4 处运河文化生态公园已建成或者正在实施，具体包括北京通州大运河森林公园、泗县石龙湖国家湿地公园、山东台儿庄运河国家湿地公园、杭州运河中央公园。

在用河段治理管理不断加强，推进航运绿色发展。江苏省持续实施绿色

现代航运综合整治工程，通过航道达标治理、港口提质升级、发展绿色船舶等手段，全面提升了航运效能及服务水平。

2. 统筹推进整体保护，助力当地文化保护传承

统筹推进大运河沿线各项遗产资源保护，助力当地文旅事业高质量发展。传统村落保护重点项目——苏州市牵头的江南水乡古镇联合申遗工作有序开展，遗产价值体系进一步凝练；北京潞县古镇、山东南阳古镇、安徽临涣古镇共3处沿线代表性传统村落保护一般项目持续推进。晋冀豫抗日根据地文物保护利用片区、苏北抗日根据地文物保护利用片区共2处革命文物保护利用片区保护工作进展顺利，尤其是后者已实施完成或正在实施保护项目6个，文物保存状态得到显著提升。常州大成纺织厂、浙江杭氧老厂区遗址、嘉兴冶金机械厂共3处重要工业文化遗产的保护利用项目有序推进。山东省夏津黄河故道古桑树群、安徽泗县石龙湖湿地农业系共2处重要农业文化遗产的保护利用项目取得重要进展。

积极推进大运河周边环境综合治理，促进构建和谐共生的景观环境。安徽省结合泗县北部新城建设，对运河沿线棚户区进行整体易地搬迁安置，改造污水管网体系，分流处理雨污，先后实施运河城市景观带建设、黑臭水体治理、沿线人居环境整治项目，实现了河清岸绿人美。

（四）汲取国际经验，形成国际遗产保护最佳实践

各级政府和相关部门汲取国际优秀案例经验，在深入实践中初步探索出一条符合我国国情的大运河文化遗产保护之路，形成了国际文化遗产保护的最佳案例，为发展中国家提供了优秀借鉴。

构建以价值为核心的遗产活化利用措施，形成中国范例。苏州、杭州、洛阳等城市关注对遗产所在地原始物质和精神场域的使用，注重保持大运河遗产本身的样貌、周边环境、文化氛围，不搞大拆大建，如苏州市积极开展大运河沿线历史文化街区修缮工作，保护街区空间肌理和空间格局，杜绝拆真建假，同时对古建老宅进行修复，鼓励活化利用。加强生态系统保护与修复，综合提升人居环境质量。

　　构建广泛、多层次遗产保护管理方法，实践中国模式。构建国家、省和地方三级保护管理体系：国家层面统一规划策略，探索构建区域统筹协调、地方特色突出的遗产保护利用体系；省级层面建立协调沟通平台，充分交流不同利益相关团体的意见和建议，如北京市、天津市、河北省三地于 2022 年相继通过《关于京津冀协同推进大运河文化保护传承利用的决定》，明确建立区域协调机制，建立大运河文化保护传承利用工作协调机制，创新合作方式，拓宽合作领域，探索以大运河文化带建设促进区域协同发展的新模式；地方层面鼓励全社会共同参与遗产保护，提高群众对遗产价值的认知，推动地方经济发展。

　　构建文旅融合新产业模式，提供中国方案。扬州、杭州、滑县等地以重点项目为抓手，推动文旅融合切实落地，精心打造一批既能满足人们普惠性的文化需求，又能有效对接市场，满足人们个性化、品质化文化需求的重点项目。如江苏省文化和旅游厅于 2023 年 3 月发布了《2023 年江苏省重点文化和旅游产业项目名录》，其中结合大运河文化带建设国家战略项目，将苏州浒墅关运河文旅产业综合开发、常州大运河文旅融合发展等 8 个项目列入其中。构建大运河发展利益共同体，推进文旅融合高质量发展。

二　问题与思考

（一）缺乏行之有效的跨区域、跨部门协调机制

　　现有协调模式在整合各部门资源、信息共享、工作保障、经费统筹等方面起到的作用还有待进一步加强。大运河国家文化公园建设工作内涵丰富，涉及工作内容庞杂，对跨区域、跨部门协调的有效性、常态化有较高的要求。目前大运河沿线的协调工作主要以成立领导小组或工作专班的形式开展，普遍缺乏实体机构、专职人员、常态化工作机制和奖惩机制等保障性措施。在实际工作中，仍主要以"单打独斗"的形式开展相关工作，缺乏地域间、部门间的总体部署和沟通交流，目标和标准难以统一，多头管理下的利益诉求

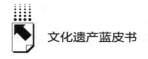

冲突仍然存在。

例如，卫河（永济渠）滑县、浚县段包括安阳市滑县和鹤壁市浚县，地跨两个地市级行政区。滑县、浚县段的保护传承和国家文化公园建设工作应将遗产作为一个整体进行设计，现有的协调机制难以满足开展展示线路规划、沿线展示标识设计、游船线路规划、码头位置规划、堤顶路道路系统建设等各项具体工作的需求。

（二）国家文化公园制度规范和内涵阐释有待完善

大运河国家文化公园制度规范和内涵阐释有待完善。目前，大运河相关立法仍以大运河遗产保护管理相关的部门规章、地方性法规为主，国家层面的《大运河保护条例》或《国家文化公园条例》尚未出台，大运河国家文化公园的建设、运行和监管尚无法律保障。目前尚未建立明确的国家文化公园管理体系，"突出省总负责、实行分级管理、落实分段负责"的国家文化公园管理制度要求缺乏落实保障，无法有效落实各方职责。

例如，位于江苏省淮安市的天妃坝遗址，是里运河堤防体系的重要组成部分，对于水利史、水文地理等方面的研究具有重要意义。但目前由于缺乏良好的运营团队，加上周边交通等配套设施匮乏，已建成的小型遗址展示园几乎没有游客前来参观，周边村民也鲜有到访。

（三）保护管理机构建设亟待加强

沿线大运河遗产保护管理机构有待健全。大运河遗产资源丰富、数量众多，遗产保护工作内容繁杂。加之大运河国家文化公园建设工作以"保护好"运河遗产为基础要求，各项工作的开展都需要文物部门的配合，文物部门的工作量明显翻倍。沿线大运河的保护管理机构以区县级文物局或文管所为主，保护管理机构级别普遍较低、人员少、专业人才严重不足，基层文物工作人员工作负荷大，制约了遗产保护、管理、监测和研究等各项工作的开展。

例如，已列为大运河世界文化遗产构成的通济渠泗县段，其保护管理机构为泗县文物管理中心，为正科（乡）级，除负责大运河泗县段遗产的日常保护管理工作之外，还要负责全县其他文物保护的具体工作，仅有工作人员11人，均为初级职称，人员和专业力量均不足。

（四）基础设施及标识系统有待提升

部分地区重要遗产交通设施不完善成为国家文化公园建设的瓶颈。展示设施、基础设施配套不足等问题，导致部分已建设完成的公园鲜有游客或周边居民到访，不利于大运河整体文化价值和精神内涵的展现与传播，也不利于大运河遗产的可持续发展。

例如，河南省商丘市南关码头遗址，展现了通济渠夯土驳岸的形制与工艺以及巨大的河道宽度，反映了河道的历史线路与走向。但现场的模拟展示并未直观地展现出河道、堤岸的历史格局以及夯土驳岸的工艺，现场复制的古船与河道、堤岸也并非统一比例，反而使参观者更加混淆，不明所以。

大运河国家文化公园目前缺乏统一设计的标识系统，不利于大运河综合展示体系的构建。目前仅江苏、浙江二省采用了省级层面设计的统一的大运河国家文化公园标识，其他省市则未设计统一标识，不利于"千年运河"统一品牌的打造。

（五）对外传播推广不足，缺乏顶层设计

各运河城市高度重视运河文化传播，开展了一系列大运河对外传播推广活动，但除扬州世界运河历史文化城市合作组织、杭州大运河国际论坛等国际平台外，其他活动尚不具备广泛的国际影响力，尚未形成具有影响力的大运河外宣模式，未形成过硬的文化品牌，走出国门、走向世界的愿景有待实现。

由于缺乏大运河对外传播的顶层部署，各地依靠自身宣传力量，开展的工作较为零散，传播内容单一或重复，对大运河世界文化遗产价值及其伟大历史和深厚内涵的突显不够，尚未形成外宣合力，与讲好中国大运河故事、传播中国声音仍有较大差距。在传播手段上，运河文化的对外传播大多还停

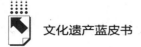

留在传统媒体时代，宣传形式主要是纪录片、报纸、线下大型活动，无法满足普通民众的多样化需求。

（六）多层次博物馆体系尚未建立

多层次博物馆体系尚未建立，存在重复建设的风险。大运河保护传承和国家文化公园等重要文件为构建多层次大运河博物馆体系指明了方向，提出了构建特色鲜明、类型丰富的大运河专题博物馆体系。大运河沿线各省市已建设多座博物馆，力图通过多元的展陈方式面向社会公众阐释和传播大运河的价值。

但在各地实际开展工作过程中，由于缺少整体谋划，加之对国家构建大运河专题博物馆体系的认知不足，在具体落实中仍普遍以新建大型文博场馆的方式开展，没有深入结合本地特色运河文化资源，忽略了国家各项文件中在构建专题博物馆体系时提出的"以提升、改扩建现有博物馆、陈列馆为主，适当新建大运河博物馆、陈列馆"的具体要求。将重点放在了建设"大而全"的综合型文博场馆，对"小而精"的地方性专题博物馆的建设，及对已有博物馆、展示馆展陈内容的提升重视不足。造成部分博物馆、展示馆的展陈内容、展品类型雷同，存在重复建设的风险，不利于构建类型丰富的多层次大运河专题博物馆体系。

例如，山东济宁市新建的河道总督府遗址博物馆位于河道总督府遗址旁，与该馆仅一街之隔为济宁市博物馆旧馆，且济宁市博物馆已新建成新馆。在周边有现成可以利用的资源，且利用已有博物馆建筑进行展示已能满足展示需求的前提下，新建大型博物馆的必要性不大。

三　下一步工作建议

（一）提升完善遗产保护规划体系

自 2014 年中国大运河被列入《世界遗产名录》、大运河规划体系建成，距今已近 10 年。大运河规划体系由国家级、省级、地市级三级构成，系统、有效地为大运河保护工作提供了法规基础。10 年来，随着大运河的内涵和外延更加丰富，需要思维不断创新和与时俱进，积极推动各级大运河遗产保护管理规划的修编。

大运河所在地人民政府应吸纳《大运河文化保护传承利用规划纲要》《大运河文化遗产保护传承规划》《大运河国家文化公园建设保护规划》的要求，参照全国重点文物保护单位保护规划编制要求，修订省级大运河遗产保护规划，编制或修订世界文化遗产等大运河重要点段文物保护规划。省级规划重点完善遗产价值评估，厘清遗产构成要素，细化落实保护区划，明确保护管理规定。重要点段规划重点细化保护传承利用的具体举措、要求及进度安排。推动大运河各级保护规划与国民经济和社会发展规划、国土空间规划有机衔接。此外，借助保护规划修编，各地应进一步细化落实管控保护区边界及具体管控要求。

同时，在大运河遗产保护管理规划修编过程中，针对沿线新发现的重要大运河遗产，甄别认定其与大运河突出普遍价值的关联，将其纳入保护规划对象。同时，探索通过边界微调等方式在不占用现有申报名额的基础上将符合条件的大运河点段补充列入大运河世界文化遗产构成。

（二）建立统筹协调管理机构

习近平总书记多次强调"保护大运河是运河沿线所有地区的共同责任"。建议进一步明确大运河国家公园建设的综合管理部门、项目主管部门和日常监管部门各自的责任，建立起常态化和综合化的管理机制。国家层面上，建议建立实体性的跨区域协调机构，有效推进跨省协调问题的解决。省级层面上，建立省级大运河国家文化公园管理局，统筹协调省内不同部门，强化跨区域统筹协调，构建工作协同与信息共享机制，在政策、资金等方面为地方创造条件。地方层面上，建立市级大运河国家文化公园协调管理处，协调具体项目的推进与落实，细化形成本市层面大运河国家文化公园建设任务清单，将目标任务细化分解，确保目标清晰、措施明确、责任落实到位。对于本市建设任务表中需要跨地市协调的，提交省级

大运河国家文化公园管理局统一统筹解决。

在建立实体协调机构方面，以天津为例，天津市西青区成立了区域和产业协同办公室，设立编制 19 人，通过建立专职机构统筹协调西青区大运河保护传承和国家文化公园建设工作。成立重大项目建设工作领导小组和工作指挥部，由区协同办承担指挥部办公室职能，发挥统筹协调作用，专职推动大运河国家文化公园的建设工作，细化领导小组成员单位职责分工，形成工作合力，制定相关工作制度，确保工作机制高效运转。在工作中坚持问题导向和结果导向，实行问题分级管理，重大问题由区协同办协调分管区领导推动解决，一般问题由区协同办组织职能部门共同商议解决，确保各专项工作组在协同办的推动下通力合作、密切配合、攻坚克难，全力以赴推动重大项目建设高质和高效开展。

（三）加快落实国家文化公园建设的法律支撑与技术支持

建议尽快出台国家层面的《大运河保护条例》或《国家文化公园条例》，从国家层面为大运河国家文化公园建设提供更高层次、更有效的立法保障。建议对大运河国家文化公园的运营管理加以规范约束，为大运河国家文化公园各点段的开发运营模式提供具体的引导，加入定期考核机制与奖惩措施，实现国家文化公园开发运营中经济与社会效益的统筹发展。

充分发挥国家文化公园专家咨询委员会作用，深化国家文化公园相关文件及内涵解读，建立国家文化公园建设年度评估机制，推出一批示范项目，选树多类型的运河城市范例，形成互相借鉴、共同进步的良好工作氛围。出台《大运河国家文化公园建设保护规划实施细则》或《关于实施大运河国家文化公园建设保护规划的指南》等指导文件，提高国家文化公园建设的规范性。研究大运河国家文化公园实体化运营机制，指导大运河沿线确立常态化的管理运营模式。

（四）加强保护管理机构能力建设

进一步提升大运河沿线保护管理机构能力建设，增加基层文物保护管理机构的行政编制，重视专业人才引进和培养，加强多学科、多方位、多层次的专业人才支持。针对目前文物行业专业人员引进困难的问题，创新选拔机制，建立新的选人用人机制；完善分配激励制度，加强专业技术人员的引入和聘用；建立定期、分类、分级的培训制度，加强各环节和各项工作内容的专业培训。

合理安排经费重点，适当加大对大运河文化遗产保护的经费投入，促进按需分配。各地要进一步完善经费投入体制机制，努力构建文物保护经费持续稳定增长的保障制度，推动各级政府加大文物保护经费投入力度，拓展社会资金渠道，研究制定社会资金有效参与遗产保护管理工作的路径。

（五）强化顶层设计，提升整体展示水平

深入挖掘大运河文化精神内涵和国家文化公园建设保护重大意义，聚焦大运河体现我国古代杰出工程智慧、优秀历史人物、多彩社会面貌等方面的价值，全面阐释大运河文化精髓和深厚内涵。

结合现有学术研究成果与世界文化遗产大运河阐释体系，深化大运河文化内涵、时代精神系统阐释，开展大运河文化系统展示阐释研究，进一步明确阐释要点，为地方宣传展示大运河提供统一理论指导。结合各省市点段特点，提炼其对大运河文化的支撑意义，进一步探索展示形式，加强文化标识建设、意义解读与形式探索，形成系统的历史文化体验空间。

（六）加强国际国内宣传推广

进一步推动国际文化交流，加大宣传推广力度，加强对建立大运河国家文化公园重大意义的宣传，打造中华文化重要标志，坚定文化自信，充分彰显中华优秀传统文化的持久影响力、社会主义先进文化的强大生命力。

强化国家层面宣传推广，制订总体宣传推广计划，明确主题、形式、参会国际群体等。在 2024 年大运河申报世界文化遗产成功 10 周年之际，举办

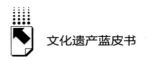

系列研讨、讲座、公众活动，共享申遗后大运河的保护传承经验，同时将 6 月 22 日正式申报为"大运河日"。推动获得 2022 年度"中国好书"的《大运河画传》等优秀科普作品的翻译出版，让已经获得国内认可的大运河故事提升为中国故事。

（七）推动完善大运河监测预警平台建设

在大运河申报世界文化遗产过程中，国家文物局根据《世界遗产公约》及《操作指南》的要求，建成了大运河世界文化遗产监测预警总平台，监测对象为大运河列入世界文化遗产的构成。2021 年，浙江省开展了大运河世界文化遗产监测预警平台提升及浙江试点建设工作，为建成覆盖大运河全线的国家数据库及监测预警总平台建立了试点与范本。目前浙江省大运河世界文化遗产监测预警系统已正式上线运行，并已初步接入杭州、宁波、湖州、嘉兴、绍兴五个城市的大运河监测数据，建立了对应的数据同步机制，初步实现了大运河监测预警系统的国家、省、遗产地三级联动。

建议在此基础上，进一步推动完善国家级、省级、遗产地三级监测预警平台的建设。将大运河遗产的监测范围从世界遗产扩展至大运河全线，从浙江省推广至沿线各省市，并将其纳入国土空间基础信息平台，推动监测数据和预警信息跨部门、跨地区互联互通、共建共享。

参考文献

《习近平的文化情怀丨"大运河是祖先留给我们的宝贵遗产"》，国家文物局，2022 年 7 月 22 日，http://www.ncha.gov.cn/art/2022/7/20/art_1027_175887.html，最后检索时间：2023 年 5 月 29 日。

《坚持保护优先　增强文化自信　高质量推进大运河文化保护传承利用——国家文化公园建设工作领导小组办公室负责人就〈大运河国家文化公园建设保护规划〉答记者问》，中华人民共和国中央人民政府，2021 年 10 月 27 日，https://www.

gov.cn/zhengce/2021-10/27/content_5647092.htm#:~:text=%E4%B9%A0%E8%BF%91%
E5%B9%B3%E6%80%BB%E4%B9%A6%E8%AE%B0%E6%8C%87%E5%87%B
A,%E5%88%A9%E7%94%A8%E6%8C%87%E6%98%8E%E4%BA%86%E6%96%B9
%E5%90%91%E3%80%82，最后检索时间：2023 年 5 月 29 日。

B.11
守正创新：以保护为基础的长城
国家文化公园建设

刘文艳*

摘　要： 国家文化公园是《中华人民共和国国民经济和社会发展第十三个
　　　　五年规划纲要》《国家"十三五"时期文化发展改革规划纲要》确
　　　　定的国家重大文化工程。坚持"保护第一"是长城国家文化公园
　　　　建设确定的基本原则，而"保护传承工程"是国家文化公园首要
　　　　的建设任务。本报告聚焦"保护"，以长城国家文化公园建设"保
　　　　护传承工程"确定的工作任务为参照，梳理各地在实施长城国家
　　　　文化公园中的实践，总结长城国家文化公园保护传承工程的实施
　　　　成效，评估分析长城国家文化公园建设存在的问题，并提出下一
　　　　步工作建议。

关键词： 长城国家文化公园　保护传承　规划体系

　　长城是中华民族的精神象征，已成为国人的共识。作为我国现存规模最
大的文化遗产，长城在中华文明史和中华传统文化发展史上有着不可替代的
重要价值和地位。如何保护好、传承好这一中华民族精神的根脉，是时代为
我们提出的重要命题。

---

　　* 刘文艳，中国文化遗产研究院副研究馆员，主要研究领域：长城保护管理政策理论、长城
　　　考古历史。

国家文化公园是《国民经济和社会发展第十三个五年规划纲要》《国家"十三五"时期文化发展改革规划纲要》确定的国家重大文化工程。2017 年，《关于实施中华优秀传统文化传承发展工程的意见》中提出"规划创建一批国家文化公园，成为中华文化重要标识"，"国家文化公园"随之成为近年来国家文化建设工程的重要内容。2019 年 7 月，习近平总书记主持召开中央全面深化改革委员会会议，审议通过《长城、大运河、长征国家文化公园建设方案》，明确指出了国家文化公园建设的指导思想和基本原则，以及建设目标、建设范围、主要任务等实施路径。同年 12 月，中共中央办公厅、国务院办公厅印发《方案》。

从实操层面看，建设国家文化公园的关键是集中实施一批标志性工程。其中，"保护传承工程"是建设长城国家文化公园实体最核心的基础工作。这正是遵循了国家文化公园建设"保护优先、强化传承"的首要原则。

本报告聚焦长城国家文化公园中的保护传承工程，系统梳理 2019 年长城国家文化公园启动以来，在国家这一重大文化战略支撑下，各地长城保护工作取得的重要进展，评估长城保护传承取得的成效，提出长城国家文化公园建设的工作建议。

一　长城国家文化公园保护传承工程实施成效

按照中办、国办《长城、大运河、长征国家文化公园建设方案》要求，2021 年，国家文化公园建设工作领导小组印发《长城国家文化公园建设保护规划》（以下简称《规划》）。《规划》就重点建设的四类主体功能区和五个关键领域基础工程的主要任务，进行了全面的规划部署。其中长城国家文化公园保护传承工程，一方面要加强长城文物资源保护，另一方面要提高长城文化传承活力。整体来看，长城国家文化公园保护传承工作取得了如下成效。

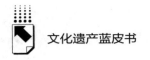
（一）有力缓解了长城重大险情

2019 年以来，长城沿线各省（自治区、直辖市）通过国家文物局文物专项保护经费、省级财政文物保护经费等渠道，陆续实施了 300 余项各级、各类长城保护修缮工程，文物安全得到有效保障，有效缓解了长城重大险情，基本解决了长城保护中最紧迫、最困难、最关键的"生存问题"。尤其是各地以国家文物局公布的第一批国家级长城重要点段为重点，将箭扣长城、喜峰口长城、九门口长城、庙港长城、固阳秦长城、清水河明长城、镇靖堡至龙州堡段长城、敦煌汉长城（玉门关长城）、青海大通县明长城、拉依苏烽燧遗址等列为长城国家文化公园重点保护项目，使长城中的"精华"段落得到有效保护。2021 年 2 月，河北省长城保护协调领导小组印发《河北省长城遗址抢救性保护实施意见》，为长城抢险项目的实施、推进做出了有益探索。

"缓解长城重大险情"是长城国家文化公园的任务之一，2018 年以来，面对气候变化，长城沿线极端天气频发的情况，国家文物局均于汛期来临之前，发布险情排查通知，要求各地自查、上报险情，并委托专业机构，对险情进行分类评估，选取险情重、价值较高的长城点段分赴各省区市现场检查和评估。在国家文物局的指导下，长城沿线各地开展自查，对险情进行评估，制定应急预案，并对有险情的长城进行必要的临时加固或实施保护工程。长城国家文化公园建设启动以来，未出现长城本体大面积坍塌、损毁等重大险情。

（二）从经验性修缮向研究性修缮转变

近年来，随着长城保护修缮项目有计划地推进，各地在凝练长期积累的修缮经验的基础上，将长城保护与学术研究结合，利用多学科技术手段提升勘察设计的科学性、针对性，着力改变以往长城保护主要依靠经验的情况，探索建立"常规修缮—抢险加固—预防性保护—日常维护"的长城保护体系。在国家文物局指导下，北京把长城保护重心从一般性抢险加固向研究性修缮转变，率先开展长城研究性修缮。2020 年 9 月，在箭扣长城脚下成立了全国首个长城保护修复实践基地，总结提升箭扣长城的保护理念和实践经验，组织专家开展学术研讨，逐步把基地打造成国内外长城维修保护的经验交流平台，力争在长城保护与展示利用方面发挥更大作用[①]。北京市除了以箭扣和大庄科长城为试点开展长城研究性修缮，还首次在国内开展数字化长城碑刻微痕提取，通过实施"北京延庆长城碑刻数字化保护与研究"项目，创新性地对长城碑刻实施微痕提取数字化识别和保护，为还原长城重要文物史料、高水平文物保护提供更全面准确的参考依据[②]。

甘肃省依托敦煌研究院建立的国家古代壁画与土遗址保护工程技术研究中心，突破并掌握了包括锚固灌浆加固技术、支顶加固技术、表面防风化技术在内的一系列土质长城保护关键技术，形成了一整套完整的保护理论和工艺技术规范，并制订了土遗址保护试验技术、保护工程勘察、保护加固工程设计等国家标准和行业标准，为全国土质长城保护提供了重要技术支撑。在国家文物局的积极支持、推动下，长城沿线各地秉持最小干预原则，不断优化保护理念和技术路线，实现了长城保护从抢险加固向预防性保护，从总结学习前人经验开展"探索性修缮"到依托现场试验数据和实验室分析结果开展"精准修缮"转变，致力于科学研究贯穿长城保护全过程。

（三）文化景观视角管控长城环境风貌

《长城保护总体规划》明确提出：长城与沿线地区广袤的山岭、草原、森林、戈壁沙漠、农田、绿洲等地貌景观相融合，与沿线地区底蕴深厚的多元地域文化相互融合，是承载人与自然融合互动的文化景观。

随着对保护长城遗产特征认识的不断深入，在长城保护实践中，对古遗址、古建筑采取了不同的保护手段，古建筑形态的以修缮为主，古遗址形态的以现状保护为主。与此同时，在关注长城本体的同时，长城保护领域也逐

---

① 《研究性修缮助力长城保护》，https://baijiahao.baidu.com/s?id=1743908580717925279&wfr=spider&for=pc，最后检索时间：2023 年 8 月 31 日。

② 《国内首次数字化微痕提取！54 块长城碑揭秘营建幕后》，https://baijiahao.baidu.com/s?id=1745211352509491633&wfr=spider&for=pc，最后检索时间：2023 年 8 月 31 日。

渐意识到长城与赋存环境因相互融合而不可分割，将保护长城周边环境风貌放在和保护本体同等重要的地位上。

国家文化公园建设中，文物保护部门在本体保护的同时通过多种举措保护长城景观风貌。河北省创新制定了《长城河北段周边风貌控制导则》，对周边环境进行分类，因地制宜提出风貌控制要求，通过控制文物保护范围、建设控制地带和风貌协调区域等各区域建（构）筑物的风格、体量、色彩、材质，维护山林、水体、农田、城村绿化等生态景观，整治提升内部游览、旅游公路等各类道路，系统配套文博场馆、文化标识、接待服务等公共设施，系统实施环境配套工程等方面措施，确保长城本体与周边环境风貌协调一致，形成长城本体与生态景观、文化景观、环境风貌协调相融的整体格局。宁夏回族自治区组织开展文物法人违法案件专项整治，通过长城"两线"范围违法建设排查整治等专项行动，依法拆除盐池县、惠农区、沙坡头区等县（区）涉长城违法建（构）筑物。北京分期开展风沙源治理和绿化、管护工程，修复长城赋存环境。山西将长城国家文化公园建设与生态建设相结合，实施长城沿线环境综合整治、生态涵养和景观风貌修复，建设长城风景复合廊道，完善导览演示功能和交通服务设施，构筑起一条绿色生态长城。

（四）预防性保护理念助力长城监测

《长城国家文化公园建设保护规划》要求，加强长城代表性点段本体监测，建立长城分级监测体系，推动实现技术监测与人工监测有机结合。长城沿线多地以预防性保护为目标，多手段开展长城监测，及时发现安全隐患。北京基于云计算、物联网、大数据等技术手段开展监测，并对长城振动变形信息进行分析，以此建立预警预报机制，为长城的保护提供风险预警。山东省加强齐长城周边环境监测，省文物局会同省自然资源厅开展齐长城卫星遥感图斑监测，每半年实施一次图斑监测核查，实现执法监管由事后被动转变为事前主动。根据人类生产生活等对齐长城本体的影响，对齐长城进行安全风险等级评估，创新性实施"红黄绿"段管理，有重点地进行检查监管。陕西省委托专业机构对榆林长城进行监测，加强长城的预防性保护，最大限度地减少各种危害因素对长城造成的破坏。河北实施长城万里长城－金山岭GNSS位移监测①，张家口、秦皇岛实施无人机长城巡查，全面提升长城预防性保护能力。

（五）长城保护法律法规体系日臻完善

2019年长城国家文化公园建设启动以来，甘肃省、宁夏回族自治区、河北省、山东省先后颁布省级长城保护条例；山西根据长城实际情况，组织编制完成并报请省政府出台了《山西省长城保护办法》。山西、内蒙古、甘肃等长城集中的市、县区政府也相继出台了《大同市长城保护条例》《忻州市长城保护条例》《包头市长城保护条例》《巴彦淖尔市长城保护管理办法》《呼和浩特市长城保护条例》《呼和浩特市人民政府关于加强长城保护的通知》《玉门关遗址保护管理办法》《永泰城址保护条例》等长城保护管理的专项办法，形成了与《文物保护法》《长城保护条例》相配套的长城保护地方法规体系。同时，陕西、内蒙古等省区市保护规划已由省级人民政府公布施行，2019年《明长城虎山段遗址保护规划》、2022年《八达岭长城保护规划》陆续获国家文物局批复同意。

（六）价值展示阐释与文化传承

建设国家文化公园，是深入贯彻落实习近平总书记关于发掘好、利用好丰富文物和文化资源，让文物说话、让历史说话、让文化说话，推动中华优秀传统文化创造性转化创新性发展、传承革命文化、发展先进文化等一系列重要指示精神的重要举措。

长城国家文化建设中，考古研究为长城价值展示阐释提供了支撑，博物馆建设及各类宣传活动促进了长城价值文化传承。

1. 加强考古研究

长城保护研究机构以考古研究为基础，不断深化长城价值认知，为长城价

---

① 《河北：守护长城呈现新特点》,https://baijiahao.baidu.com/s?id=1781143895288551184&wfr=spider&for=pc，最后检索时间：2023年8月31日。

值展示阐释提供内容涵养。陕西省考古研究院在榆林设立考古基地，以考古发掘、科研保护、储藏展示为基本功能，不断开展长城保护研究，挖掘长城文化内涵。其中，陕西榆林清平堡考古是对中国长城遗址进行的首次大规模科学考古发掘，这里发现的大量塑像和建筑遗迹实证了明代长城两侧的文化交流与融合。新疆尉犁县克亚克库都克烽燧遗址考古工作基本搞清了烽燧遗址结构，出土大量珍贵文书、木牍等文献材料，涉及军事、政治、经济、文学诸多方面内容，详细记录了孔雀河沿线的各级军事设施名称，证实了唐王朝对西域的有效统治，考古成果先后入选 2019 年度"考古中国"丝绸之路重大项目成果和"2020 年中国考古新发现"。北京长城考古工作已成体系，考古作为保护维修的必要环节纳入工程实施。以研究性修缮为契机，实施了箭扣长城考古、八达岭长城西段考古、延庆柳沟长城遗址考古、延庆岔道城遗址考古、延庆大庄科长城遗址考古等多项长城考古发掘工作。

2. 推进长城博物馆、展览馆改造提升与建设

博物馆、展览馆延展了长城展示、阐释渠道，为解决长城本体保存状况不佳，体量巨大导致的价值"解说"难题提供了途径。据不完全统计，2019~2022 年，共计 20 余项博物馆项目纳入长城国家文化公园建设。其中，北京中国长城博物馆改造提升项目计划及遗产影响评估报告获世界遗产组织高度认可，这是我国第一次在重大工程项目方案编制前向世界遗产组织报备，其报告方式和评估报告内容获得世界遗产组织充分肯定，为缔约国履行《世界遗产公约》树立了良好的典范。目前，河北山海关中国长城博物馆已建成、正在布展，宁夏长城博物馆和战国秦长城博物馆免费开放，嘉峪关长城博物馆、山丹长城博物馆完成基本陈列改造提升并提供免费开放服务，黄崖关长城综合博物馆完成提升改造，推动长城文化多维展示利用和传承弘扬。

张家口长城博物馆和万全长城卫所博物馆、忻州长城博物馆（园）、吉林省延边州长城博物馆、吉林省延边州长城遗址保护和吉林省四平市长城博物馆正在筹建。

3. 宣传活动丰富

长城国家文化公园建设中，长城沿线各地开展了丰富的宣传活动，有

力扩大了长城国家文化公园的社会影响力。其中，北京自 2021 年起，连续举办北京长城文化节，是长城国家文化公园建设中唯一的国家级节庆活动品牌。开展《长城国家文化公园》《长城抢险》等系列专题纪录片和"长城巡礼""长城考古"等主题短视频拍摄制作，综合运用传统媒体、短视频自媒体、公众号等全媒体矩阵，强化文化宣传和文脉传承，讲好中国故事、传播好中国声音，提升北京长城的文化影响力。

二　长城国家文化公园建设问题分析

国家文化公园建设应当遵循的首要原则是"保护第一"。严格落实"保护第一、加强管理、挖掘价值、有效利用、让文物活起来"的方针，真实完整保护传承文物和非物质文化遗产。突出活化传承和合理利用，与人民群众精神文化生活深度融合、开放共享。

长城国家文化公园五大功能区中的"管控保护区"，为国家文化公园建设划定了"文物保护红线"，强化了文物和文化部门在文物保护和文化传承的主体责任。

但从国家文化公园传承保护工程的实效来看，仍旧存在以下不足。

（一）保护的系统性不强

长城具有本体规模大、时空跨度大、保存状况复杂等遗产特性，为保护带来了极大挑战。长城整体保护原则要求保护长城要保护其文物本体与长城防御体系的价值关联，保护长城防御体系作为线性文化遗产的完整性，保护其位置、走向、布局，保护长城文化景观的赋存环境。这就要求长城保护要从空间规划上理顺与城乡建设的关系，沿线各地对长城保护需要政策协同、尺度统一。

当前长城保护中不平衡不充分问题仍然突出。一是部分省级长城保护规划公布实施进展仍不理想，长城保护纳入国土空间规划管理面临被动局面，基础设施建设、开发建设项目的实施与长城保护矛盾依然尖锐。二是缺乏跨区域协同保护的问题仍然突出，部分毗邻省份保护区划管理差异巨大，同一段长城，交界省份保护区划划定、保护单位级别差异，对开发建设管控力度不同，导致长城环境景观受到破坏。三是对保护与利用系统性思考不足，长城国家文化公园建设同时要求从历史文化保护传承的高度，将长城保护与传承利用结合。长城修缮中常常未考虑后续开放需求和管理思路，导致修缮完成后长城点段的保养维护难以为继，存在保护与利用脱节的情况。

（二）日常养护缺乏长效机制

国家文化公园的长期运营离不开对长城本体的持续性养护。目前，长城沿线普遍存在本体日常养护工作薄弱的情况。一方面，日常养护经费缺口较大。在现行文物保护经费渠道下，包括长城在内的文物日常养护经费基本由地方财政解决，而长城所在地多为经济欠发达地区，在当前文物保护经费有限的情况下很难专门解决长城日常养护经费。另一方面，长城日常养护制度规范空白。长城日常养护主要由长城所在地文管所、博物馆等县级文物行政主管部门下设的文物保护事业单位承担。这类长城保护管理机构除了承担长城日常保护管理之外还需要负责其他文物保护单位的相关工作，长城日常养护很难做到常态化、制度化。另外，基层长城保护管理机构业务人员专业知识储备有限，加上缺乏具有针对性的操作指南，长城日常养护的科学性、规范性有待提升。

（三）监测工作亟待推进

建立长城监测预警体系是长城国家文化公园建设任务之一。通过调研，除山海关等点段依托专门的管理机构开展监测工作外，大部分长城点段所在地文物部门因缺乏技术、人员力量导致监测工作几乎空白。一方面，长城沿线保护管理机构对监测工作存在盲区，不了解监测工作如何开展，将监测等同于监控设备布设；另一方面，长城系统性监测需要国家层面从上至下逐步推动，将人工巡查与无人机、监测设备等相结合，开展专项监测和定期巡视。

（四）保护经费投入渠道局限

尽管国家已投入大量经费用于长城本体保护，但从经费渠道来看，国家财政可支持长城保护的经费与长城国家文化公园建设任务相比，仍旧严重不足。加上长城沿线区域的社会经济相对落后，保护建设更多依赖国家和市级资金支持，围绕长城核心保护谋划自身发展、鼓励社会机构和社会公众参与的政策力度支持不足。

（五）价值阐释缺乏整体规划

随着长城沿线区域和大众对长城开放的需求愈发迫切，长城开放形式和管理方式亟须创新突破。长城各开放点段的客流量分布极不均匀，给长城本体、周边生态环境以及游客体验感带来不利影响。长期以来，对长城的研究侧重历史和遗产保护、景观生态等方面，对于长城作为中华民族精神标识的深刻内涵和多元价值的研究相对薄弱，对长城的阐释展示内容和方式同质化严重。国家文化公园缺乏统一的标识系统，品牌宣传力度不够，导致在长城国家文化公园重点项目上投入很大，但没有形成长城国家文化公园应有的影响力。

科学研究成果不足。总体来看，长城科研和考古工作成果有限，缺乏长期和深入的长城研究与价值挖掘，难以满足支撑长城国家文化公园建设的需求。除配合修缮项目或长城国家文化公园建设项目的小规模考古外，长城考古工作尚无长期规划。除考古研究外，长城保护、管理等各领域研究课题少、课题立项层次低，地方科研力量匮乏薄弱，长城研究成果少，转化效果不明显，长城国家文化公园建设缺乏内容支撑。

开放利用方式有待突破。目前看来，长城所在地对长城的开放利用和国家文化公园建设热情较高，但开放模式、内容等方面有同质化倾向，很难满足社会公众对体验长城的多层次需求，项目偏大、求全，存在不当开发的潜在风险。

展示阐释缺乏整体规划。已经开辟为参观游览区的长城点段已经开展了

一定的展示阐释工作。但由于缺乏整体规划，长城展示形式相对单一、研究内容转化程度不足。未开辟为参观游览区的长城展示阐释尤为欠缺，社会公众无法通过分散且孤立的长城展示点建立对长城价值的整体认知。

三　长城国家文化公园建设下一步建议

2019 年，习近平总书记在甘肃考察时强调，长城凝聚了中华民族自强不息的奋斗精神和众志成城、坚韧不屈的爱国情怀，已经成为中华民族的代表性符号和中华文明的重要象征。要做好长城文化价值发掘和文物遗产传承保护工作，弘扬民族精神，为实现中华民族伟大复兴的中国梦凝聚起磅礴力量。

以保护为基础、为前提的长城国家文化公园建设，可从以下方面重点突破。

（一）完善长城保护规划体系

督促长城沿线省级文物部门尽快完善省级长城保护规划，并报省级人民政府颁布实施。同时，按照长城分级分类保护的原则，尽快出台《国家级长城重要点段保护规划编制指导意见》，加强对重要点段保护规划编制的业务指导，进一步督促国家级长城重要点段所在地的省级文物行政主管部门结合重要点段保护规划编制，根据重要点段周边环境和保存状况调整保护区划定，细化管理规定及空间管控指标。

（二）建立多级长城监测预警体系

由上至下对长城监测预警体系进行整体规划，宏观、中观、微观相结合，人工和技术手段互补，有重点的逐步推进。

以长城资源保护管理信息系统总平台和监测技术试点经验为基础，先期开展试点工作，制定长城监测指标体系和工作制度规范，建设监测预警总平台，从制度规范、技术支持、工作保障等方面构建长城监测预警体系。

由各省区市编制省级长城预警平台建设方案，逐步建立覆盖长城全线的监测预警平台。同时，将长城沿线各地日常巡查采集的相关数据录入监测平台，鼓励结合保护工程，采用购买服务等方式，使用无人机定期采集本辖区范围内长城影像并对比分析，及时掌握长城周边环境及长城本体完整性变化。

（三）加强长城保护利用规范标准制定

颁布长城开放利用指导意见。以《长城保护条例》《长城保护总体规划》关于长城开放为参观游览区的有关规定为依据，制定长城开放利用指导意见。以保护为前提，明确长城开放利用的基本原则及申请开辟长城参观游览区的条件，对长城开放管理机构的职责、长城本体和环境保护、游客量承载量核定和备案、参观游览区管理规定和游客管理应急预案等工作做出要求。同时，对尚未开辟为参观游览区的长城制定加强巡查、设置警示提示标识、开展宣传等监管措施。

制定长城日常养护工作规范。在试点的基础上，参照《古建筑保养维护操作规程》等文物日常养护技术规范，结合长城物理特性、结构特征等，针对长城疏通排水、清除植被、归安支护、局部修补等日常养护措施，制定适用于基层长城保护管理机构使用的工作规范。

（四）编制长城展示阐释整体规划、探索开放利用新模式

加强长城考古研究及成果的输出和转化，为长城价值阐释提供内容支撑。国家层面在研究力量组织和经费投入等方面加大对具有全局性或者突破性意义的长城考古项目的支持力度。对纳入长城国家文化公园展示项目的，结合保护开展专项考古发掘，使任何展示都具有研究依据。同时，要注重研究成果转化效果，以易于观众理解、体验性强的形式呈现长城价值，让展示的内容具有趣味性、可读性。例如，国家文物局支持开展的大境门"来远堡小北门考古清理项目"，通过考古发掘，揭示了小北门的保存状况、建造形制以及其与不同时期的关系等，取得了非常好的展示效果。

开展长城展示利用示范项目，拓展长城开放利用形式。选取与沿线居民生活业态密切相关的长城关堡，将关堡本体保护与改善居民居住环境相结合，将关堡展示利用与新农村建设相结合，开展活化利用示范研究。以箭扣长城

221

等具有观赏性和利用价值的长城点段为例，利用景观考古、社会调查、游客需求分析等多学科、多领域的研究方法，探索非景区模式的长城开放利用，满足公众体验长城的多层次需求。

启动长城展示阐释总体规划。在长城整体价值认知的前提下，全面阐释长城防御体系的形成发展、区域分布、构成要素、景观价值。在此基础上形成能够展示长城整体价值的区段、节点框架，采用适合不同保存程度、不同自然地域环境、不同人文经济环境的长城开放利用形式，增强展示方式的互动性和趣味性，注重阐释内容的引导性和启发性。充分研究评估公众需求，跳出"景区+攀爬"的单一模式，将长城游览与城市休闲、居民文体活动、公众教育等相结合，引导长城的开放利用向公益性、全域性方向发展。满足社会公众了解长城、感知长城的多层次需求，逐渐扭转公众长期形成的"八达岭"刻板印象，调整长城开放利用的地域失衡现状，使公众有机会、有渠道认识长城的全貌。

（五）加强在建项目跟踪

目前，长城国家文化公园建设处于探索期，部分项目申报前缺乏对长城本体及周边资源条件、公众需求的调查研究。地方政府对长城国家文化公园拉动地方经济发展往往给予较大的预期，因此长城国家文化公园建设项目中包括了很多商业开发、场馆设施建设的内容。因此，有必要对涉及长城保护范围和建控地带的国家文化公园建设项目严格审批，开展必要的前期评估和建设期跟踪调查，及时掌握长城国家文化公园建设项目进展和实施效果，避免产生负面舆情。同时，对各地在长城国家文化公园展示利用、管理体制、风貌管控等各方面好的经验做法进行推广，促进长城国家文化公园建设质量提升。

参考文献

刘庆柱、汤羽扬、张朝枝等：《笔谈：国家文化公园的概念定位、价值挖掘、传承展示及实现途径》，《中国文化遗产》2021 年第 5 期。

田林、吴炎亮、张克贵：《长城国家文化公园建设应当保护优先》，《中国文物报》2021 年 10 月 22 日，第 5 版。

李政：《固原战国秦长城保护和利用研究——以建设国家文化公园为视角》，《宁夏师范学院学报》2022 年第 6 期。

张悦：《提炼"精心修长城，边修边研究"的北京长城保护经验》，《中国艺术报》2022 年 8 月 31 日，第 5 版。

于丽爽：《长城启动研究性修缮》，《北京日报》2022 年 10 月 27 日，第 13 版。

徐国军：《长城国家文化公园建设背景下武威长城文化资源的保护与开发利用》，《东方收藏》2023 年第 6 期。

刘昭祎、汤羽扬：《长城国家文化公园（北京段）建设保护实施路径的项目体系研究》，《北京规划建设》2023 年第 3 期。

特色遗产篇

Reports on Categorized Heritage

B.12
天坛文物建筑预防性保护项目试点
实践与思考

刘 勇 郝影新 车建勇 段 超*

摘 要： 2020 年 12 月国家文物局启动文物建筑预防性保护试点工作。天坛成
为文物建筑预防性保护试点之一，其文物预防性保护工作范围为天
坛中轴线周边建筑。通过文物建档、日常定期巡查、专业巡查、风
险评估、专业检修、成效评价、最终归集充实文物档案，围绕文物
建筑形成全面闭环管控。实现了文物建筑"保护第一、加强管理"，

* 刘勇，北京市天坛公园管理处副园长，主要研究领域：遗产及非遗保护管理、公园发展规
划、不可移动文物保护；郝影新，北京市天坛公园管理处基建科科长、教授级高级工程
师，主要研究领域：文物建筑保护；车建勇，北京市天坛公园管理处基建科副科长、高级
工程师，主要研究领域：文物建筑保护；段超，北京市天坛公园管理处遗产办公室高级工
程师，主要研究领域：遗产保护监测。

为继续"挖掘价值、有效利用、让文物活起来"做好准备。通过高效对症实施文物预防性保护，及时发现需修缮的文物建筑，及早申请专项修缮。通过阶段性实施探讨预防性保护工作相关问题。

关键词： 天坛　文物建筑　预防性保护

预防性保护概念最早于 1930 年在意大利罗马召开的关于艺术品保护的国际研讨会上被提出，当时预防性保护概念主要是针对可移动文物。预防性保护在国内最先应用也是在馆藏可移动文物保护方面。

中国古代虽未提到预防性保护，但预防性保护意识源远流长，与预防性保护相关的实践活动有设定专门的管理机构、制定防灾的法律制度、制造相关的防灾设施等，这些都是预防文化的一个体现。而在具体的预防性保护上，其相关实践主要有制定防火制度、建构活动中采取灾害预防措施以及定期维护和修缮既有建筑等几个方面[①]。古代还采取定期维修、经常检查的措施，特别是清代皇家建筑，采取保养性的岁修手段，更换较为劳损腐朽的建筑构件，清理排水沟、替换屋瓦，保证结构整体的安全性[②]。

2011 年《国家文物事业发展"十二五"规划》提出实现文物抢救性保护与预防性保护的有机结合，推动文物保护由抢救性保护向预防性保护转变，开启了不可移动文物预防性保护的尝试。

东南大学朱光亚教授基于预防性保护的全过程对其给出系统全面的定义，他指出建筑遗产预防性保护指所有防止遗产价值丧失和结构破损的行动，通过信息搜集、精密勘察、价值和风险评估确定遗产面临的风险；通过定期和系统监测掌握遗产损毁的规律；通过损害预防、日常维护、科学管理等措施及时降低或消除威胁，让遗产处于良好状态，避免盲目地修复加固[③]。

---

① 吴美萍：《中国建筑遗产的预防性保护研究》，东南大学出版社，2014。
② 袁杨：《清代官式建筑的预防性保护研究探索》，《建筑》2021 年第 7 期。
③ 白成军、韩旭、吴葱：《预防性保护思想下建筑遗产变形监测的基本问题探讨》，《西安建筑科技大学学报》（社会科学版）2013 年第 2 期。

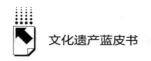

一　国家文物局文物建筑预防性保护试点及规划

2020 年 12 月 3 日，中国文物建筑预防性保护实践交流研讨会为下一步文物建筑预防性保护试点单位的遴选及实施做推进工作，强调预防性保护试点的推进将是文物保护工作从理念到实践迈出的第一步。自此国家文物局启动文物建筑预防性保护试点。

2021 年 10 月 28 日，国务院办公厅发布《"十四五"文物保护和科技创新规划》（国办发〔2021〕43 号），这一"国家级专项规划"提出强化文物古迹保护，提高预防性保护能力：编制不可移动文物预防性保护导则，按文物保护单位、保存文物特别丰富的市县、省域三个层级开展常态化、标准化预防性保护，基本实现全国重点文物保护单位从抢救性保护到预防性保护的转变。

2022 年 7 月 22 日，全国文物工作会议召开，8 月 18 日《中共中央宣传部 文化和旅游部 国家文物局关于贯彻落实全国文物工作会议精神的通知》提出全面加强文物保护管理工作。强化文化遗产系统保护，统筹好抢救性保护和预防性保护、本体保护和周边保护、单点保护和集群保护，维护文物资源的历史真实性、风貌完整性、文化延续性。

2022 年 9 月 2 日，国家文物局召开全国文物建筑预防性保护试点工作推进会，落实全国文物工作会议和《"十四五"文物保护和科技创新规划》有关要求，推进第一批文物建筑预防性保护试点实施，并部署下一阶段工作。2021 年国家文物局批复第一批 11 处文物建筑预防性保护试点项目，试点工作推进总体顺利，形成了一定的工作成果和经验。国家文物局关强副局长要求近期要集中精力，抓紧推进试点项目实施，完成试点评估总结，按期结项并形成相对成熟的改革举措、工作制度，确保高质量完成第一批试点，试出成果、试出问题、试出答案。"十四五"期间，要聚焦不可移动文物预防性保护体制机制难点、理论与技术关键问题，解决"是什么、干什么、怎么干、怎么干好"等问题，探索构建符合中国国情、具有中国特色的不可移动文物预防性保护体系。

国务院、国家文物局发出了实现全国重点文物保护单位预防性保护的要求，全国重点文物保护单位将开启具有中国特色的文物建筑预防性保护重要时期。

二　天坛文物建筑预防性保护实践

天坛是现今中国保存最完整的皇家祭天场所，也是世界现存最大的祭天建筑群，始建于明永乐十八年（1420），历经明嘉靖、清乾隆等朝增建、改建，建筑宏伟壮丽，环境庄严肃穆。新中国成立后，国家对天坛的文物古迹投入大量的资金进行保护和维修。历尽沧桑的天坛以其深刻的文化内涵、宏伟的建筑风格，成为东方古老文明的写照。天坛集明、清建筑技艺之大成，是中国古建珍品。1961年，国务院公布天坛为"全国重点文物保护单位"。1998年天坛被联合国教科文组织列为"世界文化遗产"。1998~2023年天坛实施了30余项文物修缮工程，基本实现了古建筑的一轮整体修缮。修缮之外的日常保养能解决面上部分病害，仍迫切需要对文物建筑风险因素的全面把控和实施精准消除风险因素的预防性保护。

天坛作为国家文物局批准的第一批11处文物建筑预防性保护试点单位之一，在2021~2022年开展了文物建筑预防性保护试点实践，试点工作于2022年10月底实施完成；2023年3月，国家文物局专家完成项目结项评估；2023年5月，山东曲阜召开全国文物建筑预防性保护试点工作总结会，试点成效得到肯定。

（一）天坛文物建筑预防性保护试点范围

通过日常巡查数据及摸底巡查数据分析编制预防性保护方案，天坛优先选取中轴核心区部分古建筑作为本次文物建筑预防性保护试点范围，主要包括：祈谷坛建筑群（不含祈年殿）、圜丘坛、建筑殿座、天坛坛门及地面等；涉及建筑殿座共31座（包括院门、棂星门）、台式构筑物2处（祈谷坛及圜丘坛）。对试点范围建筑屋面、木结构、油饰、墙体、石构件、夯土结构、地面、排水及其他不同类型的构造体（包括不同组成构件）的巡查、检测、分析研究、检修及突发事件制定应急预案。巡查评估文物病害具体表现、材料自然老化过程、本体病害发育情况、受环境影响情况、受损原因等，并进行记录分析，必要情况下开展专业检修保护，对超出项目范围的内容，提出编制专项方案的建议。

（二）天坛文物建筑预防性保护试点做法

1. 围绕开展预防性保护的文物建筑形成全要素闭环管控

根据本次项目特点，完善组织模式，建立由设计、施工、监理及天坛公园管理人员组成的多方联动、高效运转的天坛文物建筑预防性保护专项项目组，成立日常巡查小组、定期巡查小组、专项巡查小组、专业检修小组、应急指挥小组，按照预防性保护工作类型分别开展工作。通过文物建档，日常、定期、专项巡查，风险评估，专业检修，成效评价，最终归集充实文物档案，围绕文物建筑形成全面闭环管控。

2. 文物建筑预防性保护实施

（1）文物建档

梳理文物建筑相关历史信息、档案资料等，全面调研建立基础档案。

（2）文物建筑巡查

梳理评估天坛文物建筑保护状况，在公园文物保护正常管理工作基础上开展文物建筑日常巡查、定期巡查和专项巡查三个层级的文物建筑巡查工作，通过预防性保护专业巡查，对古建病害现状、病害成因、发展趋势等进行记录、统计及分析。

①日常巡查

每日开展文物建筑日常巡查工作，由文物巡查人员填报《天坛公园文物问题报送单》，发现问题及时上报处理。

②定期巡查

详细勘察文物建筑屋顶、墙体、木构件、装修、油饰彩画、地面、台明等病害状况，并进行重点记录，结合自然环境、修缮保护状况历史档案、记录等，对比文物残损较严重部位的残损数据，分析病害成因、发展趋势等，形成巡查评价记录，完成文物建筑定期巡查记录表的填报工作，并提出检修意见或专项修缮建议等。

③专项巡查

在定期巡查的基础上，针对文物建筑特点，利用专业设备对建筑屋面、砖构件、石构件等项目范围内重点点位开展专项巡查，以及开展灾害性天气文物建筑风险专项巡查等。

在日常、定期巡查的基础上，搭设脚手架进一步开展文物建筑屋面专项巡查细勘，全面记录残损程度、数量、位置等信息，分析评估病害成因、发展趋势等，提出检修意见或专项修缮建议，最终形成文物建筑专项巡查记录表。

对文物建筑砖构件、石构件等开展专项巡查，利用地质雷达、含水率测试仪等专业设备对范围内重点点位进行专项巡查与安全评定，形成巡查记录，为今后采取有效措施、确保古建安全提供基础数据支撑。

针对雪、雨等灾害性天气开展遗产风险专项巡查，重点对排水沟、桥洞、龙头、檐头等开展专项巡查，利用红外测温仪等对含水率进行测定，查看文物保存状况，发现雨后、雪后出现的残损，分析残损发展趋势，识别与评估遗产脆弱性及遗产风险因素，及时给出整修意见。

（3）风险分析和评估

通过历史档案、巡查数据的积累分析，对病害情况进行统计分析，结合遗产脆弱性评估，进行遗产影响主次因素、影响程度分析，以及预防性、可行性、风险评估分析等，研究遗产保存状态及病害规律，得出保护状况评估及预防性工作意见等。

（4）定期例会

召开定期例会，对每组建筑进行风险分析并得出评估结果，总结项目实施中出现的各种问题，制订进一步工作计划，各方及时协调解决，全力确保试点项目的顺利进行。

（5）专业检修

根据项目总体计划，按照巡查的检修意见，分情况开展重点检修、日常

维护、临时保护及持续监测。重点检修针对一般残损，最小干预地采取保护措施，以达到预防作用，如对墙体、屋面进行查补，清理空鼓夹垄灰，重新捉节夹垄等。日常维护针对非直接影响安全的一般残损，采取保护措施，以达到预防作用，如墙体抹灰、对建筑油饰等进行修补重抹、地面砖局部挖补。临时保护针对影响安全的较大残损，采取临时保护措施，以取得暂时保护作用，但不能根治存在残损问题，需另行申报修缮方案。持续监测针对残损发展较慢、暂无安全隐患的，暂不进行干预，持续进行监测。

（6）成效评价

对文物建筑进行专业检修后的状态持续巡查记录，形成巡查评估报告、专业保护报告、保护制度建议等。

3. 预防性保护文物建筑档案

由档案资料开始，经过巡查、检修，最终对应单体建筑归集档案，形成围绕文物建筑的全面闭环。并以预防性保护各项数据信息记录作为今后研究、保护、修缮等工作的基础数据信息、支撑材料，以期达到减缓自然环境、人为活动以及建筑结构自身老化等方面对天坛部分文物建筑病害发展的影响，实现预防性保护的目的。

（三）天坛文物建筑预防性保护试点成效

（1）文物预防性保护实现了文物建筑"保护第一、加强管理"，为继续"挖掘价值、有效利用、让文物活起来"做好准备，天坛在2022年修编的《世界文化遗产　全国重点文物保护单位　天坛保护规划（2022年–2035年）》中将预防性保护理念及措施列入其中贯彻执行。

（2）建立日常巡查、定期巡查、专项巡查三个层级的文物建筑巡查工作体系，摸清了试点文物建筑保存状态及病害规律，通过风险分析，实现对遗产风险因素的把控，始终把确保文物安全放在首要位置，为文物安全长效保护及必需时保护性修缮提供决策依据。通过科技手段加持专项巡查开展的劣化风险、结构健康监测与安全评定，为文物病害从定性到定量分析研究积累基础数据。

（3）按照巡查的检修意见，分情况开展重点检修、日常维护、临时保护及持续监测，使实施预防性保护的文物建筑在适当的时间得以精准保护，最大限度保持文物建筑的原真性，使这些古建一定时间内可以处于良好状态，同时及早发现无法有效解决病害继续发展及病害加剧发育的文物建筑，及时进行专项修缮申请。

（4）在实施天坛文物建筑预防性保护项目范围内专业巡查期间，统计的主要病害类型约有 11 种，包括：瓦件缺失、捉节夹垄灰脱落、植物侵扰屋面、局部檐头糟朽、檐檩网老化、门窗扇变形、地面砖破损、勾缝灰缺失、油饰破损、墙面褪色、个别构件走闪，其中大多涉及常年雨、雪冻融而造成的自然侵蚀。找准病害后，本次对应以上主要病害陆续完成包括东天门，西天门，昭亨门，成贞门，祈年殿院内西砖门、东砖门、南砖门、西配殿、东配殿、祈年门，皇乾殿，花甲门，祈年殿院宇墙墙帽，东柴禾栏院墙墙帽，西柴禾栏院墙墙帽等 12 组古建筑屋面及 3 处院墙的墙帽查补、捉节夹垄及檐头油饰等检修；完成对成贞门、皇穹宇、回音壁东配殿及西配殿等 4 组古建筑屋面阶段检修；完成天坛中轴核心区域除屋面检修外地面、木装修、墙面等文物建筑预防性保护内容。通过文物建筑预防性保护区域文物建筑病害在一定时期内得以延缓。

（5）在预防性保护项目实施过程中，创建"日常巡查—专业巡检—风险评估—有效干预—及时处理"的文物保护管理工作模式，尤其是风险评估，做到了对有继续发展可能且对文物建筑影响较大的部分进行有效干预，对于风险评估比较小且较长时间对文物建筑影响较小的病害保持长期观察并记录，实现风险可控、保护提前的预防性保护管理目标，使文物的真实性、完整性得到有效保护。

（6）形成文物建档，日常、定期、专项巡查，风险评估，专业检修，成效评价全面闭环管控，扩充文物建筑档案、基础信息数据，确保文物保护工作精细精准，保证遗产价值延续。

（7）全面推进了遗产保护队伍建设，锻炼了专业队伍。辅助开展全民参与、大众关注的文物建筑相关宣教活动。

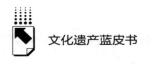
三 文物建筑预防性保护实践思考

当前，第一批文物建筑预防性保护试点已完成，有如下内容值得思考。

（一）贯彻整体规划，落实顶层设计

文物建筑预防性保护的全面开展离不开党、政府、国家文物局的文物相关规划和顶层设计、规划引导、政策扶持和资金支持。还需各级文物主管部门、文物管理部门、财政部门尽快推出与之对应的详细规划、指导方案，确保各地执行落实，将整体规划、顶层设计落到实处。

（二）借鉴先进预防性保护经验，试出特色预防性保护之路

中国文化源远流长，国内古建筑与国外历史建筑相比，既有共性也有特性，不同的构架、不同的材质的古建筑预防性保护方式方法也有区别。要深入研究中国古建文化的精髓，加强文化自信，不能不做分析照搬照拿。既要引进先进预防性保护经验取长补短，又要走出符合中国特色的文物建筑预防性保护之路，注重总结归纳，继承发展。

1. 加强理论研究，科技加持保护

预防性保护不同于零修和专项修缮工程，是在经过巡查、对比、分析文物的病害产生和发展趋势后，提前做好保护措施，以防止病害加剧或某种突生病害损伤文物建筑。但对于病害已经比较严重的，传统工艺材料已不能满足治理病害的情况下，须在技术、材料和方法上加持科学研究，开展对材料和工艺做法的研究和指导。

希望在推进中颁布适用于文物建筑预防性保护的等级质量标准，早发现、有验收，切实起到预防性保护效果。

2. 全面预防保护措施，确保文物整体安全

文物建筑预防性保护实施需兼顾全面文保措施。在开放景区要考虑开放特点、游客安全、措施与环境景观须协调等诸多因素。必须对地面、墙面采

用隔离保护措施，通道护头棚需兼顾防渗雨功能。

全面系统开展预防性保护工作须规范保护措施，确保保护措施费用全面不缺位，确保资金和文物安全。比如配套数字化记录、信息采集、必要的研究试验、监理及招标代理等支持。不论是措施层面还是资金层面，要覆盖预防性保护体系全流程。

四　结语

文物建筑预防性保护全面开展是文物保护事业的必然，具有中国文物建筑特色的预防性保护理论及实践需要我们全身心地投入其中。应具备顶层规划设计支持、全面的理论研究、整体的监测体系、完善的预防性保护机制、必要的预防性保护设备、适用的技艺和材料、充足的文保队伍、大众关注的文保宣教平台，通过实践理清中国文物建筑保护理念，守住文物保护初心，肩负文化传承使命，最大限度保持文物建筑的文化价值及原真性，使古建长期处于良好状态。

B.13
基于世界遗产要求的普洱景迈山古茶林 文化景观监测预警平台构建

罗　颖*

摘　要： 普洱景迈山古茶林文化景观监测预警平台基于世界遗产保护管理的最新要求，尤其是世界遗产第三轮定期报告中提出的监测关键性指标的内容，对指导普洱景迈山古茶林实际监测工作的监测数据体系进行了有益的探索和实践，并且以实现各项监测业务高效开展为目的整合了多项现代技术，研发了用以衡量遗产价值保护和传承状态的信息化平台。该平台是普洱景迈山古茶林实现预防性保护的重要措施之一，目前已经积累了大量的监测数据，能够基本掌握普洱景迈山古茶林的保护和传承状况，可以为当地保护管理能力提升提供必要的支持。本报告通过梳理、总结普洱景迈山古茶林文化景观监测预警平台在构建过程中探索出的"景迈山模式"，旨在为我国世界文化遗产尤其是活态遗产的监测工作提供参考借鉴。

关键词： 普洱景迈山古茶林　世界遗产监测　文化景观　预防性保护

一　概述

2023年9月17日，在沙特阿拉伯利雅得召开的第45届联合国教科文组

---

*　罗颖，中国文化遗产研究院中国世界文化遗产中心（中国世界文化遗产监测中心）工程师，主要研究领域：世界文化遗产保护状况、遗产监测。

织世界遗产委员会会议上，普洱景迈山古茶林文化景观（以下简称景迈山古茶林）以符合世界遗产价值标准的第（ⅲ）条（世界上现代茶园种植技术普及前传统的"林下茶种植"方式保存至今的实物例证和典型代表）、第（ⅴ）条（当地世居民族保护并合理利用山地和森林资源的典范），被批准列入《世界遗产名录》，成为我国第 57 项世界遗产。景迈山古茶林作为全球首项与茶文化相关的遗产，从人与自然和谐发展的纬度有力支撑了世界遗产名录的价值体系，彰显了包含中国茶文化在内的中华文明的文化特质。

自 2010 年景迈山古茶林启动世界遗产申报工作以来，包含世界遗产监测在内的世界遗产保护管理理念和方法逐渐渗入各项保护管理工作中。2019 年，受普洱景迈山古茶林保护管理局委托，中国文化遗产研究院中国世界文化遗产中心（中国世界文化遗产监测中心）承担了景迈山古茶林监测预警平台方案编制工作。设计组在遵循世界遗产保护发展的理念精神与工作框架下，针对景迈山古茶林的价值特点和保护管理现状，通过多学科、跨领域的综合研究，研发了一套能够为遗产保护提供预警提示等辅助决策的信息化平台。在景迈山古茶林申报工作的综合评估环节，该平台的设计理念以及实施效果得到了世界遗产委员会技术咨询机构——国际古迹遗址理事会（ICOMOS）的积极评价，为最终景迈山古茶林成功列入《世界遗产名录》发挥了不可替代的作用。

本报告通过梳理、总结景迈山古茶林监测预警平台在构建过程中探索出的"景迈山模式"，旨在为我国世界文化遗产尤其是活态遗产的监测工作提供参考借鉴，促进新时代文物工作要求下世界文化遗产监测能力和监测水平的高质量发展，为具有中国特色的世界文化遗产监测理论体系构建提供代表性案例。

二 以景迈山古茶林为代表的活态遗产的保护困境

以景迈山古茶林为代表的文化景观是世界遗产体系中弥合文化遗产和自然遗产鸿沟的重要部分。因其遗产价值的独特性，在实际保护管理工作中往往面临更加复杂的威胁与挑战。联合国教科文组织世界遗产中心遗产保护状况信息系统①显示，截至 2023 年 7 月，《世界遗产名录》中与景迈山古茶林一同属于文化景观且满足价值标准第（ⅲ）条、第（ⅴ）条的 15 项世界文化遗产因各种威胁因素，被要求提交保护状况报告 78 份，除与其他世界文化遗产一样都面临如缺乏有效的管理体制、城镇的无计划扩张以及高层建筑造成的天际线改变、不合适的遗产旅游开发等普遍性威胁外，这类遗产更容易受到与遗产相关的传统知识和风俗的丧失、因对遗产价值认知变化导致的对遗产资源的不当利用、当地身份和社会凝聚力以及当地人口与结构的变化等因素造成的不良影响（见表 1）。譬如在 2023 年 9 月第 45 届世界遗产大会上，埃塞俄比亚的盖德奥文化景观（The Gedeo Cultural landscape）以满足价值标准第（ⅲ）条、第（ⅴ）条被列入《世界遗产名录》，但因塑造并支撑整个文化景观的传统实践和传统治理处于极其脆弱的状态，受到世界遗产委员会和国际咨询机构的高度关注，大会现场就是否要把该项遗产直接列入《濒危世界遗产名录》引发了激烈讨论。此外，菲律宾的科迪勒拉斯水稻梯田（Rice Terraces of the Philippine Cordilleras）也曾因居民离开当地而放弃梯田、梯田的灌溉系统被忽视等原因被列入《濒危世界遗产名录》。

有机演进类文化景观因同时强调文化多样性、生态多样性以及人与环境的和谐发展，在面对快速城镇化、工业化的过程中，相较其他遗产更具脆弱性和敏感性，更易受到旅游及资本的影响，从而导致空间形态破坏、空间功能衰败②，传统生产生活方式和传统文化的消失、变异③，物质层面和非物质层面的价值特征保存均面临较大的威胁。如何制定更加有效的保护管理措施，及时了解现代社会对以景迈山古茶林为代表的活态遗产在演进过程中的累积性影响，从而尽量避免或是减少负面影响，是摆在遗产管理者面前不可回避的难题。

---

① 资料来源：世界遗产中心官网，https://whc.unesco.org/en/soc，最后检索时间：2023 年 7 月 31 日。

② 张颖岚、刘骋:《传统村落遗产价值重构与空间再生产研究——以浙江"千万工程"为例》，《中国文化遗产》2023 年第 5 期，第 33 页。

③ 李华东、程馨蕊、段德罡等:《笔谈：遗产活态保护传承与乡村可持续发展》，《中国文化遗产》2023 年第 5 期，第 4 页。

表1 世界文化遗产与满足价值标准第（ⅲ）条和第（ⅴ）条的文化景观面临的主要威胁因素 单位：%			
排名	世界文化遗产		满足价值标准第（ⅲ）条、第（ⅴ）条的文化景观	
	威胁因素	占比	威胁因素	占比

排名	威胁因素	占比	威胁因素	占比
1	管理系统/管理计划	67.06	管理系统/管理计划	79.49
2	住房	42.95	住房	35.90
3	管理活动	20.43	财力	30.77
4	法律框架	15.42	人力资源	28.21
5	旅游/游客/娱乐的影响	15.38	法律框架	26.92
6	地面运输基础设施	14.48	传统生活方式和知识体系的变化	23.08
7	蓄意破坏遗产	9.52	旅游/游客/娱乐的影响	20.51
8	人力资源	9.11	社会对遗产的重视	19.23
9	水（雨/地下水位）	9.02	非法活动	19.23
10	非法活动	8.98	管理活动	17.95
11	土地转换	8.24	身份、社会凝聚力、当地人口和社区的变化	14.10
12	财力	7.79	采石	10.26

资料来源：联合国教科文组织世界遗产中心遗产保护状况信息系统，世界遗产中心官网，https://whc.unesco.org/en/soc/149，最后检索时间：2023年7月31日。

三 以保护遗产突出普遍价值为目的的世界遗产监测

（一）世界遗产监测的基本概念

世界遗产监测是世界遗产体系下预防性保护理念与方法的具体实践，它通过收集特定数据，了解遗产突出普遍价值保护和传承情况的动态变化，判断其发展趋势，为提出合理的保护管理措施尤其是预防性保护措施提供依据，以实现《世界遗产公约》及《操作指南》中提及的"缔约国要竭尽全力保护、保存、展示具有突出普遍价值的文化和自然遗产，并将其代代相传"的要求。

（二）世界遗产监测的"三个特性"

世界遗产监测作为推动世界遗产事业可持续发展的主动式管理变革的工

具，在遗产地层面，以及缔约国、地理文化区域、全球层面上，兼具系统性、科学性和动态性。系统性体现在，世界遗产监测不局限于收集数据，而是一个"收集数据—发现变化—分析影响—实施措施"的系统性工作流程，譬如由遗产地、缔约国、世界遗产咨询机构、世界遗产委员会共同参与的世界遗产监测重要程序之一——保护状况报告，往往是通过舆情、举报等途径发现世界遗产的异常变化，进而通过专门的评估分析其对遗产价值的影响，然后实施相应措施进行改善，若未达到预期效果，则会再次循环整个过程直至负面影响消除或者得到有效缓解。科学性体现在，世界遗产监测要根据遗产地自身特点、文化背景以及更广泛的社会、经济和环境因素，紧紧围绕决定遗产突出普遍价值保护和传承状况的两大内容即"管理体制是否有效运行"以及"管理体制是否取得正确结果"而展开，从而有效评估是否实现现阶段世界遗产事业战略目标，即世界遗产突出普遍价值是否依旧存在、世界遗产是否得到有效保护管理、是否有足够的专业保护能力、是否达到增强大众对世界遗产认识／参与／支持的目标等。动态性体现在，随着世界遗产事业理论和实践的不断发展，以及各项外界压力的不断变化，世界遗产监测所关注的内容会持续完善，包括不断更新《操作指南》和定期报告问卷中有关监测的内容，频繁启动保护状况报告和反应性监测程序，以及加强申遗文本和国际专家现场评估中对监测工作的考核等。

（三）世界遗产监测的最新要求

目前正在全球进行的第三轮定期报告是世界遗产监测程序中系统评估缔约国和遗产地对世界遗产委员会和缔约国大会各项政策实施情况的重要工具，同时也全面体现了 2015 年以来包括世界遗产监测在内的世界遗产保护管理最新要求。其中，关于世界遗产监测主要聚焦以下几个方面：①监测项目要有针对管理需求和／或改善对突出普遍价值的理解；②要有定义衡量保护状况的关键指标，且正用于监测遗产突出普遍价值保持状态；③要积极吸纳包括当地权力机关、当地社区、土地所有者、女性、研究者、旅游业、当地企业和产业、非政府组织等不同群体参与监测工作；④要按计划实施世界遗产委员会的各项决议等。其中对于关键指标，更是首次提出了由保护、管理、治理、能力建设、协作和可持续发展 6 个方面构成的框架体系，表明目前世界遗产监测工作不仅要关注突出普遍价值保护现状和趋势，遗产影响因素状况，遗产完整性和真实性，遗产保护法律框架的充分性，资金、人力资源以及预算的充足性等，还要关注主要利益相关方参与程度、遗产保护计划的宣传和推广，与文化和生物多样性相关公约和规范性文书的协作情况，对环境可持续性、包容性社会发展和包容性经济发展以及和平与安全等内容的促进情况。

四　景迈山古茶林监测预警平台的构建

（一）平台基本情况

基于有机演进类文化景观的保护困境以及世界遗产监测最新要求，针对景迈山古茶林的遗产特点和保护管理工作现状，景迈山古茶林监测预警平台以"变化可监测、风险可预报、险情可预控、保护可提前"为目标，设计了一套能够综合衡量、评估景迈山古茶林遗产价值保护和传承状况的监测数据体系，并通过整合数据传感器、计算机技术、数据通信技术、地理信息技术等多种信息化技术手段，提供对监测数据采集、审核、预警、研究利用等工作的高效管理，为实施各类保护管理措施提供信息查询、预警提示等支撑，助力景迈山古茶林保护管理水平提升。

（二）平台主要构成

景迈山古茶林监测预警平台主要由数据层、应用层、表示层、支撑环境等组成，可满足一线监测人员、遗产地／市／省／国家级管理人员、业务人员、专家等多种用户的工作需求。其中的数据层由地理专题数据、基础数据、监测数据、运维和管理数据等构成，为整个系统提供数据支撑。应用层主要包含监测业务管理系统、移动数据采集管理系统、数据服务与管理系统、监测数据分析评估系统、专家咨询系统等，主要对各类用户提供应

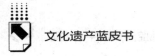
用服务。表示层主要包括地图定位、监测管理、监测图表、发布预警、处置跟踪、专题地图等空间表达，是直接与用户进行交互的系统部分。支撑环境包括硬件环境、软件环境、网络环境，满足系统运行环境及现场展示需求（见图1）。

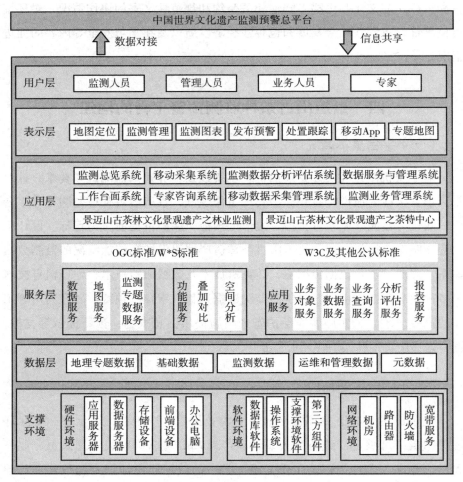

图1 景迈山古茶林监测预警平台的架构

（三）主要监测内容

全面、科学的监测数据体系是监测预警平台能否发挥预期目标的决定性因素。景迈山古茶林监测数据体系充分考虑了世界遗产监测关键指标框架和中国世界文化遗产监测指标框架要求，在全面梳理价值特征及其载体的基础上，分别从管理体制的运行结果、运行情况及相关保障这三方面设计详细监测内容（见图2）。

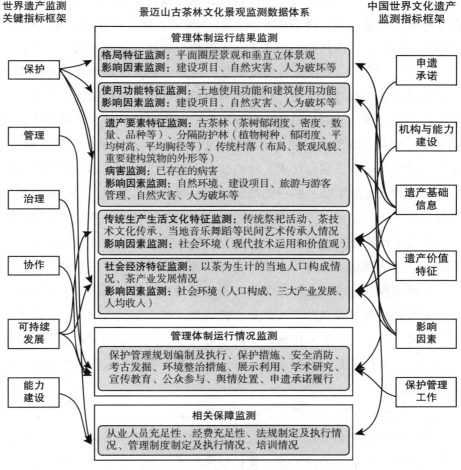

图2　景迈山古茶林监测数据体系

资料来源：笔者自绘。

1. 以衡量遗产价值特征保存和传承状况的监测

在管理体制运行结果方面，景迈山古茶林监测预警平台在遗产突出普遍价值的基础上进一步细化了承载价值的各项特征，并设置了能够体现这些特征保存状态的监测值，由此形成了一个以评估管理体制运行结果为目的的、从物质和非物质两方面展开的金字塔状的数据体系。其中，在物质层面上，设置了遗产格局特征监测、遗产使用功能特征监测、古茶林／分隔防护林／传统村落特征监测，实现从宏观到微观的外形和设计、材料和实质、用途和功能、位置和环境等价值特征保存状况的把握。譬如，景迈山古茶林的遗产格局特征体现在平面圈层景观（森林—古茶林—传统村落）和垂直立体景观（由高向低的神山、水源地、森林、传统村落、旱地、水田、河流），根据以上特征的实际情况，设置了各类用地面积、外围边界以及重要景观视线等监测值，对遗产格局特征进行全方位监测，以及时发现各种变化并评估其对格局特征的保存影响，为保护管理决策做支撑。在非物质层面上，设置了传统文化和社会经济复合系统等价值特征监测项，实现对精神和感觉、建造技术、种植技术、生产生活方式等非物质价值特征保护传承状况的了解。其中的传统文化价值特征监测项，主要对当地传统祭祀活动开展次数、参与人数、仪式内容，围绕种茶、养茶、采茶、制茶、饮茶等传统技术发展，以及当地音乐舞蹈等民间艺术传承等情况进行监测，以评估缔结了人与茶、人与自然精神联系并维系了古茶林文化景观千年传承的极具地域特色的茶文化和茶祖信仰的传承情况。社会经济复合系统监测项主要对古茶林茶叶产量、销售额、茶企业数量和规模、茶农收入及其占当地居民总收入比重，当地世居民族的人口结构和数量、参与茶产业的人口数量等方面进行监测，以评估以茶为主的当地社会经济系统的运行情况。

2. 以衡量遗产保护管理工作运行情况的监测

在管理体制运行情况方面，景迈山古茶林监测预警平台重点关注了包括保护管理规划编制及执行情况、保护措施、环境整治措施、宣传教育、学术研究、展示利用、舆情处置等在内的符合景迈山古茶林保护管理需求的各项工作在目标实现、工作流程运作、工作结果反馈[①]等方面的情况。譬如，针对保护措施中的日常保养维护工作监测，设计了反映该项工作对遗产真实性、完整性以及突出普遍价值的保护和传承作用的监测值，从设计、审批、施工到竣工等不同阶段运行效率的监测值，以及所得经验和教训总结的监测值。此外，针对世界遗产监测的最新要求还增设了相关监测指标，确保景迈山古茶林监测工作与时俱进。工作协同方面，增设了与景迈山作为全球重要农业遗产、全国重点文物保护单位、中国重要农业文化遗产等保护称号对应的保护内容协同管理的监测值，有利于平衡不同需求之间的冲突，确保景迈山的文化和自然要素都能受益于最佳的保护措施。公共参与方面，增设了不同群体参与包括监测在内的遗产保护管理工作程度以及不同群体对遗产认知及理解水平的监测值。可持续发展方面，增设了遗产保护促进当地民生提高、遗产旅游反哺遗产保护、遗产旅游对当地社会经济发展带动、针对当地世居民族的遗产教育开展情况等监测值，以及时掌握遗产保护与当地社会经济发展之间的状况。此外，还设定了针对整个监测工作有效性和系统界面易用性的监测指标，以指导下阶段监测工作调整和系统升级。

（四）主要监测技术融合

平台以满足遗产价值保护和传承为目标，综合运用遥感技术、地理信息技术、移动通信技术、物联网技术等现代化手段，积极探索研究大型文化景观类世界遗产监测方式方法，实现对遗产全方位的动态监测，提高了景迈山古茶林监测工作的效率和准确性，为遗产保护和管理提供了更加科学和有效的数据。

1. "1平台+2系统"构筑分工协作的综合信息管理平台

1平台，是指服务于景迈山古茶林保护管理局的总平台，可高效汇总、查询、展示景迈山古茶林的基本状况、影响因素分布及等级、管理成效等信

---

① 联合国教科文组织等：《世界文化遗产管理》，2013，第87页。

息，为景迈山古茶林的保护管理提供决策支持。2系统，是指根据景迈山古茶林的保护管理现状，专门为另外两家深度参与景迈山古茶林保护管理的机构研发的分系统，分别是由县林业局使用的林业监测系统以及由县茶叶和特色生物产业发展中心①使用的茶监测系统，协助林业局、茶特中心开展景迈山古茶林监测工作。

2. 地理信息及相关技术助力数据信息高效处理

景迈山古茶林监测预警平台采用全新的司南超擎技术，实现互联网＋遗产监测GIS，突破空间数据调用展示的性能瓶颈，通过对海量空间数据查询、读取、传输、显示等操作的加速，充分发挥遗产专题数据的空间定位、采集、管理、空间分析和在线编辑等能力，提高遗产资源管理效率，提供更直观的空间决策辅助功能。

3. 构建宏观与微观、定性与定量、部门数据共享与专项服务采购等多种监测手段相结合的综合监测技术体系

针对古茶树及森林病虫害的监测，平台使用了宏观—中观—微观相结合的监测方式。宏观层面上，在每年病虫害高发期使用0.5米多光普影像对遗产区森林病虫害进行监测，利用林木生物化学参数变化产生的相应光谱特征，探测病虫害的发生，定量分析病虫害的危害程度。中观层面上，在遗产区设置45个20米×20米调查样方，定期对样方内的病虫害进行人工调查、评估，了解病害具体情况。微观层面上，根据海拔、坡度、坡向、坡位、树龄、胸径、树高等因素选择若干棵具有代表性的古茶树，人工定期进行病虫害巡查。针对遗产格局、土地利用、村镇建筑风貌等监测数据，使用卫星遥感、无人机航摄、高清摄像机等方式进行监测。针对自然环境数据，采用气象、土壤、水质和虫情测报等前端监测设备以及与县气象部门、环保部门共享数据的方式进行监测。

---

① 县茶叶和特色生物产业发展中心，负责茶叶、咖啡等特色生物产业的技术培训、品牌打造和项目实施，指导全县茶叶、咖啡等相关产业种植农民专业合作社工作，以及信息统计、市场拓展等工作。

4. 研制"景迈监测云"移动端协助精准巡查

利用移动互联网技术、地理空间技术、定位技术、实时消息推送技术，研制"景迈监测云"移动端，协助精准巡查和异常处置。在"景迈监测云"移动端上，巡查员按巡查片区、巡查点开展巡查任务，发现异常时系统记录照片、视频以及空间坐标，遗产管理人员通过监测预警系统准确定位异常位置及现场巡查人员，从而进行精准的调度、指挥，快速进行异常处理。

五　未来展望

景迈山古茶林监测预警平台基于世界遗产保护管理的最新要求，尤其是第三轮定期报告中提出的监测关键性指标的要求，对指导景迈山古茶林实际监测工作的监测数据体系进行了有益的探索和实践，并且以实现各项监测业务高效开展为目的整合了多项现代技术，研发了用以衡量遗产价值保护和传承状态的信息化平台。该平台是景迈山古茶林实现预防性保护的重要措施之一，目前已经积累了大量的监测数据，能够基本掌握了解景迈山古茶林的保护和传承状况，可以为当地保护管理能力提升提供必要的支持。

今后，随着监测数据的逐渐丰富，平台要联合专业技术力量进一步加强对监测阈值的研究，尤其是那些体现景迈古茶林活态遗产的监测指标，如古茶林、传统村落、森林与耕地、园地其他用地规模之间的平衡关系，传统文化的传承情况，茶经济与其他产业经济的关系等。积极探索在延续活态遗产价值特征以及合理利用的前提下，综合运用环境、经济、社会、生态等的监测数据，确定科学的监测阈值，以便更好地发挥监测平台的作用，保护好和传承好景迈山古茶林突出普遍价值。

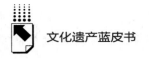

参考文献

国家文物局:《景迈山古茶林文化景观申报世界文化遗产文本》，2022。

中国文化遗产研究院:《景迈山古茶林文化景观监测预警平台设计方案（一期）》，2022。

世界遗产中心:《世界遗产第三轮定期报告问卷》，2018。

樊锦诗:《基于世界文化遗产价值的世界文化遗产地的管理与监测：以敦煌莫高窟为例》，《敦煌研究》，2008 年第 6 期。

《文化遗产监测国际文献选编》，上海大学出版社，2020。

王明明、文琴琴、张月超:《基于风险管理理论的文化遗产地监测研究》，《文物保护与考古科学》，2011 年第 3 期。

B.14
《大运河画传》《长城画传》创作谈

燕海鸣　张依萌　李雪　赵瑗[*]

摘　要: 由全国哲学社会科学工作办公室支持,全国政协文化文史和学习委员会主编、中国文化遗产研究院承编、江苏凤凰出版传媒集团旗下的江苏凤凰科学技术出版社、江苏凤凰美术出版社和江苏人民出版社编辑出版的《大运河画传》和《长城画传》先后于 2022 年、2023 年正式面世,响应了党中央关于大运河、长城国家文化公园建设的重大决策,践行习近平总书记关于加强文化遗产保护利用、"让文物活起来"系列指示精神,做到了内容专业、形式丰富、图文咬合、文字通俗,是文化传播领域的创新佳作,有利于加强大运河和长城的保护管理,充分反映了大运河、长城文化遗产保护传承取得的成就,创新文化遗产社会宣传模式,有利于弘扬中华优秀文化和增强人民群众的文化自信。

关键词: 大运河　长城　画传　国家文化公园

* 燕海鸣,中国文化遗产研究院中国世界文化遗产中心(中国世界文化遗产监测中心)副主任、研究馆员,中国古迹遗址保护协会秘书处主任,主要研究领域:世界遗产、遗产与中国社会;张依萌,中国文化遗产研究院中国世界文化遗产中心(中国世界文化遗产监测中心)副研究馆员,中国世界文化遗产监测预警总平台负责人,主要研究领域:中国世界文化遗产保护管理理论政策、世界文化遗产监测、长城考古与保护;李雪,中国文化遗产研究院中国世界文化遗产中心(中国世界文化遗产监测中心)助理工程师,主要研究领域:世界文化遗产、文物保护;赵瑗,中国文化遗产研究院中国世界文化遗产中心(中国世界文化遗产监测中心)工程师,主要研究领域:世界文化遗产、共享交流。

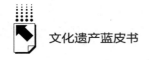
一 《大运河画传》《长城画传》的创作背景

2020 年 3 月，由全国哲学社会科学工作办公室支持的国家社科基金特别委托项目《大运河画传》《长城画传》编撰项目正式立项（20@ZH009），由国家文物局原副局长、中国文化遗产研究院原院长、中国博物馆协会理事长刘曙光研究员担任首席专家，由中国文化遗产研究院作为责任单位，燕海鸣、张依萌分别担任《大运河画传》和《长城画传》编撰的子项目负责人。

项目启动以来，在时任全国政协副主席刘奇葆同志的亲自关心、统筹与指导下，经过全国政协文化文史和学习委员会各位领导、专家的推动和把关，项目组严格按照任务书要求，克服了新冠疫情带来的影响，与江苏凤凰出版传媒集团等精诚合作，扎实推进编撰和图书出版工作，以"精品力作、传世之作"的高标准，不断打磨、提升。在两年半的时间内，共召开正式工作会议 13 次、内部讨论会 20 余次、样书专家修改咨询会 10 余次。

至 2023 年第一季度，该项目完成了全部工作计划，编写完成《大运河画传》和《长城画传》，各约 20 万字。其中，《大运河画传》由江苏凤凰科学技术出版社和江苏凤凰美术出版社正式出版发行；《长城画传》由江苏凤凰科学技术出版社与江苏人民出版社正式出版。

《大运河画传》和《长城画传》的编撰与出版，响应党中央关于大运河、长城国家文化公园建设的重大决策，践行习近平总书记关于加强文化遗产保护利用、"让文物活起来"系列指示精神。"画传"的出版有利于加强大运河和长城的保护管理，充分反映大运河、长城文化遗产保护传承取得的成就，创新文化遗产社会宣传模式，有利于弘扬中华优秀文化和增强人民群众的文化自信。

二 《大运河画传》创作感悟

（一）写作意义

大运河是中国人民创造的伟大工程，是世界上里程最长、规模最大、使用时间最久的运河，是中华文明的重要标志，对中华民族的延续和发展意义非凡。党中央、国务院高度重视大运河文化保护传承利用。习近平总书记多次做出重要指示批示，强调"大运河是祖先留给我们的宝贵遗产，是流动的文化，要统筹保护好、传承好、利用好"。"十四五规划"提出建设长城、大运河、长征、黄河等国家文化公园。

建设大运河国家文化公园，其中一项重要工作是让公众认识大运河的历史、科技、艺术、文化与时代价值。这是一项难度较大的科普工作。现有的大运河的出版物及网络资源十分丰富，从不同角度，对中国大运河的历史文化价值的传播起到了积极作用。多年来，姚汉源、朱偰、邹逸麟等历史地理名家，已经创作出了不少优秀的科普读物，一些作家也纷纷出版有关大运河的文学作品。不过，专业类学术著作对于普通公众而言可读性较弱，而科普类读物和文学演绎类著作在专业性、严谨性上又相对欠缺。

大运河的科普又面临其独有的困难，一方面由于大运河自身历史文化脉络千丝万缕，要用普及性的文字把各种维度的运河价值说清楚，具有一定挑战；另一方面由于大运河在视觉上的表现力较弱，公众很难通过直观的画面体会大运河的形象和价值，以文字为主的内容较抽象，读者难以形成直观认识。

在这个背景下，以"画传"为体裁，传播国家文化公园的故事，希望通过图文并茂、通俗易懂的形式，将大运河的故事呈现给普通公众。《大运河画传》是大运河、长城、长征、黄河系列故事中正式出版的第一部。该书希望在严谨、权威的基础上，兼顾通俗性、易读性、艺术性，让读者读起文字来轻松有趣，品起画面来直观明了。希望让大运河成为故事的主角，用深入浅出、图文并茂的形式和精心提炼、生动撰写的内容，向社会大众特别是年轻一代传播大运河的历史文化价值，更广泛地普及历史、文化和自然知识，满足人民群众对美好生活的追求。

（二）主要内容

《大运河画传》有绪言以及运河国家、运河工程、运河城乡、运河文脉、

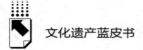

运河人物、运河未来六章，并在书后为读者提供了延伸阅读参考。全书共计20万字和200多幅图片，讲述了中国大运河的历史、考古、科技、文化、社会、经济等领域的知识、传统、故事等，涉及历史事件、工程杰作、城乡发展、人物故事、文化衍生、保护传承等，基于学术研究成果，以通俗易懂的形式呈现给普通公众。

绪言：何以大运河，何以中国。总体描述大运河宏大的山形水势，因气候、降水等原因造就的独特条件和形貌，和对古代中国国家一统以及政治经济文化的巨大影响，表述其历史脉络和突出普遍价值，突出大运河横跨南北、万古江河的气势，以及其对于今天中国经济社会发展和文化建设的重大意义。

第一章：运河国家。本章介绍运河对中华民族多元一统国家形成和维系的重要意义，以时间为线索，撰写每个重要历史时期大运河的关键特点。大运河是实现国家一统的重要交通体系，也是改变中国历史走向的重大政治决策。

第二章：运河工程。本章介绍运河在规划、水源、仓储、行船、高程、治理黄淮等问题上的杰出工程成就，以及中国古代造桥、闸、船的工程智慧。

第三章：运河城乡。本章讲述运河沿线的重要节点，包括运河之都、运河之城、运河之镇、运河之乡等，展示因运河孕育和繁荣的沿线经济、社会成就，呼应当今以人为核心的新型城镇化建设的国家区域发展战略。

第四章：运河文脉。本章介绍大运河衍生的诗词、绘画、书法和其他文学、戏剧等作品，展现大运河绵延不绝且丰富的文脉，中华民族悠久绵长的文化基因。

第五章：运河人物。本章描述与运河有关的个体故事，包括治河的名臣、普通的纤夫和河工，突出对运河有重要贡献的历史人物，突出人民群众的贡献和牺牲精神，并简单介绍几个在运河上有着独特经历的外国人。

第六章：运河未来。本章讲述大运河在当代被赋予的重要意义，大运河申报世界文化遗产的历程，建设国家文化公园的行动，阐释其在推动生态文明建设、文化强国建设和实现人民美好生活的进程中扮演的重要角色。

（三）编撰历程

《大运河画传》的编撰，不仅是一个书写文字的过程，更是一个知识转化、文图咬合、设计提升的综合过程。

第一是文字形式。虽然撰写者熟悉学术研究领域的大运河，但这些内容是否应该全部呈现给读者，又该如何呈现给读者？这需要不断站在读者角度去思考，尤其是还要呼应当代读者的阅读习惯。笔者把大运河作为画传的主角，书中的每一个篇目便是这个角色经历过的一个个故事。既有隋炀帝下扬州、乾隆皇帝下江南这些耳熟能详的故事，也有李密和王世充争夺回洛仓、谢德权治理汴河、颜真卿为国捐躯等读者不那么熟悉的故事。每个故事都会引出大运河的方方面面。如此一来，用讲故事的方式让读者了解大运河的功能，印象深刻，又能避免说教，读起来轻松。

第二是图片甄选。编写工作组精心搜集、研究、遴选了诸多体现大运河价值的图片。这些图片以中国文化遗产研究院、江苏凤凰出版传媒集团等单位丰富的档案和图片资料，历年出版发行的关于大运河的图片集、绘图作品集，以及申报世界文化遗产和遗产保护管理工作中拍摄、绘制、收集的大量图片为基础。全国政协文化文史和学习委员会还协调了故宫博物院、国家博物馆、国家图书馆、辽宁省博物馆等单位，获取相关图片授权，最终从超过万余张的图片中遴选表现大运河文化内涵、景观、相关文物等共 200 多幅质量过硬且具备很强艺术性和观赏性的配图。包括故宫博物院藏《清明上河图》、中国国家博物馆藏《后母戊鼎》、清华大学艺术博物馆藏《大禹治水图》、美国波士顿美术博物馆藏《历代帝王图》之隋炀帝像、国家基础地理信息中心藏《京杭运河全图》等。翻开《大运河画传》，一幅幅精美图片飞入眼帘：有传世名画、文物高清图，也有大运河的航拍、夜景等。

第三是设计升华。在文字和图片基础上，全国政协委员、国家博物馆副馆长刘万鸣作为画传的美术总设计，指导山东工艺美术学院美术设计专家、江苏凤凰科学技术出版社及江苏凤凰美术出版社的编辑，在版式设计上突出

"画传"特征，以多彩的页面、兼具历史感与现代感的设计理念，通过贴士、边栏、色块、小品图等多种要素的穿插，力求呈现出鲜活的画面质感，给读者带来极大的艺术享受。

更重要的是，文字和图片之间、文字与文字之间，是一种"互文"和"咬合"的关系。比如，在"南粮北运与明清国运""清口枢纽与黄运淮治理"等节中，作者讲述了京杭大运河面临黄河水患的挑战。到了后文"文人墨客的行旅与创作"一节，介绍明朝文人王世贞沿运河所绘的一组《水程图》，有意选取了一幅河工正在曲头集维护堤岸的场景，并用文字说明："《水程图》绘制的前几年，是黄河频繁泛滥侵扰运河的时期。……王世贞经过这一段时，……还有河工继续在维护堤岸。"这便是一种文字、图片、知识点的"咬合"。

另外，在介绍赵孟頫的《兰亭十三跋》时，书中强调，赵孟頫之所以有时间写下这幅作品，恰恰也是因为乘坐的船只要等待过闸，正好有大把的时间来创作这或许是存世的记录京杭大运河最早的文字。编写者在前两章中介绍了会通河一线由于高程落差大，不得不设置许多闸来调控的工程特点。读者带着这些印象，读到赵孟頫一节，看到节首图中那经历火灾而依稀留存的"待放闸书"几个字，很难不产生与大运河的通感之情。

要实现上述目标，需要一个高水平、高效率的工作团队。这个团队由国家文物局原副局长、中国文化遗产研究院原院长刘曙光担任首席专家。中国文化遗产研究院是中国大运河申报世界文化遗产的文本编制单位和大运河遗产管理规划的编制单位；江苏凤凰科学技术出版社曾以十年之力整理出版了《中国运河志》。可以说，《大运河画传》的作者和编辑们，在熟悉、了解大运河的历史、现状方面，基础深厚、起点很高。同时，《大运河画传》由国家博物馆、山东工艺美术学院的艺术家装帧设计。虽然主创人员来自不同单位，但在全国政协文化文史和学习委员会的统筹部署下，各方密切配合，克服种种困难，出色完成了任务。

在编撰过程中，编者始终秉持表达正确的历史观的理念。虽然文笔轻松活泼，但绝不戏说、绝不歪曲编造，而是一切呈现客观准确的信息，且传递一种严肃看待运河历史、中国历史的态度。

一是对历史复杂性的客观认识。《大运河画传》的几大部分，实际上也是不同视角下的大运河。官方视野下的运河更多突出其发展演变及对于漕运保障、政权稳定的重要性；水利工程方面的文献则偏重运河的挖掘、疏浚、工程设施布局和构造等技术环节；民间记忆往往倾向塑造"人物"，如杨广、弘历这样的传奇帝王，以及水利老人白英等民间治水英雄；文学作品描述运河两岸的风土人情；诗歌艺术突出运河的形象特征；当代历史学者则关注运河的漕仓分布、治河理念、运维模式；甚至明清之后众多外国使节、游客以异域的眼光打量运河，留下了中文文献中都罕见的记录。《大运河画传》尝试表现这些多样的视角，让读者随着文字和画面，不断切换自己的思路，认识运河的多面性。

二是对历史人物、历史事件的理性把握。有一些历史科普的作者喜欢用戏说甚至戏谑的方式讲述历史。他们把历史人物娱乐化，去进行"恶搞"，以博得所谓的读者喜爱。《大运河画传》在追求文字生动性、可读性的同时，坚守严肃、科学的历史观，在关键之处保持史家克制的笔调。如对隋炀帝人物形象和历史功过的评论，有意避免脸谱化的写法，不去复述那些所谓的风流韵事，而是给予隋炀帝及其开凿大运河行为公允的评价。同样，在表述潘季驯治运成就时，以边栏方式提醒读者：潘季驯取得的"成就"，是之于帝王和统治者的成就，而对于生活在黄淮地区的老百姓而言，这些工程所带来的则是无尽的悲苦，以及数百年无解的环境和社会生态灾祸。

编者把两种"共情"贯穿始终。一是对读者的共情，把运河故事用直观通俗的方式呈现给读者，文笔轻松而克制。二是对大运河的共情，无论是风云人物，还是芸芸众生，编者都以平视的视角看待和体会他们的喜怒哀乐和历史功过。正因为有了这样的共情，《大运河画传》才能够把一项中华文明史上的宏大课题变成有血有肉、举重若轻的书卷，让历史、知识、人物、情感在其中交织。

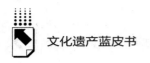

三 《长城画传》创作感悟

（一）写作意义

长城是中华民族的象征，也是中国人民创造的工程奇迹。中国政府历来重视长城的保护与利用。1961 年以来，长城各点段陆续列入全国重点文物保护单位名单。1987 年，长城更是因其无与伦比的突出普遍价值，被列入联合国教科文组织《世界遗产名录》，成为全人类共同的文化遗产。2019 年 8 月 20 日，习近平总书记在考察甘肃嘉峪关长城时强调，当今世界，人们提起中国，就会想起万里长城；提起中华文明，也会想起万里长城。长城、长江、黄河等都是中华民族的重要象征，是中华民族精神的重要标志。我们一定要重视历史文化保护传承，保护好中华民族精神生生不息的根脉。

建好用好长城国家文化公园，第一步是要认识长城。长城有着极高的知名度和关注度，社会上不乏长城研究者。但当前的长城研究领域，社会力量仍然大于专业力量，因此已有长城研究与科普成果的质量均参差不齐。专业书籍深奥有余，而科普作品严谨不足。且由于长城强烈的象征意义，当前对长城精神层面价值的探讨多过对其遗产价值的追寻，这对长城文化的推广也产生了深刻的影响。总体上看，现有长城科普读物，并不能很好地呈现长城本身的面貌。如何创作一本兼顾知识准确和文字通俗的长城读物，是长城活化利用的一个关键课题，也是笔者一直在思考的问题。

与大运河相比，长城少了些烟火气，多了些肃杀和悲壮，这使《长城画传》的写作，在如何贴近读者这个议题上，面临更多的挑战。于是笔者尝试在宏大历史叙事和"帝王将相"之外，从细碎史料中提炼更多普通人的故事，在烽火狼烟之余，也介绍长城的工程管理、经济文化交流、当代长城沿线人民的生活状态与场景，体现长城两边人民对和平的渴望，拉进这座古代工程奇迹与当代人的距离，引起读者共鸣，努力做到"于无声处听惊雷"，可以说取得了良好的效果。

（二）主要内容

《长城画传》共计 20 余万字，有精美插图 250 余幅，以最权威的研究成果为基础，通过上百个精彩的历史故事，从长城的修建目的、历史沿革、地理形势、工程建造、战守武备、内外交流、古今观念和当代价值等角度，全景展示了长城的历史文化、精神价值、保护成果与未来图景。

全书分为七章：长城安天下、长城绘河山、长城兴工程、长城战与守、长城连内外、长城古今观、长城新时代。全书以绪言提纲挈领，历数长城在安全、地理、工程、军事、政治、经济、文化、精神、保护传承各方面的历史与现状，结尾附延伸阅读书目，以备有意愿深入了解长城的读者查询、阅读。

第一章长城安天下，从新石器时代的城防滥觞说起，考证长城因集体安全需求而生，从政治考量、社会经济成本的角度论证长城的修建为古代中原王朝军事战略的最佳方案，继而展开介绍历代长城的修建过程及其防御对象，并进一步阐述长城在冷兵器时代的战略意义，乃至与现代国家安全的紧密联系，强调长城并非国界，塞外的广阔天地同为华夏故土。

第二章长城绘河山，从鸭绿江畔到新疆腹地，按照地理单元依次介绍长城科学的选址、本体与环境的依存关系，以及兴建长城的各古代政权根据复杂边防形势采取的多元应对策略，展示长城融入北国山河的景观。

第三章长城兴工程，阐释了长城因地制宜的建造原则、选材与科学的建筑工艺，长城与水的共生关系，通过古代工程舆图与出土文物揭示古人的长城工程管理智慧，最后通过近代的铁路交通建设与当代文物保护工程衬托古人兴建长城的艰难与坚毅，歌颂工匠精神的传承，展现新时代长城守护者的才华与风采。

第四章长城战与守，通过历代烽火传递系统、明长城新型设施——空心敌台及长城武备展示长城作为军防工程的核心作用如何发挥，同时关注长城守军的边关生活，古疆场的战争场景，歌颂"长城抗战"时期中国军民在民族危亡之际的英勇抗争，缅怀先烈，鼓舞今人。

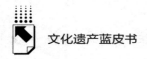

第五章长城连内外，聚焦长城内外的交流，通过中原政权与草原民族官方文书往来所体现的政治博弈，来自内地的戍边将士、因各种原因或自愿或被迫跨过长城到另一侧生活的贵族和平民的故事，以长城为线索的农牧民族间经贸互动，长城与丝绸之路的水乳交融，印证长城所发挥的纽带与桥梁的作用。

第六章长城古今观，阐述以长城为重要标志的东亚秩序与文化认同与大一统华夏政治格局，通过孟姜女传说故事的产生与嬗变，长城两侧不同宗教信仰体系的交流碰撞、古代外国人对长城的评价与想象，以长城为对象的文学艺术作品，以长城为见证者的重大历史事件等，从观念层面展现长城的文化价值与精神力量。

第七章长城新时代，回顾近代以来的重要长城考古发现，长城保护的艰难历程，当代长城守护者的情怀与付出，强调文化遗产是当代长城的第一身份；在此基础上，展现长城大舞台上的精彩瞬间，以长城为家的亿万人民的幸福生活，畅想长城活化利用的前景和国家文化公园建设的未来，及其对于满足人民对美好生活的向往和文化强国建设的重要意义。

（三）编撰历程

长城科普，任重道远，"既专业又通俗"六个字的实现又谈何容易。《长城画传》的问世，对于笔者和本书的专业研究团队、设计团队、出版团队而言，可以说都是一个艰难磨合、脱胎换骨的过程。

项目正式启动后，首先赴长城沿线各地开展了深入的前期调研工作。2020年8月28日至9月4日，全国政协副主席刘奇葆率全国政协文化文史和学习委员会调研组赴山西、河北两省5市13县（区），就"推进长城国家文化公园建设"进行监督性调研。画传编写组有幸跟随调研组深入多处长城重要遗址遗迹和博物馆、长城沿线城镇和村庄、2022年北京冬奥会张家口赛区等，与当地各级人民政府、文物部门、长城保护员和群众进行座谈，深入了解长城国家文化公园建设工作与地区发展的成绩和问题。此后，画传项目组又专门赴宁夏回族自治区，河北省张家口市赤城县、怀来县等地长城进行实地踏查，对长城的历史与当代保护利用工作有了很多新的认识，为画传的编撰积累了丰富的素材。

做好了充分的准备，接下来就是编撰过程中一次又一次的攻坚克难。

画传团队面对的第一个难关，是专业语言向传播语言的转化。

《长城画传》的文字主要由笔者撰写完成。笔者从事长城研究超过 10 年，并且长期致力于长城文化的社会传播。但笔者以往的写作经验以专业研究著作、论文和面向具有一定长城相关知识储备的志愿者、爱好者的高阶科普为主。而普通公众对长城则知之甚少，向他们传播长城知识，需要一个"翻译"过程。为此，笔者通过撰写样章，邀请非遗产专业从业者、青少年试读和反馈的方式，不断调整表达方式和文字深度，力求在把长城说透的同时，让广大读者能够读得懂。

本书没有采用以往长城著述的通史线索和"讲义"式的知识灌输，而是从浩如烟海的历史文献和考古资料中提炼真实历史，再将分散的史料整合成生动有趣的故事。这些故事中，既有汉匈和亲与战争、五代石敬瑭割让"燕云十六州"、宋代"关南争地"、明蒙"隆庆和议"、清代英国马戛尔尼使团来华、长城抗战、闯关东等宏大叙事，也有长城规划图《蓟镇图》的辗转流传；有明朝中期主战派与修长城派朝堂博弈，也有汉武帝"马邑之谋"失利、明武宗御驾亲征取得"应州大捷"等著名战役，戚继光设计建造空心敌台等名人事迹；有对孟姜女故事等家喻户晓的民间传说的别样解读，又有汉代西北边塞公务员的迎来送往，唐代烽火台守军士兵雇人顶替的不法行为，明代基层官兵"闹粮"、"夜不收"（明代哨探）的敌后生涯等历史上真实存在过，但鲜为人知的普通长城守军的日常生活与喜怒哀乐。

《长城画传》以客观的态度，呈现古今中外不同社会阶层、身份和立场的人对长城的看法。从不同的视角，用一个个小故事，以潜移默化的方式，将长城知识印入读者的脑海。让长城不再冷冰冰，而是有血有肉，时而风采奕奕，时而充满温情。

另外，笔者作为一名学者，固有的写作思维是注重知识体系的完整和章节内容的平衡。与此同时，长城研究材料具有海量、分散的特点，整合难度很高。然而对于普通读者而言，体系完整并不重要，关键在于阅读对象能够

吸引人。因此本书的写作思路也在试读过程中，从最初的全面介绍长城，变为了在史料中寻找故事性强的点，以亮点带知识。一些虽然学术意义重大，但材料细碎、故事性较差的内容，便舍去了。

再者，为了迎合现代人的阅读习惯，让受教育程度不同的读者都能够读下去，笔者在章节之间的关系方面也做了认真考量。阅读长篇著作，如同收看电视剧，通常有"连续剧"和"系列剧"两类编排方式。《长城画传》采用了后者，即全书的每一节均可独立成篇，每节又有若干独立的单元和若干短小的故事，每个单元不超过2000字。这样一来，本书便可以从任何一篇开始读起，而阅读又可以随时中断和重启，不至于读了后面、忘了前面，也绝不考验读者的耐心。每个篇章开头的章序和引句概括了本章的大致内容，使人一目了然，篇尾简短的议论又能够引人思考，可以使读者尽情畅想，回味无穷。

以刘奇葆同志为首的本书编委会和项目首席专家、国家文物局原副局长、中国博物馆协会理事长刘曙光同志，以及全国政协文化文史和学习委员会和中国文化遗产研究院的领导同志，也对书稿的撰写和编审给予了大力的支持，他们认真审读文稿，多次召开会议讨论，并给出了很多中肯的修改意见，诸如把握积极正面的内容写作导向，对过于专业的章节和具有学术争议的内容加以改写和删减等，确保了最终出版的版本章节紧凑，主题鲜明，内容深刻，形式活泼，文字精练，语言通俗。

第二个困难是图片的收集。

本书根据文字的内容，收录了国内外大量长城相关的舆图、古今画作、摄影作品、测绘地图、重要文物等，以更加直观的方式帮助读者理解文字，体会长城价值，塑造长城形象。其中有中国国家博物馆藏《蓟镇图》《九边图》、梵蒂冈人类学博物馆藏清代彩绘《长城图》、故宫博物院藏《百马图卷》《万国来朝图》、吉林省博物院藏《文姬归汉图》、美国波士顿美术馆藏《丹东王出行图》等传世舆图、名画，也有著名摄影家董旭明摄《独石口》《兔儿墩》、严欣强摄《山西山阴旧广武城》、杨东摄《大国战号》等照片佳作；有国家基础地理中心制作的《历代长城分布图》等精确的测绘地图，也有西周何尊、东汉"五星出东方利中国"锦质护膊等精美出土文物的高清照片。

笔者与创作团队花费了巨大精力，广泛搜集这些作品，与国内外几十家博物馆和非文博行业的收藏单位，以及摄影家、画家等创作者逐一沟通，获取授权，这一过程甚至比文字的撰写更加漫长。

笔者还利用休假时间走访各地的博物馆，在辽宁省锦州市的辽沈战役纪念馆中，发现了一幅表现解放大军进入山海关的油画《百万雄师入关》，这幅画与画传中表现长城作为红色政权摇篮的内容十分契合，于是当即与馆方取得联系，申请图片授权，并且几经沟通，请纪念馆的工作人员为油画专门制作了分辨率符合出版要求的电子版。

此外，为了更好地展现长城的形势，笔者更是专门绘制了20余幅长城局部或特定年代的分布示意图。重要图片全部配以详细的图说，以帮助读者更好地欣赏和理解。

在获取图片的过程中，也有些许遗憾。有些图片与画传的主题十分契合，但始终无法查到出处或联系不上所有者，或原收藏单位并未进行数字化采集；还有些海外博物馆收藏的名画，因新冠疫情、版权与费用等影响，获取困难，最终这些图片只得放弃使用。

但在全国政协文化文史和学习委员会和江苏凤凰科学技术出版社的大力协助下，最终成功取得了九成以上的图片使用授权。

第三个困难是图文关系的磨合。

以"画传"体裁呈现一项文化遗产，是本书的一项独特创意。如果把长城比作一个名人，那么《长城画传》则以图文并茂地讲述了长城的前世今生，诚如一部纸上的"纪录片"。画传并不仅仅是文字配插图，而是图文互为表里，相互"咬合"，以画呼应传，以传阐释画。比如在"北守长城的南方精锐"一节，本书配以国家博物馆藏《抗倭图卷》中的出征场景来让读者直观地认识这些来自南方的"义乌兵"，使他们的形象不再模糊和神秘；同时，本节文字对普通士兵人物故事的描写，也让古画里的人物活了起来。

图文的"咬合"不仅体现在内容上，也体现在形式上。《长城画传》的排版，是一个图文相互适应的过程。从总体设计上，画传力求色彩丰富，形式

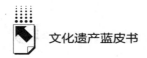

多样，每节节首设置点题引句，每页都有边栏、专栏、引文、诗词、小插图等小品。

有时为了保证图片、边栏的主题与文字的呼应，在审美上要做出必要的牺牲，不得不用一些视觉效果相对逊色的图片取代艺术效果更佳者。为了将小品与相应的正文排在一起，也会对文字进行压缩。一些重要的叙述，需要逐字精简，甚至忍痛割爱。

最终，历时三年，经过十余次咨询、修改和再创作的反复调整、磨合，本书做到了学术性、文学性、易读性和艺术性的统一。

2023 年 2 月，《长城画传》与读者见面了。该书由全国政协文化文史和学习委员会主编，长城保护研究的"国家队"中国文化遗产研究院承编；全国政协副主席刘奇葆同志和刘新成同志任编委会主任；中国博物馆协会理事长、国家文物局原副局长、中国文化遗产研究院原院长刘曙光担任首席专家；全国政协委员、国家博物馆副馆长刘万鸣和山东工艺美术学院讲师苏国强博士等知名艺术家担任美术设计；多位重量级长城研究专家担任学术顾问，可以说聚集了国内长城研究领域最顶尖的力量。全国政协文化文史和学习委员会和中国文化遗产研究院联合组建了编委会办公室，中国文化遗产研究院的柴晓明、李六三两任院长接力担任编委会办公室主任，为"画传"项目的顺利开展保驾护航。

在多方通力配合下，《长城画传》最终达到了全国政协领导关于打造"精品力作"的期许。相信通过时间的检验，本书也定能够成为"传世之作"。

四 集体智慧的结晶

"画传"的体裁，此前大多用在名人故事上。《大运河画传》和《长城画传》独辟蹊径，是国内外第一套以文物古迹和历史事件作为传主的画传。"画传"不是简单的文字配插图，不是图说，也不是画册，更不是连环画，而是以文字带图片、文图交融的双主线作品。图画不仅要便于阅读、有阅读感，而且可以深化文字、补充文字、"以画带文"，"以画增文"。采用"画传"的形式，将大运河的历史、考古、科技、文化、社会、经济等领域的知识、传统等，融汇于历史事件、人物故事、文化衍生、保护传承等主题之中，以通俗易懂、图文交融的形式呈现给普通公众。做到在以文字为引导的基础上，辅之以画面解读，并且文图互相印照，既能增加文字的画面感，又能提升画面的知识性。力求以生动的笔法、优美的图画为基本，以文字为线，以图画为珠，以线串画、以画映线，图文并茂、相得益彰，用一个个生动细微的故事串起这些历史遗迹全部的生命历程，将其涉及的中华文脉和生态文明，还有事件、人物、技术、精神一一呈现。

项目实施期间，项目组重点赴南京、淮安、扬州、河南、河北、山西等地开展了实地调研工作，以大运河沿线 8 省（直辖市）、长城沿线 15 省（自治区、直辖市）重要遗产地、各级人民政府、文旅及文物行政部门、文物管理所、相关社区和公众等为调研对象，对各地大运河、长城相关文献、文物、保护管理状况、展示利用状况、民俗文化、民间力量等进行了考察。特别是在 2021 年 8 月，刘曙光和张依萌跟随刘奇葆副主席和全国政协专题调研了山西、河北两省长城国家文化公园建设情况。这些实地调研的收获，对两本画传的写作起到很大作用。

中国文化遗产研究院作为承编单位，由柴晓明、李六三两任院长接力担任编委会办公室主任，组建了由中国世界文化遗产中心的骨干专业工作人员担任撰写者，由大运河领域资深专家张廷皓、葛承雍等先生作为核心咨询团队的编写工作组，除了从政治、历史、考古等角度进行审核以外，还广招水利、交通、生态、文旅、发改委等各行业专家进行指导与论证，保证其专业性、准确性。院相关职能部门全程参与项目进程，设置专门办公室，确保项目的顺利推动。

"画传"编撰工作以中国文化遗产研究院以及江苏凤凰出版传媒集团所藏丰富图片资料，历年出版发行的关于大运河、长城的图片集、绘图作品集，以及申报世界文化遗产过程中、申遗成功后所开展的保护管理工作中所拍摄、绘制、收集的大量图片为基础；同时，项目组还在全国政协文化文史和学习委员会的协调下，积极与故宫博物院、国家博物馆、国家图书馆、辽宁省博

物馆等单位联络，获取相关图片授权，最终遴选表现大运河、长城文化内涵、景观、相关文物等的配图共 500 幅左右。图片类别齐全，质量过硬，且具备较强的艺术性和观赏性。邀请资深美术设计专家，在版式设计上突出"画传"特征，以多彩的页面、兼具历史感与现代感的设计理念，通过贴士、边栏、色块、小品图等多种要素的穿插，力求呈现出鲜活的画面质感，给读者带来极大的艺术享受。

在此，编者向上述参与画传创作的单位和领导、专家、同人们表示衷心感谢。

B.15
大运河（杭州段）遗产保护利用
与城市经济社会融合发展探索实践

房友强 *

摘　要： 杭州作为大运河的重要节点，是京杭大运河的南端，也是浙东运河的起点。大运河孕育滋养了杭州城市文化，历史和现实在这里交汇呈现。因此，在实施大运河文化带和国家文化公园建设国家战略的大背景下，保护传承利用好大运河文化，赓续城市文脉，活化功能价值，是新时代杭州责无旁贷的光荣使命。在运河遗产保护方面，杭州成立专门机构，专职长效保护；制订地方法规和专项保护规划，依法依规保护；实施精准举措，科学专业保护；持续研究与宣传，深入全面保护。在运河遗产利用方面，杭州努力贯彻"保护第一、加强管理、挖掘价值、有效利用、让文物活起来"方针，积极探索大运河（杭州段）遗产点段的活化利用。紧紧围绕大运河作为活态遗产的内涵特征，特别是大运河（杭州段）穿主城区而过的实际，平衡好遗产保护和城市开发的关系，力求呈现遗产保护赋能城市发展、城市发展反哺遗产保护的良性互动局面，塑造古今交融、城河共生的城市空间。

关键词： 遗产保护　活化利用　融合发展　大运河

---

* 房友强，杭州市京杭运河（杭州段）综合保护中心主任、副研究馆员，主要研究领域：世界文化遗产、文物考古。

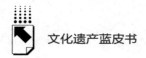
中国大运河世界文化遗产由京杭大运河、隋唐运河和浙东运河组成，是一项大型活态线性遗产，贯穿南北 8 个省市，列入遗产的河道全长 1101 公里。杭州，位于京杭大运河的南端、浙东运河的西端。大运河（杭州段）穿城而过，流经 6 个城区，遗产河道总长约 110 公里。大运河（杭州段）遗产要素包括属于江南运河（杭州段）的杭州塘、上塘河、中河、龙山河和属于浙东运河的西兴运河（杭州段）等 5 段遗产河道，以及拱宸桥、广济桥、富义仓、凤山水城门遗址、桥西历史文化街区、西兴过塘行码头等 6 个遗产点。遗产区面积约 7.73 平方公里，缓冲区面积约 24.47 平方公里，遗产要素具有多样性、复杂性，是杭州重要的历史文化廊道。

一　大运河（杭州段）保护管理概况

早在 20 世纪 90 年代，杭州便启动运河综合保护相关工作，开展截污纳管等工程建设。2000 年起全面开启运河综合整治工作，一直持续到运河申遗成功。2007 年，成立杭州市京杭运河（杭州段）综合保护委员会。2014 年申遗成功后的当年 12 月，成立专职遗产保护管理机构杭州市京杭运河（杭州段）综合保护中心。

2019 年杭州市完成政府机构改革，确定杭州市园林文物局是大运河（杭州段）世界文化遗产的主管部门，负责大运河遗产保护的组织、指导、协调、监督工作。下设大运河遗产保护机构——杭州市京杭运河（杭州段）综合保护中心，根据条例规定承担运河日常保护、监测、研究、展示等工作，并参与大运河文化保护传承利用及文化公园建设等工作。其他职能部门根据职责分工共同做好运河遗产保护利用。

大运河（杭州段）保护管理工作主要成效体现在体系建设、数字赋能、课题研究、生态治理、宣传推广等方面。

（一）强化体系建设，推进高水平保护

建立条例、规划、标准三位一体的保护体系。在 2017 年出台《杭州市大

运河世界文化遗产保护条例》、2018 年颁布《中国大运河（杭州段）世界文化遗产监测工作规范》、2019 年编制《杭州市大运河世界文化遗产保护规划》的基础上，近年来结合大运河国家文化公园建设相关工作，已公布《杭州大运河文化保护传承利用暨国家文化公园建设方案》《杭州大运河国家文化公园规划》《2022 年杭州大运河文化保护传承利用暨国家文化公园建设工作要点》。深入推进标准化工作，完成《中国大运河（杭州段）世界文化遗产驳坎保护管理规范》和《杭州大运河遗产河道历史环境保护控制导则》。完成《2022 年度大运河世界文化遗产（杭州段）保护管理评估报告》。严格落实《杭州市大运河世界文化遗产影响评价实施办法》，出台《杭州市大运河世界文化遗产影响评价实施办法》，规范遗产影响评价程序。2021 年，完成中国京杭大运河博物院项目二期等 35 个大运河涉建项目的遗产影响评价。2022 年，完成大运河滨水公共空间等近 20 个大运河涉建项目的遗产影响评价。

（二）落实数字化改革，赋能运河"数智"保护

建设"数智运河 – 大运河（杭州段）世界文化遗产数智管理系统"项目，打破数据壁垒和部门壁垒，提升管理效能。推进大运河（杭州段）监测预警体系建设提升。积极实施大运河（杭州段）监测预警指挥中心建设及监测预警平台数据采集项目、大运河杭州段遗产点建档测绘（凤山水城门、广济桥三维数字化）项目、大运河（杭州段）遗产点安全监测提升工程（凤山水城门三年周期性专项监测）、大运河（杭州段）动态视频监控系统对接升级项目等。推进数字化成果在文物保护和文化宣传中的应用。

（三）深抓课题研究，促进成果转化

在助力杭州市大运河国家文化公园建设中，"杭州大运河国家文化公园建设空间专题研究"顺利通过项目验收，并荣获 2020 年度浙江省规划科学技术进步二等奖、2021 年历史城市景观保护联盟优秀研究文章一等奖。课题"从棚户区到世界遗产高地——杭州桥西历史街区保护传承的创新实践"入选住建部"全国历史文化保护与传承示范案例"。完成了"世界遗产解说范例构

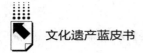
建与实证研究：以大运河文化带为例"课题以及《遗产解说理论与实践——以大运河文化带为例》《杭州工艺美术史》等运河学丛书编纂。完成"杭州中河和龙山河水生态健康调查与评估报告""运河名人系列丛书""浙江大运河文化带打造的理论审视与现实对策"课题。启动"大型活态线性遗产保护管理模式研究——大运河杭州段为例"课题。

（四）强化生态治理，合力高标准治水

出台计划抓统筹，编制水环境治理计划、"一河一策"实施方案等，完成生活小区"污水零直排"项目建设和运河干支流河道清淤疏浚任务。全面部署落实运河河长制提档升级，强化各级河长履职考核评价。坚持河长联席会议制度，强化河长制信息通报制度。2021 年，运河干流 18 个断面平均水质为Ⅲ-Ⅳ类，其中Ⅲ类 11 个、Ⅳ类 7 个。2022 年，运河干流 20 个断面平均水质为Ⅱ-Ⅳ类，其中 6 个断面较上年同期上升一个类别。

（五）强化宣传推广，塑造高品质形象

围绕杭州三大遗产联动，创新举措开新局。利用杭州亚运会吉祥物设计元素源自杭州三处世界遗产的契机，谋划开展"世遗杭州 应运而'声'"世界遗产文化联动系列活动，遴选杭州市世界遗产文化特使 100 名、金牌特使 15 名。开展文化和自然遗产日活动，并策划举办了"世遗之夜"主题晚会，以艺术的形式阐释三大世界遗产价值内涵，获得各级各方好评。成功承办首届、积极参加第二届"浙江大运河世界文化遗产宣传周"活动。

积极响应省市号召，加强与中国大运河沿线城市联动，唱好省内杭甬"双城记"，组织 2021 年、2022 年"同一条运河——浙东运河杭甬对话"活动，以小切口呼应大主题获得较好的社会传播效应，在杭州和宁波两地掀起热潮。同时，参与大运河"京杭对话"，高品质承办"千年运河展"等分项活动。

加强科普教育，充实游览路线与遗产解读版块。策划制作"听见·大运河"多媒体融合系列节目，被学习强国平台吸收。不断丰富科普宣传载体，开发运河遗产科普教育绘本。完成云游运河二期建设更新和凤山水城门、西兴过

塘行数字影像项目，通过动画形式，向公众通俗易懂地普及其历史与价值。

加强遗产保护交流合作，接待国家文物局调研杭州大运河古桥保护管理、中国文化遗产研究院来杭考察大运河国家文化公园项目、杭州大运河保护管理实地调研等，参加世界运河城市论坛，赴常州、无锡、上虞、余姚开展课题交流与考察学习等。

二 大运河（杭州段）监测工作成果

（一）信息化建设赋能运河"数智"保护

实现杭州运河保护核心业务数字化，重点提升杭州运河世界文化遗产监测预警水平，确保运河突出普遍价值得到永续传承；建设运河保护"属地（区/县）—市—省—国家"四级多跨协同场景。

运河遗产智慧大脑建设将实时、动态的遗产保护管理数据量化、指标化，直观展示大运河（杭州段）文化遗产资源分布和保护实时态势。为大运河世界文化遗产的合理保护、有效利用、科学决策提供支撑。

运河遗产数字治理体系建设。以场景化、多业务协同应用为突破口，面向文物保护、发改、规资、水利、林水、港航等多部门，打通数据壁垒和部门壁垒，实现内外部资源共享，促使文化遗产安全、文物保护工程、遗产影响评估等业务闭环形成，提升管理效能。

运河遗产中枢系统建设。通过精细化采集世界文化遗产基础数据以及遗产监测、建设项目、交通航运、水利行洪、生态环境等影响世界文化遗产因素相关数据，形成杭州城市大脑中智慧文物的大运河世界文化遗产专题数据小脑；通过对数据的采集、汇聚、处理、集成，服务大运河（杭州段）世界文化遗产保护管理工作。

（二）精准化监测，全面覆盖遗产要素

每月定期巡查，采用传统人工巡查与无人机巡查相结合的方式，实现全方位高效精准巡查。依托检察院大运河世界遗产保护（公益诉讼）创新实践

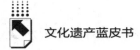

基地，与拱墅区检察院开启协作"护河行动"。2022年，杭州拱墅检察院大运河世界遗产保护公益诉讼检察创新实践基地建设项目荣获第六届"法治政府奖"。

此外，牵头编制《2022年亚运会京杭运河水环境质量保障和巡查工作方案》，使用无人机巡查运河环境状况，补齐运河郊野区段等人工巡查力所不及的短板。确保各类水环境问题"早发现、早协调、早解决"，同步积累了大量珍贵运河环境影像资料，为运河沿线环境问题整治奠定基础。开展日常监测内业工作。监测与保护联动形成工作闭环，跟踪重点事件或问题，通过沟通联系、通报、抄告、督办单等形式，督促日常保护管理部门及时维修、养护，相关责任单位及时处理问题和整改。

（三）专项监测突出重点，确保遗产本体安全

进行富义仓周期性专项监测，内容包括沉降位移变形、保存状况等。形成《2021年度杭州富义仓专项监测成果报告》2期，并在上半年完成《2022年度杭州富义仓专项监测一期成果报告》。

开展拱宸桥周期性监测，进行大运河（杭州段）拱宸桥5年专项监测成果的全面梳理和分析、5年保存状况的调研和总结、当前保存情况的现状勘察与评估。并根据评估结果，结合目前专项监测内容，明确后续专项监测的方向与内容。

开展凤山水城门遗址专项监测。2022年10月，《世界文化遗产—中国大运河杭州凤山水城门遗址专项监测设计方案》通过专家评审。梳理并设计监测方案，明确了专项监测内容、方法和周期以及监测实施的具体要求。

（四）数字化成果促进文化遗产保护传承

就大运河遗产数字化成果与数智运河-大运河（杭州段）世界文化遗产数智管理系统的融合应用进行功能设计，充分利用历年监测数据成果，为文物的保护提供依据，对其未来病害发展状况及文物本体结构安全进行预测预警。

围绕大运河重要遗产点段开展数字化保护。推进拱宸桥考古研究和数字化成果应用，制作营造三维模型动画演示视频及解说。在 2022 年底完成广济桥、凤山水城门的三维数字化建档测绘，2023 年完成桥西历史街区、西兴过塘行、富义仓的三维数字化建模，实现大运河（杭州段）遗产点的三维数字化全覆盖。完善世界文化遗产档案信息，为后续的研究、保护、监测、公众展示、文化传播提供基础资料信息。

三　大运河（杭州段）遗产活化利用实践

杭州努力贯彻"保护第一、加强管理、挖掘价值、有效利用、让文物活起来"方针，积极探索大运河（杭州段）遗产点段的活化利用。同时，紧紧围绕大运河作为活态遗产的内涵特征，特别是大运河（杭州段）穿主城区而过的实际，平衡好遗产保护和城市开发的关系，力求呈现遗产保护赋能城市发展、城市发展反哺遗产保护的良性互动局面，塑造古今交融、城河共生的城市空间。

以遗产价值为核心同时关注活态遗产的特殊性，尤其是关注人与遗产的紧密关系，避免街区空壳化。比如，杭州运河边的三处历史街区（小河直街、桥西历史文化街区、大兜路），在申遗前的整治提升中，按照"真实性、完整性、延续性、可识别性"原则，较早提出有机更新、活化利用理念。不仅是保留了建筑风貌、街巷肌理，还保留了 1/3 左右的原住户，一方面环境出新，居住条件改善，另一方面，也腾挪出一定的空间进行业态提升。小河直街历史街区保护项目被授予联合国"人居环境良好范例奖"；桥西历史文化街区入选住建部"全国历史文化保护与传承示范案例"。同时，还依据《杭州大运河遗产河道历史环境保护控制导则》，在后续的保护管理实践中，不断调整规范住户和商家的行为。

又比如运河边的工业遗存，很多都得以保留，并改造为似曾相识又富新意的公共空间，曾经的浙江省最早的油库——中石化小河油库，经国际设计招标，改造成运河边工业风的小河公园；杭州曾经最大的工业企业——杭州

钢铁厂改造为杭钢旧址公园；浙江最早的民族工业代表——通益公纱厂以及红雷丝织厂、土特产仓库等，改造成与原业态有关联的中国扇博物馆、中国伞博物馆、中国刀剪剑博物馆、杭州工艺美术博物馆、手工艺活态馆等特色专题博物馆群落。

此外，在保留运河最基本功能航运的基础上，积极开发水上文旅项目，运营水上巴士，使运河舟楫往来的独特风貌得以延续和提升。

总之，坚持整体统筹，多样化展示利用。对大运河的价值、各项文件深入解读，编制符合杭州特点的规划，指导运河的整体保护传承和展示利用工作。展示利用与非遗传承、城市景观打造、博物馆建设等相结合，有序建设文化场馆集群，形成围绕运河遗产进行展示的文化场馆集群与宣传教育阵地，确保运河展示利用工作的差异化、多样化，避免同质化。注重非物质文化遗产的活态传承，使其与文化场馆集群、历史街区、商业活动、旅游活动、教育活动有效结合，实现展示与体验一体化，充分利用活态遗产的特点，激发非物质文化遗产的活力，有效增强了杭州市民的文化认同、情感共鸣，让文化传承深入人心。

四　大运河（杭州段）国家文化公园建设进展

杭州积极落实习总书记"大运河是祖先留给我们的宝贵遗产，是流动的文化，要统筹保护好、传承好、利用好"的要求，开展杭州市大运河文化保护传承利用工作，成立杭州市大运河文化保护传承利用暨国家文化公园建设领导小组，根据上位规划要求，编制《杭州市大运河文化保护传承利用实施规划》《杭州市大运河文化保护传承利用暨国家文化公园建设方案》《杭州大运河国家文化公园建设空间专题研究》《杭州市大运河文化保护传承利用暨国家文化公园建设三年行动计划（2021~2023）》《杭州大运河国家文化公园规划》，明确了大运河文化保护传承利用及国家文化公园建设的原则、目标、行动、重大项目、重大活动等。

杭州是京杭大运河的南端和浙东运河的起点，流淌了两千多年的大运河鉴证着杭州的成长与变迁。根据中办、国办印发的《长城、大运河、长征国家文化公园建设方案》，杭州持续深化大运河文化保护传承利用暨国家文化公园的建设，不断整合具有突出意义、重要影响、重大主题的文物文化资源，实施公园化管理运营，形成具有特定开放空间的公共文化载体。依托杭州塘、上塘河、中河、龙山河、西兴运河、余杭塘河、西塘河、东苕溪、杭甬运河、运河二通道等十条骨架河道，构建"一轴两翼串四区、十园多点联多线"的空间格局，实施保护传承、研究发掘、环境配套、水利航运、文旅整合、数字再现等六类重大工程，打造塘栖江南运河名镇核心展示园、拱宸桥运河文化群落核心展示园、上塘古韵寻踪核心展示园和浙东诗路启程核心展示园等十大核心展示园。根据《杭州大运河国家文化公园规划》，这些项目将按 2023 年、2025 年和 2035 年三个时间节点分阶段实施。

截至 2023 年 10 月，大城北中央景观大道、大运河滨水空间杭钢河和运河湾样板段、小河公园、京杭运河二通道工程等标志性项目建成完工。杭钢工业旧址综保工程、京杭大运河博物院建设、大运河（杭州段）水岸互动文旅融合提升工程等有序推进，届时将形成一批强知名度、大影响力的大运河品牌文化工程。如杭钢工业遗址综保项目，总建筑面积约 46 万平方米，总用地面积约 55 公顷，将凝聚在杭钢工业遗址中高炉、焦炉、厂区铁轨等城市工业记忆，以全新面貌，展现城市工业"历史年轮"；如中国京杭大运河博物院项目，总建筑面积 17.8 万平方米，用地面积 5.71 公顷，打造集大运河博物馆、运河文化国际交流中心、青少年活动中心和配套用房于一体的国家级运河专题博物馆和大运河国际文化交流平台。

五　大运河（杭州段）保护利用工作展望

（一）高标准完善遗产保护体系，争当遗产保护领头雁

围绕大运河国家文化公园建设相关要求，进一步完善遗产保护体系：组织实施大运河（杭州段）世界文化遗产保护管理评估工作，推动沿线城区和建设主体协同做好运河遗产保护工作；继续系统推进大运河（杭州段）世界

文化遗产保护管理标准化体系建设；继续细致严谨开展涉运项目的遗产影响评价工作；继续协助省市河长开展巡河调研，推进年度治水计划实施落实，完善问题督办闭环机制，争当遗产保护领头雁。

（二）高起点推进数字化改革，打造"数字运河"变革高地

深入推进"数智运河"建设和大运河（杭州段）监测预警体系建设提升等数字化改革工作，致力系统解决大型活态遗产多部门、跨区域管理背景下，世界遗产保护管理措施精准落实的问题，使杭州成为数字赋能世界文化遗产保护和传承的变革高地。

（三）高质量深化理论研究，指导遗产保护管理实践

围绕大运河世界文化遗产核心价值和时代多重价值，立足大型活态线性遗产保护管理的实际，重点实施推进"大型活态线性遗产保护管理模式研究""新时代大运河遗产多重价值和阐释传播研究"等课题，精准化实践大运河文化阐释传播体系的构建，认真审视以法规、规划为引领的制度体系同保护实践的互动机制，研究分析大运河（杭州段）保护管理体制机制和有效举措，提出可以提升的方向、路径与措施，更好地发挥遗产保护传承利用综合效益。

（四）高立意开展文化传播，谱写遗产宣传主旋律乐章

牢固树立历史自觉、文化自信，深入挖掘文物和文化遗产内涵价值，围绕大运河文化、宋韵文化、三大世界遗产联动、文物数字化改革等重大主题策划好品牌活动，联动三大遗产管理部门，充分用足用好世界遗产文化金牌特使等社会力量队伍，转化阐述方式、活化文化传承，讲好中华文明故事的运河篇章。

B.16
中国文化遗产研究院历史资料数字化及数字资产管理系统的构建

郑子良　孟凡东 *

摘　要: 中国文化遗产研究院珍藏有大量文物保护及工程档案相关的历史资料。它们不仅是中国文物保护工程和科研项目的重要档案资料，也是中国世界遗产资源保护研究的重要见证和特殊物质载体，历史价值和科研价值尤为突出。近年来，中国文化遗产研究院实施了历史资料高清数字扫描，并开展数字资产管理系统研发方面的相关探索，试图以数字化资源带动遗产资源活化利用工作。本报告简要介绍相关工作情况和阶段性成果，并对数字资产管理系统设计及基本框架进行摘要解读，同时从继续加大高清数字化范围、搭建知识服务体系及加快相关文物保护史研究三方面提出进一步优化策略。

关键词: 历史资料　数字化　数字资产管理　文化遗产

---

　* 　郑子良，中国文化遗产研究院古文献研究室（文物资料数据中心）主任、研究馆员，主要研究领域：中国历史与出土文献整理研究、文物政策法规与文物保护史研究；孟凡东，北京探景科技有限公司高级工程师，主要研究领域：文物数字化保护、文物博物馆信息化建设。

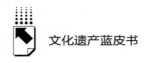

一 中国文化遗产研究院历史资料数字化的背景与基本考虑

中国文化遗产研究院经过多年的积累形成了丰富且较有特色的馆藏资源。其中有3万多件文物原始拓本、20多万张老照片、1.8万张古建图纸及大量的工程档案资料。1935年以来，从旧都文物整理委员会发展至今，中国文化遗产研究院科研工作者在北京及全国大部分地区遗产地开展众多重要文物保护研究工作，特别是在故宫、天坛、长城、十三陵、敦煌莫高窟、云冈石窟、五台山古建筑群等重要世界遗产地开展了卓有成效的工作。这些历史资料不仅是中国文物保护工程和科研项目的重要档案资料，也是中国世界遗产资源保护研究的重要见证和特殊物质载体，在全国具有唯一性，历史价值和科研价值比较突出。此外院藏民国时期中轴线测绘资料，也为北京中轴线申遗工作提供重要资料基础。随着国家对文物工作的日益重视，现实的遗产保护研究工作，特别是活化利用工作也迫切需要从历史资料中汲取养分。然而这些资料由于保管时期较久、材质较为脆弱，以本体进行科研和社会服务，不仅不便利，而且对文物本身、档案本身有较大风险。为此，以全面数字化信息提取方式，将院藏遗产保护科研资料转化为数字资源，不仅能促进原始材料的长期、安全、规范地保存，同时也有助于实现标准化、规范化和科学化管理的目标，通过数字资源方式推动资料有效利用和共享。

"十二五"至"十三五"时期，在国家文物局支持下，中国文化遗产研究院通过"金石拓片整理""文物、古籍善本与档案资料整理与研究"等项目的实施，完成了古籍及部分档案资料整理、编目及相关保护研究工作，积累了一定工作经验，明确了工作流程，为下一步数字化工作全面开展提供了坚实的基础。2022年起，在院领导的高度重视下，全面启动院藏资料数字化工作，其中包括原始资料高清扫描和数字资产管理系统搭建工作，以全面数字化信息提取方式，将院藏遗产保护研究项目资料转化为数字资源，实现纸质资料及数字资源标准化、规范化和科学化管理的目标，同时推动历史资料的研究进展，带动纸质资源及其数字资源的有效利用和共享。截至 2023 年 9 月，已完成 4 万余拍历史档案资料高清扫描工作，同时，基本完成数字资产系统研发工作，并通过系统有效将已有的数字资源较好地关联起来。

二 中国文化遗产研究院高清数字化进展情况

按照项目整体设计，院藏文献及历史档案资料高清扫描是所有数字化工作的前提和基础。中国文化遗产研究院根据国家相关标准、规范和藏品管理相关规定，在编目研究的基础上，有计划、有重点地将各种档案资料及文献资源进行高清数字扫描，逐步建立中国文化遗产研究院文物保护档案资源库和院藏文献资源库。

（一）工作对象确定

本项目对象为院藏文物科研档案及古籍文献，包括但不限于：

（1）古建图纸，主要为 20 世纪 30 年代至 90 年代的古建筑保护研究项目涉及的图纸，有不少为晒蓝图、硫酸纸图等，材质较为脆弱，实施有一定难度；

（2）老档案、老照片等，主要为旧都文物整理委员会、中国营造学社存放的早期文物保护项目资料及工程档案；

（3）古籍善本，重点针对有较高历史价值、科学价值的古籍，特别是与文物保护研究项目有关的；

（4）古书画、碑帖、老油画等有文物价值的藏品，以及古建筑模型、考古标本等。

（二）扫描数据要求

本项目采集及经处理的数字影像分三个层级。

（1）原精度 800dpi：用于单位原数据管理，采集的数据将以数字化的形式保存在高精密度与高安全性的物理存储装置中，同时为了保证数据的安全性，将以备份方式储存。

（2）高精度信息 250dpi：可以代替文献及资料实物，用于文献资料本身

的科学研究，为院内外专家学者提供研究便利。由于高清图像包含的基础数据的精确性，科研与技术人员不再需要反复接触文献资料实体，从而达到保护文献资料的目的。

（3）低精度150dpi：用于针对公众的利用与展示，针对大众的需求，可提供查阅、展示及复制相关服务。

对于250dpi、150dpi影像，均采用水印、LOGO等方法进行加密，保护院知识产权。在高清数字图像的基础上，将视需求和研究进展情况，开展部分OCR识别和录入工作，建立档案资料及文献资源数据库。

主要设备技术参数如下。

（1）非接触式扫描，大幅面扫描仪最高精度（16K传感器）；扫描时原稿物件需固定不动以确保其安全。

（2）高精度彩色线性CCD（3x14400像素）和线性专用镜头，保证在全扫描范围内图像的质量及清晰度，保证所采集的图像不会产生变形。

（3）高显色（显色指数CRI须≥95）LED数字同步光源系统，左右两边光源照度须可调节；采用特殊LED冷光源，色彩还原精确，无有害照射光源，光照距离可以保持50cm以上，减少对文物的照度；避免反光原稿的高亮点，可以消除原稿皱褶，保证原稿平整、色彩一致还原。

（4）扫描时带安全保护感应系统，扫描时人为或光源意外接触到原稿，扫描仪立即停止工作回位到安全位置，确保文物安全。

（5）扫描物理分辨率：800dpi。对于不反光文字材质的文物图纸、字画，制作页面标签，设定800dpi扫描精度，扫描一次形成TIFF文件。对于反光文字材质的文物图纸、字画，制作页面标签，设定800dpi扫描精度，扫描四次至八次形成MDC数据库格式文件。扫描色彩模式：通常为黑白二值，根据文物图纸、字画情况采用灰度或彩色。

（三）基本工作流程

数字化工作主要包括古籍文献与档案资料高清扫描、扫描数据图像处理、扫描数据图像存储和压缩、扫描数据图像转换、目录建库、目录校对、数据挂接、数据备份、文献资料还原封装等工作。

1. 数字化高清扫描流程

高清扫描工作流程分为前期准备、建立电子目录、开展扫描、数据检查、数据质检、数据处理、数据存储与数据备份等环节（见图1）。

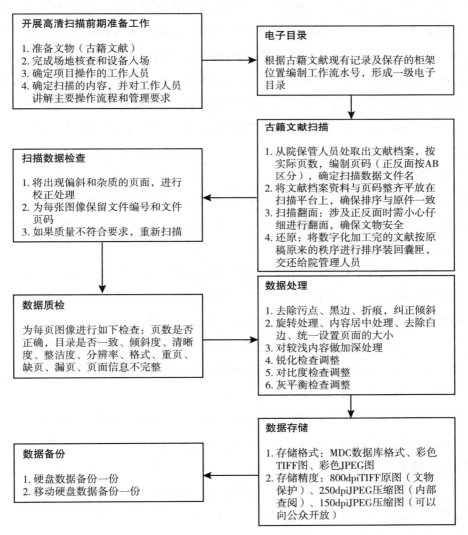

图1　历史资料数字化高清扫描流程

扫描处理时的操作要点如下。

（1）在古籍及档案等纸质材料的扫描中，首先要仔细核对件数、页数、缺失、破损情况等，并详细记录在工作交接单中。

（2）扫描前预处理：应在保护文献资料不受损害的前提下，拆除装订物（书本及古籍善本文献内的成册材料不能拆），将折皱不平、影响扫描质量的原件交于专家先进行评估或作相应处理；扫描完成后，拆除过装订物的古籍善本文献应按原古籍善本文献保管单位重新装订，并保持每页古籍善本文献原有的排列顺序不变，案卷不掉页，右边和底边整齐；对古籍文献的装订物处理应慎重，如为后期作的装订，且与纸质文件黏结不是很紧密的，可以考虑拆卷、拆钉，但拆除装订物时应注意保护古籍文献不受损害，如果是原始装订状态，且胶合较紧密的，原则上不得拆卷、拆钉；对破损不能直接扫描的古籍善本文献，需先报专家进行修补。

（3）区分扫描件和非扫描件：按要求把同一案卷中的扫描件和非扫描件区分开；无关和重复的文件要剔除；对于与原文件一起生成的空白页，应扫描，对于后期插入的空白页，原则上不予扫描。

（4）建设目录数据库：按照文献档案的具体情况，规范目录数据库基本内容。包括确定目录的著录项、字段长度和内容要求。如有错误或不规范的案卷题名、文件名、责任者、起止页号和页数等，应进行修改。

①目录建库：先用软件建立一个 Excel 或 Access 表，按照数据库软件功能的要求和古籍善本文献负责人所要求的方式进行著录，建立文献资料目录数据库。

②目录校对：采用古籍善本文献原件和古籍善本文献数据库校对的方式，对数据逐条进行核对，核对著录项目是否完整、著录内容是否规范准确，发现不合格的数据应要求修改或重录。

③编写页码：对文献档案有页码的，根据原始页号进行核对，如有错页、漏页、内容不全等情况详细记录在《工作流程单》中；对文献实体没有页码的要按照管理负责人的要求编写页码。

④资料登记：制作并填写文献资料扫描过程交接登记表单，详细记录

文献资料整理后每份文件的起始页号和页数；对破损、缺角及特殊纸张进行详细登记；扫描时应在《工作流程单》上认真登记扫描的文件号码和扫描页数。

数据库中支持扫描参数设置，可以方便、快捷的进行扫描参数的设置，如纸张大小、图像类型、分辨率、扫描方式等。

2. 数据后期处理流程与要求

扫描数据图像处理要求如下。

（1）去除扫描数据图像上的污点、黑边、折痕，对倾斜的扫描数据要纠正，对影响扫描数据阅读的扫描数据进行旋转处理。

（2）在对扫描数据图像做去污处理时，应对照实体文献资料进行处理，以免将文献资料中的有效内容去除。

（3）检查扫描数据扫描质量：扫描内容是否完整，是否有扫错页、漏页等情况，若有需重新扫描的古籍文献资料，应及时反馈，依据流程做二次处理。

（4）为预览时更加美观，需把纸张多余的白边去除，统一设置纸张的大小。

（5）为使扫描数据质量更高，需对文件进行居中处理。

（6）对扫描数据图像进行色彩校正。

（7）为了便于查阅扫描数据，需要把扫描数据排版成 PDF 格式，一个卷宗或文件单独形成一个 PDF 文档。

截至 2023 年 9 月，已完成 4 万余拍古籍善本、碑拓及老旧文物保护工程档案高清扫描工作（部分扫描成果见图 2），数据存储量为 8T，较圆满达到了预期目标。

三　中国文化遗产研究院文物文献数字资产管理系统的构建

根据功能设计，中国文化遗产研究院文物文献数字资产管理系统是面向资料保管者、专业管理者、专家学者等不同用户，实现对院藏古籍文献数字

宋本《冲虚至德真经》高清扫描

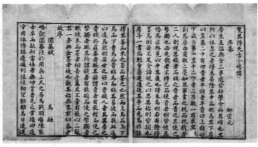
元本《棋经》高清扫描

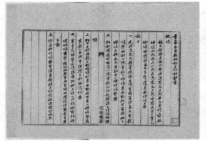
旧都文物整理委员会《景山内永思殿拆卸工
作计划书》高清扫描

中国营造学社藏书《雷氏支谱》高清扫描

图 2 部分历史资料高清扫描成果

化资源的录入、加工、利用、发布与展示、检索，以及数字知识产权等全方位的管理，并实现内外网分离（见图 3）。

（一）系统的定位与主要目标

1. 系统定位

基于目前中国文化遗产研究院已有的古籍管理系统、图书借阅系统，以及海量数据资源，同时将博物馆系统较为成熟的藏品管理系统、库房管理系统相关板块进行整合，实现数据互联，数据与实物相结合，实物、数据与空间管理三者结合，将传统库房管理与安全管理及数据管理等连接成为一个完整的整体。

2. 建设目标

（1）解决"数据孤岛"问题。目前，文化遗产研究院的数据资源存储于

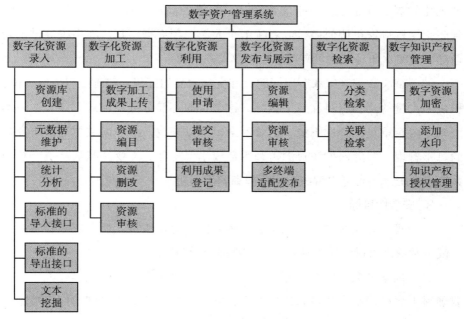

图3　文物文献数字资产管理系统功能设计

独立、分散的数据库或多台电脑硬盘中，如早年研发的图书管理系统、古籍管理系统，以及散落在不同部门和工作人员电脑中的数据。这些数字资源之间没有良好的数据接口，实际上是一个个的"数据孤岛"。数字资源之间需要有效数据的关联和整合，解决"数据孤岛"问题。

（2）解决数据格式规范性问题。在所收藏的数字资源中，除了藏品自身衍生出来的数字影像和音视频外，还有大量的其他数字资源。数字资源的文件格式种类繁多，特殊格式需要安装特殊查阅软件才能实现利用。未来这些特殊的电子文件格式，是否还可以被继续打开和利用，存在很大风险。对于已经开展的信息数据采集和收集工作，需要及时对电子文件的种类及格式加以规范限定，解决数据格式规范性问题，以免造成数字资产的损失。

（3）解决版权保护问题。文博单位影像资源的数据版权保护，目前普遍存在管理缺失的问题。对文物影像资源的使用范围、用途和发布渠道，没有系统化的规定和记录，对于文物图片、扫描的高清图片、视频或文字稿件，到底曾授权哪家单位使用，或者哪个个人使用都无据可查。本系统通过记录追溯、档案水印等技术可有效解决版权保护问题。

（4）解决数据管理和利用问题。在文物藏品的征集、整理、科研等方面，积累了大量的实物资料和数字资源。这些资源存储分散、格式不统一、版本繁多、内容重复、条目不清、记录不全，难以查找，给中国文化遗产研究院的日常管理、资源保护和资源再利用造成诸多不便。文物文献数字资产管理系统这个统一平台可以解决数据管理和利用问题。

3. 安全性目标

安全管理是系统整体安全中较为重要的部分。责权不明、安全管理制度不健全及缺乏可操作性等都可能引起管理安全的风险。

（1）档案及数据安全目标：档案属于不可再生资源，在项目过程中，需要确保不会给档案本体带来任何伤害；同时，也需要对采集到的档案数据进行安全保护，包括防止泄露与丢失。

安全防范：关键数据信息及系统口令使用加密方式存储，以防止数据的外泄；对于核心数据，系统须提供可方便备份和恢复的机制。

（2）业务安全目标：对加工后形成的数字资源进行管理，记录数据加工日程安排，支持数字加工成果上传、编目、删改、查看与审核。

安全防范：系统提供安全可靠的业务模式和操作流程，提供页面校验、数据判重、数据提交审批等功能，充分保证系统不易受到正常使用过程中误操作的影响。

（3）知识产权保护：授权人员对数字加工成果进行加密或添加水印，在精度与权限关系设置等方面进行进一步加工与审核；采用信息防泄软件（屏幕浮水印技术），浮水印显示在编辑视窗之上、不会对数字资料本身进行改写，支持电子文件防拷贝、防下载、防拍摄等功能。

（4）物理安全目标：物理安全风险（意外事故、设备失窃、电磁辐射等）可能导致网络系统平台或网络内数据资源的损毁。

安全防范：从制度制定、机构设置、人员配备以及数据存储与备份管理安全策略等方面保证管理的安全，并确定安全保护级别。

（5）网络安全目标：随着攻击技术的不断发展，网络攻击对系统所构成的安全威胁也越来越大。如网络非法入侵、网络传输过程泄密、内网非法外联等。攻击者利用系统或网络服务的漏洞进行攻击的行为，可能导致数据失密、服务性能下降、网络不可用等严重安全问题。

安全防范：外部局域网络设置防火墙等安全系统，防止黑客通过 Internet 入侵网络；内部局域网络使用良好的认证体系可防止假冒用户的攻击。

（6）主机系统安全风险：服务器系统是承载网络平台的基础环境，由于其需要长期不间断运行的特点，对整套系统的稳定性和可靠性要求极高，除了其本身易遭攻击破坏外，还容易通过它迅速传播网络安全风险，如病毒攻击、系统自身的安全漏洞等。因此需要根据系统的特点制定安全防护方案。

（7）访问安全目标：如假冒身份入侵、非授权的访问行为等，服务器系统的安全风险将直接影响到整个网络的安全。

安全防范：系统提供安全的认证方式，所有用户需通过系统认证获取相应的授权权限进行系统的功能操作；系统提供完备的日志功能，对于系统中重要的操作行为，须保留其日志数据，供管理人员查看。

（8）数据安全目标：所有信息最终都是以数据文件的方式存储在系统中，因此，信息的安全保密性，很大程度上取决于其使用的保护措施，对于数据信息的安全威胁，除应用系统对其存取控制外，主要还在于对其存储的安全保护；系统拥有完整的、多层次的安全保障体系，包括授权/认证机制、存取权限与执行控制、口令保护机制等多种安全保障机制和多种安全方案。

（二）系统的总体设计

1. 建设原则

本系统进行概要设计的原则：

● 稳定性与高效性原则；

- 模块独立性原则；

- 安全性与保密性原则；

- 系统易操作性原则；

- 系统可维护性原则。

文物文献数字资产管理系统是一个复杂的系统工程，围绕中国文化遗产研究院事业发展的总体目标，坚持以信息化建设服务于档案整理与保护、服务于社会公众、服务于决策管理为宗旨，因地制宜，兼顾大局，统一标准，规范建设。结合现有信息化建设基础，做好总体战略规划，制定近期和远期建设目标，分阶段逐步实施。

2. 总体框架与架构设计

文物文献数字资产管理系统以计算机硬件与网络平台为依托，以政策、法规、标准、规范、先进技术以及安全体系为保障，以数据资源、应用服务为支撑，分五个层次进行构建。

其中，基础设施层包括系统软件和硬件设施，数据资源层包括基础数据处理的基础数据库和藏品数据库，这些数据库为数据采集与处理提供了数据支撑。在此之上，实现平台数据处理的基础构建。在应用服务层，实现了应用三大模块业务功能和基础平台服务（见图4）。

3. 整体功能结构

文物文献数字资产管理系统整体功能结构如图5所示。

（1）基础档案

基础档案功能主要是对系统内各类型档案进行分类查询和管理，支持文物与标本、古籍、档案、金石拓片、影像、图书6种档案类型，电子档案支持在线预览、查询。

①文物与标本资源

文物与标本主要展示院内所有文物与标本类型档案，列表展示图片信息，包含名称、编号、年代、完残程度、数量、存储状态等信息，点击预览可打开PDF电子档案预览，支持使用申请及导出到本地，点击查看可浏览档案详细信息（见图6）。

图 4　文物文献数字资产管理系统架构

285

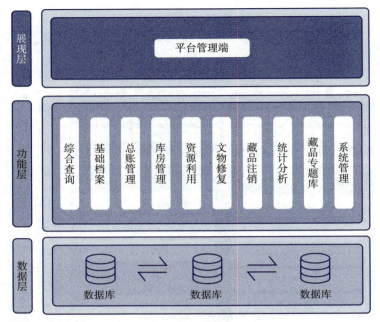

图5　系统整体功能结构

②古籍资源

古籍主要展示院内所有古籍善本类型档案，列表展示图片、题名与责任说明、分类、描述、作者、存储状态等信息，点击预览可打开 PDF 电子档案预览，支持使用申请以及导出到本地，点击查看可浏览档案详细信息（见图7）。

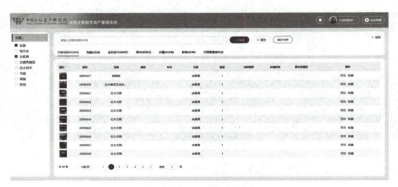

图6　文物与标本资源界面

③档案资源

档案主要展示科研、工程、工作等相关档案，列表展示图片、名称、编号、分类、描述、存储状态等信息，击预览可打开 PDF 电子档案预览，支持使用申请及导出到本地，点击查看可浏览档案详细信息（见图 8）。

④金石拓片资源

金石拓片主要展示院内所有金石拓片类型档案，列表展示图片、题名、分类、总序号、描述、张数、存储状态等信息，点击预览可打开 PDF 电子档案预览，支持使用申请以及导出到本地，点击查看可浏览档案详细信息（见图 9）。

⑤影像资源

影像主要展示院内所有历史照片、音频、视频类型档案，列表展示图片、

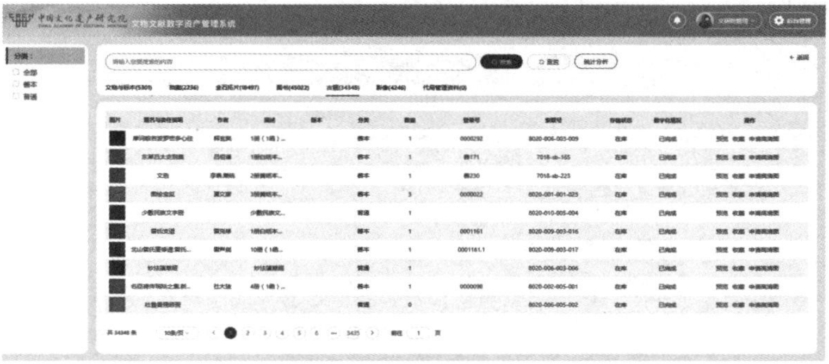

图 7　古籍资源界面

图 8　档案资源界面

图9　金石拓片资源界面

名称、分类、编号、地区名称、存储状态等信息，点击预览可打开 PDF 电子档案预览，支持使用申请以及导出到本地，点击查看可浏览档案详细信息（见图 10）。

图10　影像资源界面

⑥图书资源

图书主要展示院内所有图书、刊物类型档案，列表展示图片、题名与责任说明、作者、描述、分类、存储状态等信息，点击预览可打开 PDF 电子档案预览，支持使用申请以及导出到本地，点击查看可浏览档案详细信息（见图 11）。

（2）总账管理

总账管理包含了单个资产项目的添加、多个资产项目的批量导入、信息导出、信息编辑、详情查看等功能（见图 12）。

图 11　图书资源界面

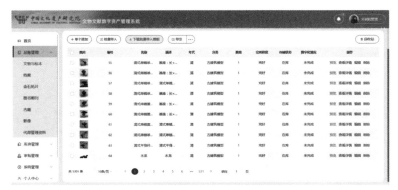

图 12　总账管理界面

①账目新增

通过总账管理模块的新增功能，用户可根据资源类型对档案进行新增，新增数据的字段包含资源分类、名称、年代、数量、尺寸、存储位置、数字化情况等（见图 13）。

②账目资源详情查看

账目资源详情查看模块包含对资源的基本信息及资源专项信息的查看（见图 14）。

（3）库房管理

库房管理主要对院馆内库房数据进行维护，包括库房名称、库房货架、货

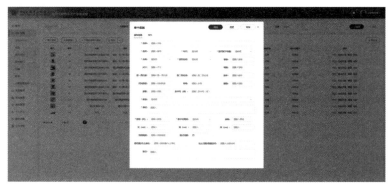

图 13　账目新增界面

图 14　账目资源详情查看界面

架内的库位信息等，属于初始化数据，在系统上线前统一录入和添加，由库房货架、库位等信息构成的库房结构属于基本数据，是库房可视化运行的基础，当在库房结构中添加了库房数据后，库房可视化系统才能够展示该库房信息（见图 15、图 16）。

　　库房管理系统能实施库房环境监测。通过藏品智能监控系统兼容院内现有的温湿度监控系统，在藏品智能监控系统平台中展示现有的温湿度监控数据，通过统计历史异常数据或报警数据，分析造成异常的因素，并进行隐患排除，为科学保护文物提供有力的数据支撑。

　　其中的审批管理包括审批列表和审批配置。通过审批列表，可查看审批

图15　库房管理界面（一）

图16　库房管理界面（二）

信息及审批状态（见图17）。

（4）综合查询

用户可以通过键入关键词对系统内所有资源进行检索，检索后显示包含查询关键字段相关的所有资源，搜索结果根据资源类型进行分类显示，每条搜索结果的显示包含名称、数量、完残程度、存储状态等信息（见图18）。

（5）系统管理

系统为院内各业务部门提供管理功能，包括增加、删除、修改和查看，同时提供系统用户的管理功能，包括增加、删除、修改和查看，以及权限管理功能，根据研究院管理工作需要和用户类型的不同，配置系统的相关权限，

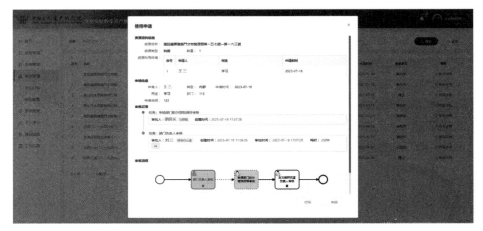

图 17　审批管理界面

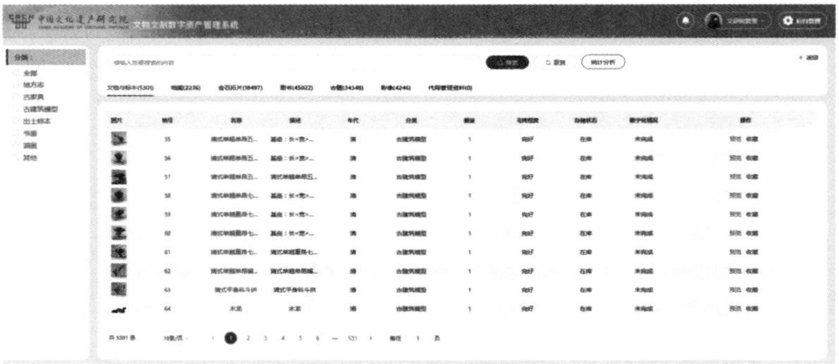

图 18　综合查询界面

包括功能权限、数据范围权限和字段权限控制等。

系统管理模块一般只对系统管理员开放，其他用户则由于权限配置等不允许看到或者使用，包括用户注册登录、角色管理、用户管理、权限管理、日志管理及数据备份等模块。

（6）统计分析

根据用户的使用情况，对资源利用率、库房利用率、资源收藏、资源利用趋势、资源数量统计进行正序排列，其中资源数量统计包括图书、档案、影像、金石拓片、古籍、文物与标本等各类资源的统计，最终以图文的形式呈现。

通过该资产管理系统的建设，既能实现对院藏档案资料及古籍文献数字化资源资产的录入、加工、利用与检索、统计分析等，同时还能实施相关数字资源的知识产权全方位的管理和服务，实现库房管理全方位监控，从而全面提升资产管理效率。鉴于目前尚处于试运行状况，该系统仅在内网系统运行，对院内不同科研人员进行权限划分，按照不同的需求，提供不同精度和不同内容的检索与下载。为确保数字资产安全，原始数据（800dpi）与系统进行物理分离，仅内部核心管理人员经审批后方能使用。

四　下一步工作的优化策略

20世纪90年代起，中国文物博物馆系统在数字化方面开展了许多探索和实践，特别是进入21世纪以后，馆藏文献数字化技术和制作方式逐步提高，一大批文化遗产的数字影像平台、数字博物馆、数字科技馆突破了时间和空间的限制，方便快捷地为社会公众提供公益信息资源服务，成为展示中华历史文化的重要舞台。在数字化技术中，数字采集、数字处理、数字管理、数字集成、虚拟现实、数字出版、数字传播等日益成熟。在数字影像存储和使用方面，分布式存储技术、虚拟存储、新一代互联网、大数据等技术的快速发展，也为文物资源数字化工作奠定了坚实的技术基础。中国文化遗产研究院经过近几年的实践，在数据资源获取、数字资产管理等方面开展了一些工作，也取得了一定成果。但是，与其他行业的数字资源服务和利用相比，尚有较大差距，数字资源库尚未形成规模，数据的知识提取和表示不够成熟，对外服务功能较为滞后。基于此，下一步优化策略主要有三方面的考虑。

（1）继续扩大高清数字化范围，建成并完善文物保护工程及科研技术资料档案系统。只有形成系统并具有一定规模，该数字资源方能在行业内外形成影响力。

（2）在规范数字资产管理的基础上，系统开展相关数据的知识提取和表示工作，并在此基础上建设以世界遗产保护研究知识图谱为主的知识服务体系。知识图谱是一种利用图谱来描述知识，并且对事物之间关系建模的技术。通过挖掘真实世界中实体之间的关系等信息，实现由信息向知识的转换，进一步实现探究知识之间的联系、高效组织和管理海量数据。同时以其特有的存储结构和连接方式，方便快捷的进行各种可视化展示。为此，以院藏历史资料（特别是世界遗产地保护研究资料）为基础，利用知识工程、人工智能、互联网等技术，开展中国世界遗产保护研究项目的知识表达工作，同时进行深度挖掘，系统全面采集、加工、融合多来源多维度的信息，搭建中国世界遗产地重点文物保护研究知识图谱管理平台。不仅能对重点文物保护项目及工程进行全方位展示，如从宏观角度展示世界遗产地主要工作、重要事件、人物、报告和成果等，还可以针对遗产资源，系统梳理其研究脉络，并用可视化方式展示遗产基本信息、知识研究动态等，从而实现世界遗产管理者与研究机构（研究人员）、保护项目实施机构、上级主管部门之间的互动。

（3）加快相关文物保护史的研究。院藏文物保护研究历史资料涵盖了20世纪30年代至今所有院承担的重要文物保护项目，这些项目在全国均有一定的代表性。但迄今为止，基于这些资料开展的近现代文物保护史的研究，还相当薄弱。为此，急需将这些资料中反映的技术发展、文物价值认知以及历代文物保护工作者的心路历程等揭示出来。可考虑以专题形式，按照业务领域的区分，开展多项深入研究，以研究成果支撑数字化成果的活化利用。

参考文献

潘亚男：《新时期科技档案工作的新变化与新问题——基于中国科学院科技档案实践的思考》，《图书情报工作》2022年第1期。

颜冬英：《谈高校科研档案的知识组织与服务》，《档案管理》2021年第3期。

周明全、耿国华、武仲科：《文化遗产数字化保护技术及应用》，高等教育出版社，2011。

常梦龙：《世界文化遗产数字化保护平台的功能设计——以故宫博物院遗产总貌为例》，《数字技术拓展博物馆服务——2021年北京数字博物馆研讨会论文集》，2021。

李清泉、巢臻、李文彬等：《文化遗产数字化保护探索》，《东南文化》2019年第S1期。

附　录　2022 年中国世界文化遗产主要保护
管理工作数据图纸*

---

*　　制图：国信司南（北京）地理信息技术有限公司。

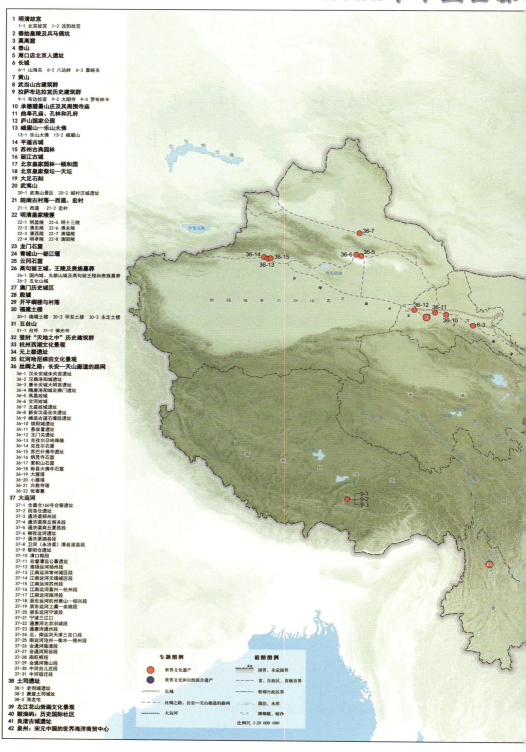

1 明清故宫
   1-1 北京故宫 1-2 沈阳故宫
2 秦始皇陵及兵马俑坑
3 莫高窟
4 泰山
5 周口店北京人遗址
6 长城
   6-1 山海关 6-2 八达岭 6-3 嘉峪关
7 黄山
8 武当山古建筑群
9 拉萨布达拉宫历史建筑群
   9-1 布达拉宫 9-2 大昭寺 9-3 罗布林卡
10 承德避暑山庄及其周围寺庙
11 曲阜孔庙、孔林和孔府
12 庐山国家公园
13 峨眉山—乐山大佛
   13-1 乐山大佛 13-2 峨眉山
14 平遥古城
15 苏州古典园林
16 丽江古城
17 北京皇家园林—颐和园
18 北京皇家祭坛—天坛
19 大足石刻
20 武夷山
   20-1 武夷山景区 20-2 城村汉城遗址
21 皖南古村落—西递、宏村
   21-1 西递 21-2 宏村
22 明清皇家陵寝
   22-1 明显陵 22-5 明十三陵
   22-2 清东陵 22-6 清永陵
   22-3 清西陵 22-7 清福陵
   22-4 明孝陵 22-8 清昭陵
23 龙门石窟
24 青城山—都江堰
25 云冈石窟
26 高句丽王城、王陵及贵族墓葬
   26-1 国内城、丸都山城及高句丽王陵和贵族墓葬
   26-2 五女山城
27 澳门历史城区
28 殷墟
29 开平碉楼与村落
30 福建土楼
   30-1 南靖土楼 30-2 华安土楼 30-3 永定土楼
31 五台山
   31-1 台怀 31-2 佛光寺
32 登封"天地之中"历史建筑群
33 杭州西湖文化景观
34 元上都遗址
35 红河哈尼梯田文化景观
36 丝绸之路：长安—天山廊道的路网
   36-1 汉长安城未央宫遗址
   36-2 汉魏洛阳城遗址
   36-3 唐长安城大明宫遗址
   36-4 隋唐洛阳城定鼎门遗址
   36-5 高昌故城
   36-6 交河故城
   36-7 北庭故城遗址
   36-8 新安汉函谷关遗址
   36-9 崤函古道石壕段遗址
   36-10 锁阳城遗址
   36-11 悬泉置遗址
   36-12 玉门关遗址
   36-13 克孜尔尕哈烽燧
   36-14 克孜尔石窟
   36-15 苏巴什佛寺遗址
   36-16 炳灵寺石窟
   36-17 麦积山石窟
   36-18 彬县大佛寺石窟
   36-19 大雁塔
   36-20 小雁塔
   36-21 兴教寺塔
   36-22 张骞墓
37 大运河
   37-1 含嘉仓160号仓窖遗址
   37-2 回洛仓遗址
   37-3 通济渠郑州段
   37-4 通济渠商丘南关段
   37-5 通济渠商丘夏邑段
   37-6 柳孜运河遗址
   37-7 通济渠泗县段
   37-8 卫河（永济渠）滑县浚县段
   37-9 黎阳仓遗址
   37-10 淮口栈桥
   37-11 总督漕运公署遗址
   37-12 淮扬运河扬州段
   37-13 江南运河常州段
   37-14 江南运河无锡城区段
   37-15 江南运河苏州段
   37-16 江南运河嘉兴—杭州段
   37-17 江南运河滴月段
   37-18 浙东运河杭州萧山—绍兴段
   37-19 浙东运河上虞—余姚段
   37-20 浙东运河宁波段
   37-21 宁波三江口
   37-22 通惠河北京旧城段
   37-23 通惠河通州段
   37-24 北、南运河天津三岔口段
   37-25 南运河沧州—衡水—德州段
   37-26 会通河临清段
   37-27 会通河阳谷段
   37-28 南旺枢纽
   37-29 会通河微山段
   37-30 中河台儿庄段
   37-31 中河宿迁段
38 土司遗址
   38-1 老司城遗址
   38-2 唐崖土司城址
   38-3 海龙屯
39 左江花山岩画文化景观
40 鼓浪屿：历史国际社区
41 良渚古城遗址
42 泉州：宋元中国的世界海洋商贸中心

专题图例
- 世界文化遗产
- 世界文化和自然混合遗产
- 长城
- 丝绸之路：长安—天山廊道的路网
- 大运河

底图图例
- 国界、未定国界
- 省、自治区、直辖市界
- 特别行政区界
- 湖泊、水库
- 珊瑚礁、暗沙

比例尺 1:20 000 000

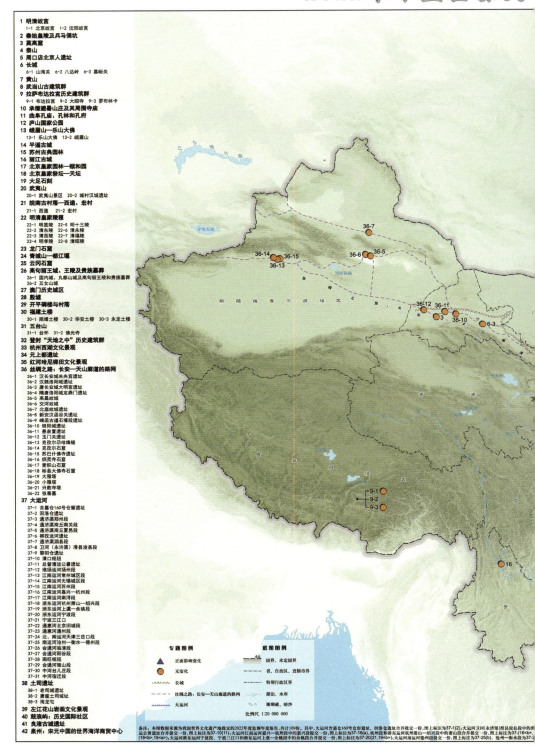

专题图例
▲ 正面影响变化
● 无变化
〜〜〜〜 长城
〜〜〜〜 丝绸之路：长安—天山廊道的路网
〜〜〜〜 大运河

底图图例
━━━ 国界、未定国界
━ ━ ━ 省、自治区、直辖市界
━ ━ ━ 特别行政区界
〜〜〜 河流、水库
▨▨▨ 潮滩滩涂、暗沙
比例尺 1:20 000 000

备注：本图数据来源于我国世界文化遗产地提交的2022年度监测年度报告，共计109处。其中，大运河含嘉仓160号仓窖遗址、回洛仓遗址合并提交一份，图上标注为37-1(2)；大运河卫河（永济渠）滑县浚县段中的浚运公署遗址合并提交一份，图上标注为37-10(11)；大运河江南运河嘉兴—杭州段中的嘉兴段提交一份，图上标注为37-16(a)；杭州和浙东运河杭州萧山—绍兴段中的萧山段合并提交一份，图上标注为37-16<2>、(18<3>、19<4>)；大运河浙东运河宁波段、宁波三江口和浙东运河上虞—余姚段中的余姚段合并提交一份，图上标注为37-20(21,19<5>)；大运河南运河沧州德州段提交一份，图上标注为37-25(b)、沧州—衡水段为37-

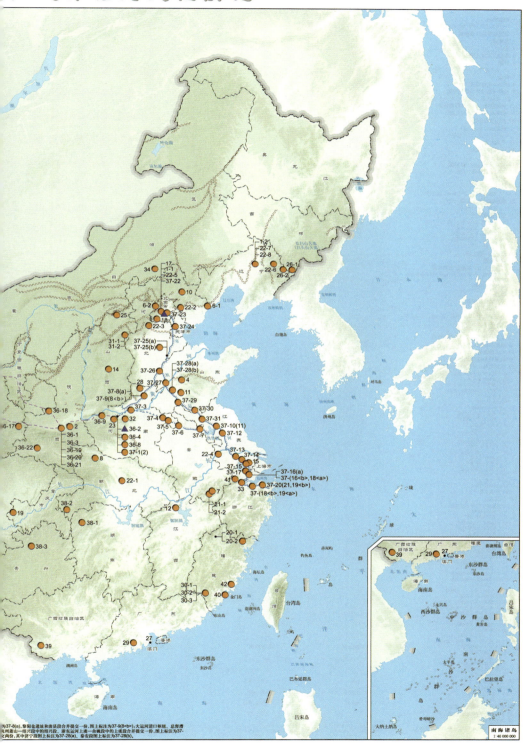

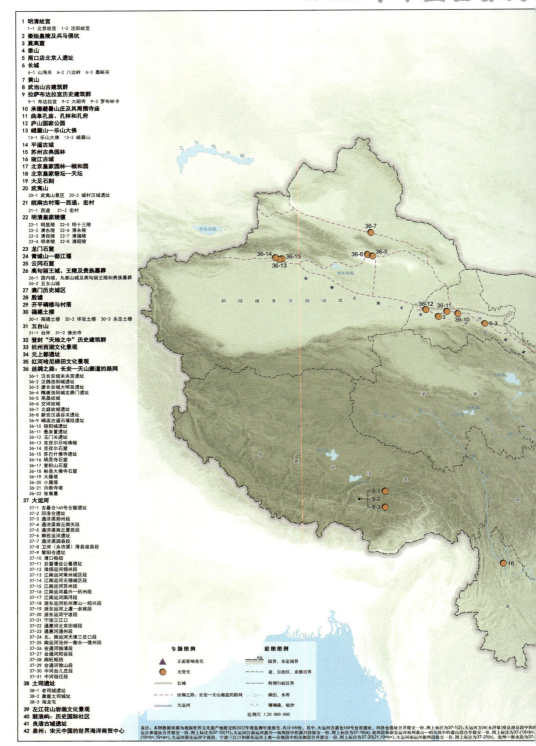

专题图例
▲ 正面影响变化
● 无变化
〰〰〰 长城
——— 丝绸之路:长安—天山廊道的路网
━━━ 大运河

底图图例
—— 国界、未定国界
——— 省、自治区、直辖市界
——— 特别行政区界
～～～ 湖泊、水库
░░░ 珊瑚、暗沙

比例尺 1:20 000 000

备注:本图数据来源于我国世界文化遗产地提交的2022年度监测年报告,共计109份。其中,大运河含嘉仓160号仓窖遗址、回洛仓仓窖遗址合并提交一份,图上标注为37-1(2),大运河江南运河嘉兴—杭州段段中的嘉兴段段合并提交一份,图上标注为37-16(a),杭州段和浙东运河杭州萧山—绍兴段段中的萧山段段合并提交一份,图上标注为37-18(…18<b>,19<a>)份,大运河浙东运河宁波段…一余姚段段中的金城段合并提交一份,宁波三江口和浙东运河上虞—余姚段段中的金城段段合并提交一份,图上标注为37-20(21,19<a>),大运河浙东运河德州段提交一份,图上标注为37-25(b),沧州—衡水段合并提交37-…

1 明清故宫
　1-1 北京故宫　1-2 沈阳故宫
2 秦始皇陵及兵马俑坑
3 莫高窟
4 泰山
5 周口店北京人遗址
6 长城
　6-1 山海关　6-2 八达岭　6-3 嘉峪关
7 黄山
8 武当山古建筑群
9 拉萨布达拉宫历史建筑群
　9-1 布达拉宫　9-2 大昭寺　9-3 罗布林卡
10 承德避暑山庄及其周围寺庙
11 曲阜孔庙、孔林和孔府
12 庐山国家公园
13 峨眉山—乐山大佛
　13-1 乐山大佛　13-2 峨眉山
14 平遥古城
15 苏州古典园林
16 丽江古城
17 北京皇家园林—颐和园
18 北京皇家祭坛—天坛
19 大足石刻
20 武夷山
　20-1 武夷山景区　20-2 城村汉城遗址
21 皖南古村落—西递、宏村
　21-1 西递　21-2 宏村
22 明清皇家陵寝
　22-1 明显陵　22-5 明十三陵
　22-2 清东陵　22-6 清永陵
　22-3 清西陵　22-7 清福陵
　22-4 明孝陵　22-8 清昭陵
23 龙门石窟
24 青城山—都江堰
25 云冈石窟
26 高句丽王城、王陵及贵族墓葬
　26-1 国内城、丸都山城及高句丽王陵和贵族墓葬
　26-2 五女山城
27 澳门历史城区
28 殷墟
29 开平碉楼与村落
30 福建土楼
　30-1 南靖土楼　30-2 华安土楼　30-3 永定土楼
31 五台山
　31-1 台怀　31-2 佛光寺
32 登封"天地之中"历史建筑群
33 杭州西湖文化景观
34 元上都遗址
35 红河哈尼梯田文化景观
36 丝绸之路：长安—天山廊道的路网
　36-1 汉长安城未央宫遗址
　36-2 汉魏洛阳城遗址
　36-3 唐长安城大明宫遗址
　36-4 隋唐洛阳城定鼎门遗址
　36-5 高昌故城
　36-6 交河故城
　36-7 北庭故城遗址
　36-8 新安汉函谷关遗址
　36-9 崤函古道石壕段遗址
　36-10 锁阳城遗址
　36-11 悬泉置遗址
　36-12 玉门关遗址
　36-13 克孜尔尕哈烽燧
　36-14 克孜尔石窟
　36-15 苏巴什佛寺遗址
　36-16 炳灵寺石窟
　36-17 麦积山石窟
　36-18 彬县大佛寺石窟
　36-19 大雁塔
　36-20 小雁塔
　36-21 兴教寺塔
　36-22 张骞墓
37 大运河
　37-1 含嘉仓160号仓窖遗址
　37-2 回洛仓遗址
　37-3 通济渠郑州段
　37-4 通济渠商丘南关段
　37-5 通济渠商丘夏邑段
　37-6 柳孜运河遗址
　37-7 通济渠泗县段
　37-8 卫河（永济渠）滑县浚县段
　37-9 黎阳仓遗址
　37-10 浚门枢纽
　37-11 总督漕运公署遗址
　37-12 淮扬运河扬州段
　37-13 江南运河常州城区段
　37-14 江南运河无锡城区段
　37-15 江南运河苏州段
　37-16 江南运河嘉兴—杭州段
　37-17 江南运河南浔段
　37-18 浙东运河杭州萧山—绍兴段
　37-19 浙东运河上虞—余姚段
　37-20 浙东运河宁波段
　37-21 宁波三江口
　37-22 通惠河玉泉山段
　37-23 通惠河通州段
　37-24 北、南运河天津三岔口段
　37-25 南运河沧州—衡水—德州段
　37-26 会通河阳谷段
　37-27 会通河南旺枢纽
　37-28 南旺枢纽
　37-29 会通河台儿庄段
　37-30 中河台儿庄段
　37-31 中河宿迁段
38 土司遗址
　38-1 老司城遗址
　38-2 唐崖土司城遗址
　38-3 海龙屯
39 左江花山岩画文化景观
40 鼓浪屿：历史国际社区
41 良渚古城遗址
42 泉州：宋元中国的世界海洋商贸中心

专题图例
△ 正面影响变化
△ 负面影响变化
△ 兼有正面及负面影响变化
● 无变化
〰〰 长城
- - - 大运河
- - - 丝绸之路：长安—天山廊道的路网

底图图例
—— 国界、未定国界
—— 省、自治区、直辖市界
—— 特别行政区界
〰 湖泊、水库
⌇ 暗礁、暗沙

比例尺 1:20 000 000

备注：本图数据来源为我国世界文化遗产地提交的2022年度监测年度报告，共计109份。其中，大运河含嘉仓160号仓窖遗址、国路仓遗址合并提交一份，图上标注为37-1(2)；大运河江南运河嘉兴—杭州段合并提交一份，图上标注为37-16(a)；杭州段和浙东运河杭州萧山—绍兴段合并提交一份，图上标注为37-16<b>(18<b>,19<a>)；大运河南东运河宁波段、宁波三江口和浙东运河上虞—余姚段合并提交一份，图上标注为37-20(21,19<a>)；大运河南运河德州段提交一份，图上标注为37-25(b)，沧州—衡水段为一份，

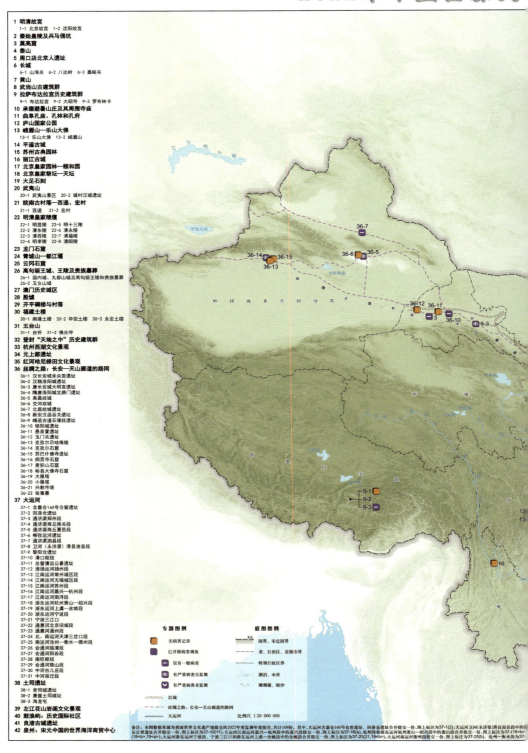

专题图例
■ 无病害记录
■ 已开展病害调查
◎ 仅有一般病害
◉ 有严重病害且监测
◉ 有严重病害未监测
〰〰〰 长城
丝绸之路：长安—天山廊道的路网
━━━ 大运河

底图图例
━━━ 国界、未定国界
━ ━ ━ 省、自治区、直辖市界
━ ━ 特别行政区界
湖泊、水库
珊瑚礁、暗沙

比例尺 1:20 000 000

备注：本图数据来源于我国世界文化遗产地提交的2022年度监测年报告等，共计109份。其中，大运河含嘉仓160号仓窖遗址、回洛仓遗址合并提交一份，图上标注为37-1(2)；大运河卫河(永济渠)滑县浚县段的运公署遗址合并提交一份，图上标注为37-10(11)；大运河江南运河常州—杭州段中的嘉兴段提交一份，图上标注为37-16(a)；杭州段和浙东运河杭州萧山—绍兴段的萧山段合并提交一份，图上标注为37-16(b)；(18<b>,19<a>)；大运河浙东运河宁波段、宁波三江口和浙东运河上虞—余姚段的余姚段合并提交一份，图上标注为37-20(21,19<b>)；大运河南运河德州段提交一份，图上标注为37-25(b)，沧州—衡水段为为

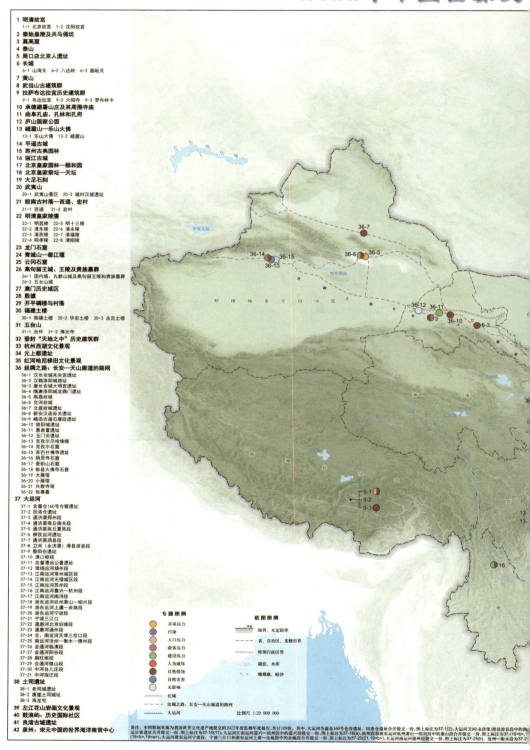

1 明清故宫
　　1-1 北京故宫　　1-2 沈阳故宫
2 秦始皇陵及兵马俑坑
3 莫高窟
4 泰山
5 周口店北京人遗址
6 长城
　　6-1 山海关　　6-2 八达岭　　6-3 嘉峪关
7 黄山
8 武当山古建筑群
9 拉萨布达拉宫历史建筑群
　　9-1 布达拉宫　　9-2 大昭寺　　9-3 罗布林卡
10 承德避暑山庄及其周围寺庙
11 曲阜孔庙、孔林和孔府
12 庐山国家公园
13 峨眉山—乐山大佛
　　13-1 乐山大佛　　13-2 峨眉山
14 平遥古城
15 苏州古典园林
16 丽江古城
17 北京皇家园林—颐和园
18 北京皇家祭坛—天坛
19 大足石刻
20 武夷山
　　20-1 武夷山景区　　20-2 城村汉城遗址
21 皖南古村落—西递、宏村
　　21-1 西递　　21-2 宏村
22 明清皇家陵寝
　　22-1 明显陵　　22-5 明十三陵
　　22-2 清东陵　　22-6 清永陵
　　22-3 清西陵　　22-7 清福陵
　　22-4 明孝陵　　22-8 清昭陵
23 龙门石窟
24 青城山—都江堰
25 云冈石窟
26 高句丽王城、王陵及贵族墓葬
　　26-1 国内城、丸都山城及高句丽王陵和贵族墓葬
　　26-2 五女山城
27 澳门历史城区
28 殷墟
29 开平碉楼与村落
30 福建土楼
　　30-1 南靖土楼　　30-2 华安土楼　　30-3 永定土楼
31 五台山
　　31-1 台怀　　31-2 佛光寺
32 登封"天地之中"历史建筑群
33 杭州西湖文化景观
34 元上都遗址
35 红河哈尼梯田文化景观
36 丝绸之路：长安—天山廊道的路网
　　36-1 汉长安城未央宫遗址
　　36-2 汉魏洛阳城遗址
　　36-3 唐长安城大明宫遗址
　　36-4 隋唐洛阳城定鼎门遗址
　　36-5 高昌故城
　　36-6 交河故城
　　36-7 北庭故城遗址
　　36-8 新安汉函谷关遗址
　　36-9 崤函古道石壕段遗址
　　36-10 锁阳城遗址
　　36-11 悬泉置遗址
　　36-12 玉门关遗址
　　36-13 克孜尔尕哈烽燧
　　36-14 克孜尔石窟
　　36-15 苏巴什佛寺遗址
　　36-16 炳灵寺石窟
　　36-17 麦积山石窟
　　36-18 彬县大佛寺石窟
　　36-19 大雁塔
　　36-20 小雁塔
　　36-21 兴教寺塔
　　36-22 张骞墓
37 大运河
　　37-1 含嘉仓160号仓窖遗址
　　37-2 回洛仓遗址
　　37-3 通济渠郑州段
　　37-4 通济渠商丘南关段
　　37-5 通济渠商丘夏邑段
　　37-6 柳孜运河遗址
　　37-7 通济渠泗县段
　　37-8 卫河（永济渠）滑县浚县段
　　37-9 黎阳仓遗址
　　37-10 清口枢纽
　　37-11 总督漕运公署遗址
　　37-12 淮扬运河扬州段
　　37-13 江南运河常州城区段
　　37-14 江南运河无锡城区段
　　37-15 江南运河苏州段
　　37-16 江南运河嘉兴—杭州段
　　37-17 江南运河南浔段
　　37-18 浙东运河杭州萧山—绍兴段
　　37-19 浙东运河上虞—余姚段
　　37-20 浙东运河宁波段
　　37-21 宁波三江口
　　37-22 通惠河北京旧城段
　　37-23 通惠河通州段
　　37-24 北、南运河天津三岔口段
　　37-25 南运河沧州—衡水—德州段
　　37-26 会通河临清段
　　37-27 会通河阳谷段
　　37-28 南旺枢纽
　　37-29 会通河南旺段
　　37-30 中河台儿庄段
　　37-31 中河宿迁段
38 土司遗址
　　38-1 老司城遗址
　　38-2 唐崖土司城址
　　38-3 海龙屯
39 左江花山岩画文化景观
40 鼓浪屿：历史国际社区
41 良渚古城遗址
42 泉州：宋元中国的世界海洋商贸中心

专题图例
● 开采压力
● 污染
● 人口压力
● 游客压力
● 建设压力
✹ 人为破坏
● 自然侵蚀
● 自然灾害
○ 无影响
━━ 长城
┄┄ 丝绸之路：长安—天山廊道的路网
▨▨ 大运河

底图图例
━━ 国界、未定国界
┄┄ 省、自治区、直辖市界
┈┈ 特别行政区界
⌇ 河流、水库
⚓ 珊瑚礁、暗沙

比例尺 1∶20 000 000

备注：本图数据来源为我国世界文化遗产地提交的2022年度监测年度报告，共计109份。其中，大运河含嘉仓160号仓窖遗址、回洛仓遗址合并提交一份，图上标注为37-1(2)；大运河卫河(永济渠)滑县浚县段中的滑运公署遗址合并提交一份，图上标注为37-10(11)；大运河江南运河嘉兴—杭州段中的嘉河段提交一份，图上标注为37-16(a)；杭州西湖和江南运河杭州萧山—绍兴段中的萧山段合并提交一份，图上标注为37-16<b>、(18<b>,19<a>)；大运河浙东运河宁波段、宁波三江口和浙东运河上虞—余姚段中的余姚段合并提交一份，图上标注为37-20(21,19<b>)；大运河南运河沧州—衡水段提交一份，图上标注为37-25(b)，沧州—衡水段水段提交一份，图上标注为37-2

为37-8(a)，黎阳仓遗址和皮县县段合并提交一份，图上标注为37-9(8<b>)；大运河清口枢组、总督漕运部院旧址一绍兴段中的绍兴段合并提交一份，图上标注为37-文两份，其中济宁段图上标注为37-28(a)，泰安段图上标注为37-28(b)。

南 海 诸 岛
1:40 000 000

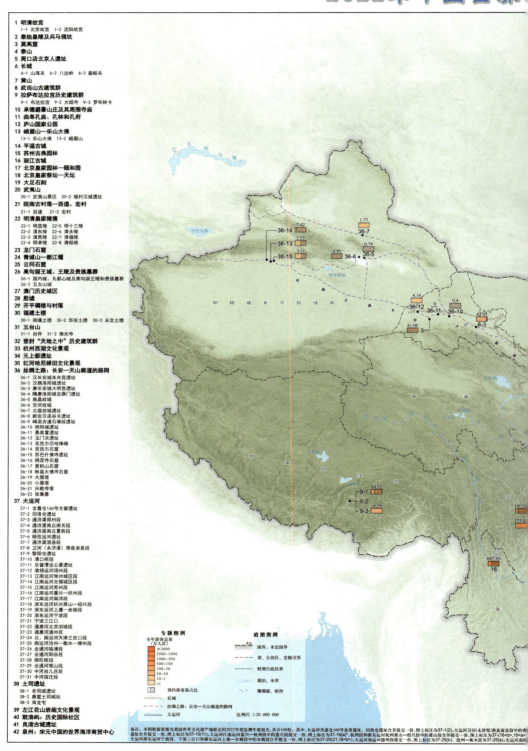

专题图例

全年游客总量
（万人次）
≥2000
2000-1000
1000-500
500-100
100-50
50-10
10-1
<1
预约游客量占比

长城

大运河

丝绸之路：长安—天山廊道的路网

底图图例

国界、未定国界
省、自治区、直辖市界
特别行政区界
湖泊、水库
珊瑚礁、暗沙

比例尺 1:20 000 000

附注：本图数据来源于我国世界文化遗产地提交的2022年度监测年度报告，共计109份。其中，大运河含嘉仓160号仓窖遗址、回洛仓遗址合并提交一份，图上标注为37-1(2)；大运河卫河(永济渠)滑县浚县段合并提交一份，图上标注为37-10(11)；大运河江南运河嘉兴—杭州段中的嘉兴段提交一份，图上标注为37-16(a)；杭州段和浙东运河杭州萧山—绍兴段中的萧山段合并提交一份，图上标注为37-16<b>,18<a>；大运河浙东运河宁波段、宁波三江口和浙东运河上虞—余姚段中的余姚段合并提交一份，图上标注为37-20(21,19<b>)；大运河南运河德州段合并提交一份，图上标注为37-25(b)；沧州—衡水段为37-25(a)；大运河

注为37-8(a)。鄱阳仓遗址和殷县做合并视父一份，图上标注为37-9(8<b>)。大运河清口枢纽、总督漕运公署
⋯⋯⋯⋯⋯相兴段中的相兴段、⋯东运河上⋯一余地段合并视父一份，图上标注为37-(18<b>,19<a>)。
⋯段图上标注为37-28(a)。泰安段图上标注为37-28(b)。*数据不符合要求。

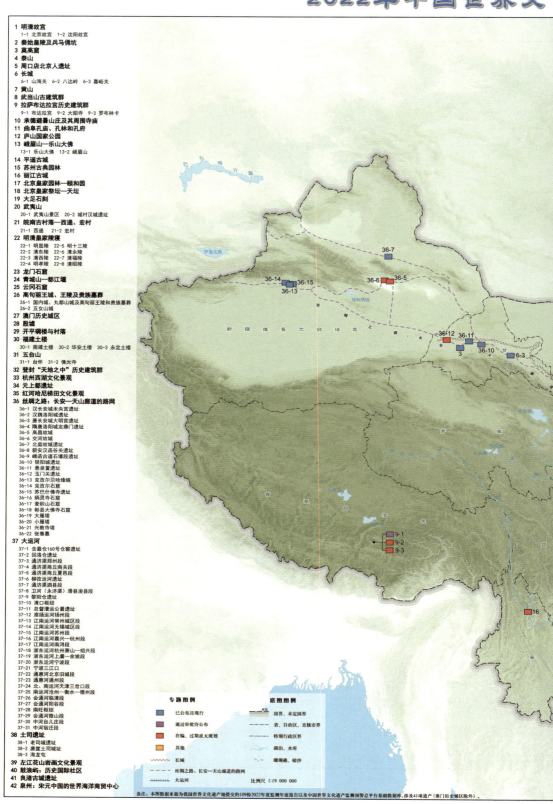

专题图例
　　■ 已公布且现行
　　■ 通过审批待公布
　　■ 在编、过期或无规划
　　■ 其他
　　长城
　　丝绸之路：长安—天山廊道的路网
　　大运河

底图图例
　　国界、未定国界
　　省、自治区、直辖市界
　　特别行政区界
　　湖泊、水库
　　暗礁礁、暗沙

比例尺 1:19 000 000

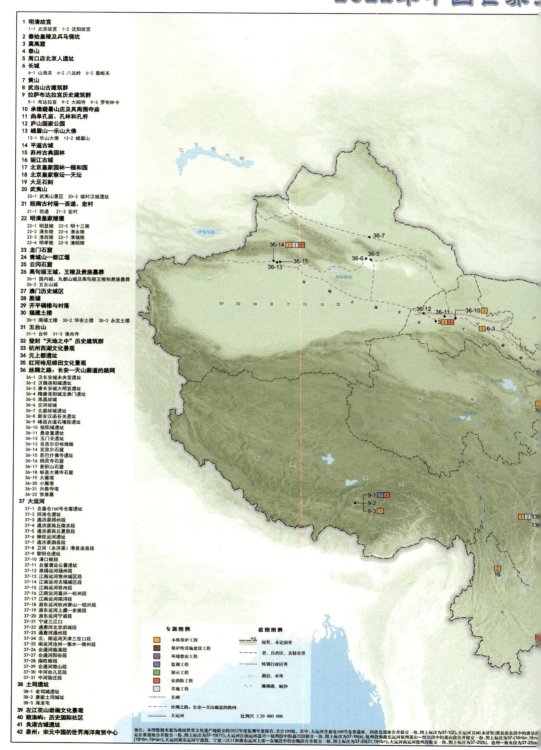

1 明清故宫
　1-1 北京故宫　1-2 沈阳故宫
2 秦始皇陵及兵马俑坑
3 莫高窟
4 泰山
5 周口店北京人遗址
6 长城
　6-1 山海关　6-2 八达岭　6-3 嘉峪关
7 黄山
8 武当山古建筑群
9 拉萨布达拉宫历史建筑群
　9-1 布达拉宫　9-2 大昭寺　9-3 罗布林卡
10 承德避暑山庄及其周围寺庙
11 曲阜孔庙、孔林和孔府
12 庐山国家公园
13 峨眉山—乐山大佛
　13-1 乐山大佛　13-2 峨眉山
14 平遥古城
15 苏州古典园林
16 丽江古城
17 北京皇家园林—颐和园
18 北京皇家祭坛—天坛
19 大足石刻
20 武夷山
　20-1 武夷山景区　20-2 城村汉城遗址
21 皖南古村落—西递、宏村
　21-1 西递　21-2 宏村
22 明清皇家陵寝
　22-1 明显陵　22-5 明十三陵
　22-2 明孝陵　22-6 清永陵
　22-3 清东陵　22-7 清福陵
　22-4 明孝陵　22-8 清昭陵
23 龙门石窟
24 青城山—都江堰
25 云冈石窟
26 高句丽王城、王陵及贵族墓葬
　26-1 国内城、丸都山城及高句丽王陵和贵族墓葬
　26-2 五女山城
27 澳门历史城区
28 殷墟
29 开平碉楼与村落
30 福建土楼
　30-1 南靖土楼　30-2 华安土楼　30-3 永定土楼
31 五台山
　31-1 台怀　31-2 佛光寺
32 登封"天地之中"历史建筑群
33 杭州西湖文化景观
34 元上都遗址
35 红河哈尼梯田文化景观
36 丝绸之路：长安—天山廊道的路网
　36-1 汉长安城未央宫遗址
　36-2 汉魏洛阳城遗址
　36-3 唐长安城大明宫遗址
　36-4 隋唐洛阳城定鼎门遗址
　36-5 高昌故城
　36-6 交河故城
　36-7 北庭故城遗址
　36-8 新安汉函谷关遗址
　36-9 崤函古道石壕段遗址
　36-10 锁阳城遗址
　36-11 悬泉置遗址
　36-12 玉门关遗址
　36-13 克孜尔尕哈烽燧
　36-14 克孜尔石窟
　36-15 苏巴什佛寺遗址
　36-16 炳灵寺石窟
　36-17 麦积山石窟
　36-18 彬县大佛寺石窟
　36-19 大雁塔
　36-20 小雁塔
　36-21 兴教寺塔
　36-22 张骞墓
37 大运河
　37-1 含嘉仓160号仓窖遗址
　37-2 回洛仓遗址
　37-3 通济渠郑州段
　37-4 通济渠商丘南关段
　37-5 通济渠商丘夏邑段
　37-6 柳孜运河故道段
　37-7 通济渠泗县段
　37-8 卫河（永济渠）滑县浚县段
　37-9 黎阳仓遗址
　37-10 清口枢纽
　37-11 总督漕运公署遗址
　37-12 淮扬运河扬州段区
　37-13 江南运河常州城区段
　37-14 江南运河无锡城区段
　37-15 江南运河苏州段
　37-16 江南运河嘉兴—杭州段
　37-17 江南运河南浔段
　37-18 浙东运河杭州萧山—绍兴段
　37-19 浙东运河上虞—余姚段
　37-20 浙东运河宁波段
　37-21 宁波三江口
　37-22 通惠河北京旧城段
　37-23 通惠河通州段
　37-24 北、南运河天津三岔口段
　37-25 南运河沧州—衡水—德州段
　37-26 会通河临清段
　37-27 会通河阳谷段
　37-28 南旺枢纽
　37-29 会通河微山县段
　37-30 中河台儿庄段
　37-31 中河宿迁段
38 土司遗址
　38-1 老司城遗址
　38-2 唐崖土司城址
　38-3 海龙屯
39 左江花山岩画文化景观
40 鼓浪屿：历史国际社区
41 良渚古城遗址
42 泉州：宋元中国的世界海洋商贸中心

专题图例
　　本体保护工程
　　保护性设施建设工程
　　环境整治工程
　　监测工程
　　展示工程
　　安消防工程
　　其他工程
　　长城
　　丝绸之路：长安—天山廊道的路网
　　大运河

底图图例
　　国界、未定国界
　　省、自治区、直辖市界
　　特别行政区界
　　湖泊、水库
　　珊瑚礁、暗沙

比例尺 1:20 000 000

Abstract

Report on Conservation and Research of China's World Cultural Heritage (2023) is a collaborative effort between the Research Team on the Conservation and Research of China's World Cultural Heritage of China Academy of Cultural Heritage (CACH) and domestic experts and professionals in the field. It is based on 109 *Annual Monitoring Reports of the year 2022 on World Cultural Heritage Properties in China* compiled by site managers or monitoring agencies.

The report analyzes the development of World Cultural Heritage in 2022 and concludes that it has entered a new stage. In 2022, the *World Heritage Convention* celebrated its 50th anniversary. UNESCO organized a series of activities under the theme "The Next 50 Years: World Heritage as a Source of Resilience, Humanity and Innovation" to review and celebrate the achievements of the past 50 years and to promote interdisciplinary reflection on the future development of World Cultural Heritage by all sectors of society. Meanwhile, UNESCO has continued to hold seminars, issue technical documents, design practical toolkits, and improve communication mechanisms to explore theoretical and practical possibilities related to topics such as risk management and preventive protection of World Heritage, the role and function of World Heritage in climate change activities, sustainable use of World Heritage, and the protection of World Heritage in war and conflict. All these efforts were aimed at achieving the sustainable development of World Heritage and contributing to the sustainable development of mankind. China has taken an active part in the global governance of World heritage and achieved many results.

The report points out that China's World Cultural Heritage protection practice in 2022 has the following noteworthy features: China has came out with principles for the development of cultural heritage in the new era, which have set the direction for the high-quality development of China's World Cultural Heritage in the context of Chinese modernization. Several provinces and municipalities involved in developing the Great Wall National Cultural Park and the Grand Canal National Cultural Park have implemented protection and utilization plans, and have achieved positive results in the practice of joint protection, environmental improvement, and exhibition and utilization of heritage sites. Technological support for the preservation of grotto temples has become increasingly important, and scientific protection and innovative exhibition have made great progress. The state has coordinated the deployment of emergency response to extreme weather and measures to ensure the safety of cultural heritage, as a consequential result, the local disaster prevention and control capacity has been effectively strengthened, and the cultural heritage properties keep in good status. Progresses were made both in nomination and in development of the Tentative List, the Cultural Landscape of Old Tea Forests of the Jingmai Mountain in Pu'er completed the on-site assessment of international organizations. Heritage sites have improved their legal and regulatory systems in response to national strategies and major projects, and five new local regulations have been promulgated and implemented. The reform of cultural and tourism sectors and public institutions has continued to affect China's governance system of the World Cultural Heritage. Therefore, 16 organizations responsible for the protection and management of cultural heritage have undergone changes. The central financial administration has increased its support for the protection and management of World Heritage sites, and the total funding has increased slightly compared to the previous year. Protection and management theories and technologies, as well as security trainings, have continued to receive increased

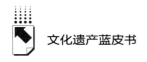

attention. Additionally, historical, cultural, and public education trainings have seen a significant increase. Among all categories, ancient sites have witnessed several important archaeological discoveries that have contributed to a deeper interpretation of the Outstanding Universal Values of World Cultural Heritage. In 2022, the number of tourists has decreased by 26.78% compared to the previous year due to Covid-19. As a result, the pressure caused by tourism and visitor behavior on heritage sites has also decreased. Localities have actively explored the multiple utilizations of heritage resources, highlighting the social and public welfare characteristics of World Cultural Heritage.

The report also points out that China's World Cultural Heritage in 2022 faced some challenges. Almost half of the heritage sites failed to approve, promulgate and implement protection and management plans, resulting in ineffective protection and supervision of these sites. The sustained pressure on heritage construction has endangered the safety of heritage properties and their surroundings. Improvements were required in disease investigation and monitoring. The imbalance in staffing and funding between different types of heritage was evident, and funding for monitoring continued to decline. The archaeological results required more research, and the valorization of their values needed to be improved. The report proposes that in the next stage, governments in the localities of China's World Cultural Heritage sites should arise their awareness and assume their principal responsibilities. Cultural heritage authorities at all levels should continue to participate in international heritage affairs, enhance China's voice in international affairs, improve the monitoring mechanism and technologies, speed up the valorization of archaeological research results, and promote the interpretation and popularization of the cultural significance of ancient sites.

Keywords: World Cultural Heritage; Heritage Monitoring; Protection and Management; Revitalization of Cultural Relics

Contents

I General Report

Abstract: The year 2022 mark the 50th anniversary of the adoption of the *World Heritage Convention*. Over the past decade, UNESCO has implemented the Strategic Action Plan for the Implementation of the World Heritage Convention 2012-2022, to strengthen heritage risk management, respond proactively to climate change, and promote the sustainable use of heritage. And in China, the Report to the 20th National Congress of the Communist Party of China highlighted that "We (China) will put more effort into protecting cultural artifacts and heritage, better protect and preserve historical and cultural heritage in the course of urban and rural development, and build and make good use of national cultural parks". Due to these efforts, the protection of cultural heritage in China is performing well: The heritage nomination and Tentative List updating mission are proceeding as planned. The legal construction in heritage protection is being advanced by national policies, and the professional capacity of heritage protection remains stable. However, China's World Cultural Heritage protection faces many challenges, such as inadequate planning for protection and

management, increasing pressure on heritage site construction, severe deterioration of heritage sites due to diseases, unbalanced distribution of financial resources, and limited valorization of archaeological achievements and insufficient interpretation of heritage values. In the next step, China should strive to strengthen its voice in international affairs. Governments at all levels in China should assume their principal responsibilities for heritage protection and provide full support in terms of policies and resources. Local institutions responsible for managing World Cultural Heritage sites should prioritize the development of monitoring facilities and technical systems, expedite the implementation of research findings, and enhance the interpretation and popularization of the cultural significance of World Cultural Heritage sites, especially those with archaeological value.

Keywords: World Cultural Heritage; Sustainable Utilization; Voice in International Affairs

Ⅱ　Topic–Specific Reports

B.2　2022 Annual Report on Institutional and Capacity Building for World Cultural Heritage Properties in China

Gao Chenxiang / 022

Abstract: China's institutions responsible for protecting and managing World Cultural Heritage have undergone continuous adjustments and changes, driven by the eighth round of the State Council's institutional reform plan launched in 2018. As a result of the reform, 10.26% of institutions changed their nature in 2022. The percentage of professional and technical staff, as well as practitioners with higher education has increased in these institutions, despite a decrease in their total number. Specifically, 27.04% of the personnel are experts or technicians, and 45.31% of the practitioners hold a bachelor's degree or higher. In 2022, professional trainings in heritage management were mainly conducted online. Albeit on smaller scales, the training courses introduced the latest concepts in World Heritage management and heritage impact assessment, making the participants more informed and educated. The guidelines for heritage work in the new era further emphasized the exhibition, interpretation, disaster prevention and mitigation of cultural properties. These priorities were reflected in the thematic training programs and institutional expenditures.

Keywords: World Cultural Heritage; Heritage Protection and Management; Institutional and Capacity Building

B.3 2022 Annual Report on the State of Preservation of World Cultural Heritage Properties in China

Luo Ying, Zhang Yimeng / 044

Abstract: In 2022, China's efforts to preserve its World Cultural Heritage continued to make progress. Two sites underwent positive changes in their overall layout, contributing to the preservation of their attributes of Outstanding Universal Value. One site positively improved its utilization function, contributing to the presentation and preservation of its heritage values. 47 sites underwent changes in their heritage elements, materials, and other external features, with 95.39% showing a positive impact on their preservation status. 68 sites provided detailed disease records, with most diseases considered to be under good control, yet 14.42% of severe diseases have worsened and become more threatening. To address the problems and challenges facing China's World Cultural Heritage values in 2022, localities should focus on the following work: To promote the harmonious development of cultural heritage protection and urban development, it is important to raise awareness of protecting the heritage surroundings and the broader settings, and introduce the control indicators and requirements for cultural heritage layout into land and urban planning as soon as

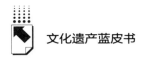
possible. To promote the integration of heritage utilization into local socio-economic development, it is important to explore new approaches to protect, revitalize, and utilize World Cultural Heritage. Accurately identifying the factors affecting heritage preservation and strengthening monitoring is necessary to implement targeted protection measures.

Keywords: World Cultural Heritage; Overall Layout; Use and Function; Heritage Elements

B.4　2022 Annual Report on Factors Affecting World Cultural Heritage Properties in China

Li Yuxin / 074

Abstract: In 2022, China's World Cultural Heritage continued to be negatively affected by natural and human factors, but these factors were basically controllable. As for natural factors, natural erosion of heritage sites increased. Meteorological and hydrological disasters, especially typhoons and storms, dominated the natural disasters, but they were concentrated between June and September. As for human factors, the pressure of tourism decreased due to the impact of Covid-19 throughout the year, which reduced the number of tourists and the tourism-related economic income of heritage sites, but with the end of the pandemic and the gradual recovery of production and livelihood at the end of 2022, the tourist numbers and tourism cultures of heritage sites experienced great changes, bringing new opportunities and challenges. However, heritage sites remained under pressures from mining, pollution, population growth and increased construction. The majority of construction projects were related to housing, environmental upgrades, and transportation infrastructure, with an annual increase of over 50%. Considering the above, heritage administrative units are suggested to carry out disaster risk investigation and governance as soon as possible, improve disaster monitoring, early warning and forecasting, and preventive heritage protection; pay attention to legislation and regulations establishment, strengthen heritage protection, standardize and guide heritage tourism and construction activities, and take the initiative to improve the industry's public service and management capacity, foster the vitality of the heritage industry, and promote the coordinated development of heritage protection and economic and social development.

Keywords: Heritage Affecting Factors; World Cultural Heritage; Tourism Management; Construction Activities Control; Preventive Protection

B.5 2022 Annual Report on the Conservation Works for World Cultural Heritage Properties in China and Their Daily Management

Fan Jiayu / 091

Abstract: In 2022, the protection and management plans of a total of 19 heritages and 57 heritage sites were announced and implemented, accounting for 50.44% of the total number of heritage sites. In terms of project management, 35 heritages and 62 heritage sites have carried out 175 preservation projects, which is a decrease in numbers compared to previous years. 30 heritages and 51 heritage sites carried out 76 safety and fire protection projects, making every effort to ensure the safety of the heritage. The sites conducted daily inspections in an orderly manner, used technical tools, established safety prevention systems, and improved the safety capacity of cultural units and museums. 29 heritages and 40 heritage sites were equipped with monitoring platforms, some of which were under establishment or upgrading, but the coverage and effective operation rate of the monitoring platforms were relatively low. 11 heritages and 19 heritage sites carried out 26 archaeological surveys and excavation projects, covering an area of 20,500 square meters, which was a significant increase

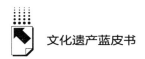

over the previous year, but the publications of archaeological results were obviously lagging behind. In addition, protection and management institutions of 34 heritages and 61 heritage sites carried out 821 academic studies, with historical, cultural and theoretical research as the major focus.

Keywords: World Cultural Heritage; Protection and Management Plan; Preservation Project

III   Thematic Reports

B.6   International Developments and China's Contributions to World Cultural Heritage in 2022

Gao Chenxiang, He Yishuo / 120

Abstract: The year 2022 marks the 50th anniversary of the adoption of the *World Heritage Convention*. Although the Russian-Ukrainian war overshadowed the 45th session of the World Heritage Committee, the war also served as an opportunity for the international community to reflect on the spirit of the Convention and to take action to protect cultural heritage in Ukraine. *The Strategic Action Plan for the Implementation of the World Heritage Convention 2012-2022*, adopted by the 18th session of the General Assembly of States Parties, is coming to a close in 2022. Six goals and 17 priorities have been implemented, and research on heritage impact assessment, risk management, preservation of underwater heritage, response to climate change, promotion of sustainable tourism, and sustainable use of digital resources will continue. Since joining the *World Heritage Convention*, China has consistently adhered to the spirit of the Convention, actively promoted international heritage cooperation and cultural exchanges, and participated in international issues. This has allowed China to forge a path for the protection and valorization of world cultural heritage in accordance with China's national conditions. China, as a responsible country with a rich cultural heritage, should take a more proactive role in "The Next 50" of the *World Heritage Convention*. This includes actively participating in World Heritage thematic programs, initiatives, and discussions, and contributing Chinese wisdom and solutions.

Keywords: World Cultural Heritage; 50th Anniversary of the *World Heritage Convention*; World Heritage under the War; Strategic Action Plan

B.7　Analysis of Remote Sensing Images of China's World Cultural Heritage from 2021 to 2022

Fan Jiayu / 140

Abstract: China's World Cultural Heritage is widely affected by factors including urban construction, commercial activities, tourism pressure, climate change, and more. To meet the requirements of heritage protection in the new era, traditional on-site inspections are no longer sufficient. Since 2018, the World Cultural Heritage Center of China has utilized satellite remote sensing technology (RS technology) to monitor China's World Cultural Heritage and has published RS images on the Monitoring and Early Warming Platform for China's World Cultural Heritage. The 2022 remote sensing monitoring results indicated that although man-made features still dominated in 25 heritage sites, the number of RS images that showed positive changes was higher, which to some extent highlighted the role of heritage protection in improving the human environment and satisfying people's growing demand for a better life. This report suggests that national and local governments should advance the development of legal systems, improve communication and exchange mechanisms, accelerate scientific and technological innovation, further enhance the effectiveness of remote sensing monitoring, and strictly protect the Outstanding Universal Value of cultural heritage.

Keywords: World Cultural Heritage; Remote Sensing Monitoring; Construction Control

B.8 Analysis of Public Opinion Monitoring Data for China's World Cultural Heritage in 2022

Zhang Yimeng / 149

Abstract: 2022 is the fourth consecutive year of decline in the number of core public opinions on China's World Cultural Heritage. In this year, negative opinions decreased significantly, opinions regarding different heritage sites remained unbalanced. Special attention was given to social promotion, exhibition, and utilization of world cultural heritage, particularly in the category of ancient architecture. Furthermore, society expressed concerns regarding the stability and safety of heritage sites on the Tentative List, as well as archaeological discoveries. Reports on the construction of the Great Wall National Cultural Park and the Grand Canal National Cultural Park has increased. The construction of national cultural parks, preservation of grotto temples, and protection of *Dayizhi* (大遗址 , meaning *big* sites) have yielded positive results. In 2022, the number of online media reporting on information related to China's World Cultural Heritage decreased, while the number of reports increased. New media were more balanced than traditional media in terms of reporting objects and contents. The Historic Centre of Macao and the Imperial Palaces of the Ming and Qing dynasties have become the focus of overseas media. Based on years of public opinion data observing, it is suggested that as a next step, local heritage protection and management institutions should properly guide and handle public opinions, strengthen communication and avoid negative impacts from society, and should also promote the interpretation and valorization of the values in ancient ruins and tombs. Additionally, professional scientific research institutions should strengthen the comprehensive analysis of public opinions to serve the decision-making in heritage protection and management.

Keywords: World Cultural Heritage; Public Opinion Monitoring; Public Opinion Control

B.9   Overview of Theoretical Development and Practice of World Heritage
Protection in the Context of Climate Change

Fu Zijie / 176

Abstract: Climate change is now a widely discussed topic of international concern. In the field of World Heritage, the development of climate change theories and practices has been a long process. This report summarizes the history of the theoretical development and practice of World Heritage protection in the context of climate change. It concludes that since the completion of the First Assessment Report of the Intergovernmental Panel on Climate Change (IPCC), heritage protection has been relatively isolated from the overall climate change system. The heritage community has not yet developed a unified understanding of climate change. As climate change increasingly affects World Heritage sites, the community responsible for their protection has intensified its efforts to understand and address these issues. *The Operational Guidelines for the Implementation of the World Heritage Convention* have been revised by the World Heritage Committee, based on *the Policy Document on Climate Action for World Heritage*. The Committee has also made adjustments to the working procedures and mechanisms for World Heritage protection. Currently, the international heritage community is actively reflecting on and recognizing the impact of climate change on World Heritage sites. To meet China's unique national conditions, it is important to keep up with the international response to climate change and develop a response system that incorporates international vision and in-depth experience while meeting the actual needs of China's heritage sites.

Keywords: World Cultural Heritage; Climate Change; Overview of Protection Theories and Practices

B.10　Research Report on the Grand Canal National Cultural Park

Grand Canal National Cultural Park Research Group / 193

Abstract: This report examines the overall progress of the construction of the Grand Canal National Cultural Park, especially the protection, inheritance and utilization of this cultural heritage. It reviews the exploration of historical and cultural resources with the Grand Canal as the core, and the interpretation of the significance of Grand Canal culture in Chinese culture. It evaluates the Grand Canal's progress in cultural heritage protection, environmental protection, restoration of historical and cultural cities and towns along the route, integrated development of culture and tourism, and transformation of the canal's function, as well as the international promotion of the Grand Canal culture. It examines the implementation of digitization to facilitate the construction of the Grand Canal National Cultural Park. The focus is on the comprehensive use of modern information and media technologies to inherit and promote the Grand Canal through digitalization. Based on the most recent materials and field research, this report analyzes and summarizes the major problems and difficulties in the protection, inheritance and utilization of the Grand Canal and the construction of the Grand Canal National Cultural Park, and proposes practical opinions and suggestions for further action and future direction.

Keywords: Grand Canal National Cultural Park; Protection; Inheritance and Utilization; Research and Evaluation

B.11　Upholding Fundamental Principles and Breaking New Ground

—*Construction of the Great Wall National Cultural Park with A Focus on Protection*

Liu Wenyan / 210

Abstract: The National Cultural Park is a significant national cultural project designated in *The Outline for the 13th Five-Year Plan for Economic and Social Development of the People's Republic of China (2016-2020)* and *The Outline for the 13th Five-Year Plan (2016-2020) on Cultural Development and Reform*. The Great Wall National Cultural Park is constructed with the principle of "protection first" in line with the primary requirement of constructing a national cultural park for the purpose of protecting and inheriting cultural heritage. This report focuses on "protection", based on the tasks set for the construction of the Great Wall National Cultural Park—the project to protect and inherit cultural heritage, reviews the practices of its construction in different regions, summarizes the effectiveness of its implementation, evaluates and analyzes the problems during its construction, and puts forward proposals for the next step.

Keywords: Great Wall National Cultural Park; Protect and Inherit; Planning System

IV　Reports on Categorized Heritage

Abstract: In December 2020, the National Cultural Heritage Administration launched a pilot program for the preventive protection of cultural-relic buildings. The Temple of Heaven was one of the pilot sites, and the cultural-relic buildings along its central axis were selected for preventive protection. A closed-loop management and control system has been established for these buildings. This included registration of cultural relics, regular daily inspections, professional examinations, risk assessments, professional maintenance, evaluation of work effectiveness, and data collection. The management and control system upheld the principle of "protection first, strengthening management", and enabled the continuous value exploration, effective

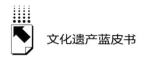

utilization and revitalization of cultural relics. Efficient diagnosis and timely detection of repair needs were implemented for preventive protection of cultural-relic buildings, so that early application for special repairs could be made. Moreover, issues of preventive protection were reviewed through step-by-step implementation measures.

Keywords: Temple of Heaven; Cultural-relic Buildings; Preventive Protection

B.13   Construction of a Monitoring and Early Warning Platform for the Cultural Landscape of Old Tea Forests of the Jingmai Mountain in Pu'er Based on World Heritage Requirements

Luo Ying / 234

Abstract: The monitoring and early warning platform for the Cultural Landscape of Old Tea Forests of the Jingmai Mountain in Pu'er follows the latest requirements for World Heritage protection and management. It focuses on monitoring key indicators outlined in the Third Cycle of Periodic Reporting. The platform has undergone valuable research and practice on the monitoring data system, which guided the practical work. Modern technologies have been applied to efficiently implement monitoring activities and build an informatization platform to track the conservation and inheritance of cultural heritage values. The monitoring and early warning platform is one of the important measures to realize the preventive protection of the Cultural Landscape of Old Tea Forests of the Jingmai Mountain in Pu'er. It has collected a large amount of monitoring data, which can basically assess the protection and inheritance status of this landscape, and provide necessary support to enhance the local protection and management capacity. This report aims to be a reference for the monitoring of China's World Cultural Heritage, especially living heritage, by sorting out and summarizing the "Jingmai Mountain Model" learned during the establishment of the monitoring and early warning platform for the Cultural Landscape of Old Tea

Forests of the Jingmai Mountain in Pu'er.

Keywords: Cultural Landscape of Old Tea Forests of the Jingmai Mountain in Pu'er; World Heritage Monitoring; Cultural Landscape; Preventive Protection

B.14   On the Creation of *the Biography of the Grand Canal* and *the Biography of the Great Wall*

Yan Haiming, Zhang Yimeng, Li Xue and Zhao Yuan / 247

Abstract: *The Biography of the Grand Canal* and *the Biography of the Great Wall* were officially published in 2022 and 2023, under the support of the National Office of Philosophy and Social Sciences, chiefly edited by the Committee of Culture, History and Study of the CPPCC, compiled by the China Academy of Cultural Heritage, and published by Phoenix Science Press Ltd. and Jiangsu People's Publishing House. The publication of these two works followed the important decision of the CPC Central Committee to construct the Grand Canal National Cultural Park and the Great Wall National Cultural Park, and put into practice the spirit of General Secretary Xi Jinping's instructions on strengthening the protection and utilization of cultural heritage and revitalizing cultural relics. The two works are professional and comprehensive in content, graphic and textual design, and popularization. They are innovative and excellent resources for cultural communication, contributing to the strengthening of the protection and management of the Grand Canal and the Great Wall. The publications fully reflect the achievements made in the protection and inheritance of these cultural heritages, and innovate the mode of social popularization of cultural heritage, promote China's outstanding culture, and enhance Chinese people's cultural confidence.

Keywords: The Grand Canal; The Great Wall; Biography; National Cultural Park

B.15　Research and Practice on Integrating Heritage Conservation and Utilization of the Hangzhou Section of the Grand Canal with the City's Economic and Social Development

Fang Youqiang / 263

Abstract: Hangzhou is a significant node of the Grand Canal, serving as the southern end of the Beijing-Hangzhou Grand Canal and the starting point of the Zhedong Canal. The city's rich history intersects with its present reality, as its culture is cultivated and sustained by the Grand Canal. Hangzhou plays a crucial role in protecting, preserving and utilizing the Grand Canal culture as part of the national strategy of establishing the Grand Canal Cultural Belt and constructing the national cultural park. This mission is essential for continuing the city's cultural value and activating its functional value. As for the protection, Hangzhou has established professional institutions for long-term protection, formulated local laws and regulations, and special plans to protect the canal heritage. Specific measures have been implemented to protect the heritage in a scientific and professional manner. Continuous research, promotion, and comprehensive protection are ongoing. As for the utilization of the canal heritage, Hangzhou has adopted the policy of "protection first, strengthening management, exploiting value, effective utilization, and revitalizing cultural heritage" and has actively explored the revitalization and utilization of the heritage sites of the Hangzhou section of the Grand Canal. Hangzhou has focused on the connotative characteristics of the Grand Canal as a living heritage, especially the fact that the Hangzhou section of the Grand Canal passes through its downtown area, and has balanced the relationship between heritage protection and urban development, striving to create a mutually beneficial situation in which heritage protection empowers urban development and urban development contributes to heritage protection, so as to create an integrated urban space where the ancient and the modern coexist.

Keywords: Heritage Protection; Revitalization and Utilization; Integrated Development; The Grand Canal

B.16 Digitization of Historical Materials and Construction of Digital Asset Management System by the China Academy of Cultural Heritage

Zheng Ziliang, Meng Fandong / 273

Abstract: The China Academy of Cultural Heritage (CACH) has a rich collection of historical materials related to cultural relics protection and projects archives. These documents serve as important records of China's cultural heritage protection projects and scientific research projects, as well as important witnesses and special material carriers of China's research on the protection of World Cultural Heritage, and are of outstanding historical and scientific values. In recent years, CACH has implemented high-definition digital scanning of historical data and carried out related explorations in the development of digital asset management systems, seeking to promote the revitalization and utilization of cultural heritage through digital resources. This report briefly introduces the relevant work and stage results, concisely interprets the design and basic framework of the digital asset management system, and proposes further optimization strategies from three aspects: further expanding the scope of HD digitization, building a knowledge service system, and accelerating research on the preservation history of relevant cultural relics.

Keywords: Historical Information; Digitization; Digital Asset Management; Cultural Heritage

社会科学文献出版社

皮 书

智库成果出版与传播平台

❈ 皮书定义 ❈

皮书是对中国与世界发展状况和热点问题进行年度监测，以专业的角度、专家的视野和实证研究方法，针对某一领域或区域现状与发展态势展开分析和预测，具备前沿性、原创性、实证性、连续性、时效性等特点的公开出版物，由一系列权威研究报告组成。

❈ 皮书作者 ❈

皮书系列报告作者以国内外一流研究机构、知名高校等重点智库的研究人员为主，多为相关领域一流专家学者，他们的观点代表了当下学界对中国与世界的现实和未来最高水平的解读与分析。

❈ 皮书荣誉 ❈

皮书作为中国社会科学院基础理论研究与应用对策研究融合发展的代表性成果，不仅是哲学社会科学工作者服务中国特色社会主义现代化建设的重要成果，更是助力中国特色新型智库建设、构建中国特色哲学社会科学"三大体系"的重要平台。皮书系列先后被列入"十二五""十三五""十四五"时期国家重点出版物出版专项规划项目；自2013年起，重点皮书被列入中国社会科学院国家哲学社会科学创新工程项目。

权威报告·连续出版·独家资源

皮书数据库
ANNUAL REPORT(YEARBOOK) DATABASE

分析解读当下中国发展变迁的高端智库平台

所获荣誉

- 2022年，入选技术赋能"新闻+"推荐案例
- 2020年，入选全国新闻出版深度融合发展创新案例
- 2019年，入选国家新闻出版署数字出版精品遴选推荐计划
- 2016年，入选"十三五"国家重点电子出版物出版规划骨干工程
- 2013年，荣获"中国出版政府奖·网络出版物奖"提名奖

皮书数据库

"社科数托邦"
微信公众号

成为用户

　　登录网址www.pishu.com.cn访问皮书数据库网站或下载皮书数据库APP，通过手机号码验证或邮箱验证即可成为皮书数据库用户。

用户福利

- 已注册用户购书后可免费获赠100元皮书数据库充值卡。刮开充值卡涂层获取充值密码，登录并进入"会员中心"—"在线充值"—"充值卡充值"，充值成功即可购买和查看数据库内容。
- 用户福利最终解释权归社会科学文献出版社所有。

数据库服务热线：010-59367265
数据库服务QQ：2475522410
数据库服务邮箱：database@ssap.cn
图书销售热线：010-59367070/7028
图书服务QQ：1265056568
图书服务邮箱：duzhe@ssap.cn

基本子库 SUB DATABASE

中国社会发展数据库（下设 12 个专题子库）

紧扣人口、政治、外交、法律、教育、医疗卫生、资源环境等 12 个社会发展领域的前沿和热点，全面整合专业著作、智库报告、学术资讯、调研数据等类型资源，帮助用户追踪中国社会发展动态、研究社会发展战略与政策、了解社会热点问题、分析社会发展趋势。

中国经济发展数据库（下设 12 专题子库）

内容涵盖宏观经济、产业经济、工业经济、农业经济、财政金融、房地产经济、城市经济、商业贸易等 12 个重点经济领域，为把握经济运行态势、洞察经济发展规律、研判经济发展趋势、进行经济调控决策提供参考和依据。

中国行业发展数据库（下设 17 个专题子库）

以中国国民经济行业分类为依据，覆盖金融业、旅游业、交通运输业、能源矿产业、制造业等 100 多个行业，跟踪分析国民经济相关行业市场运行状况和政策导向，汇集行业发展前沿资讯，为投资、从业及各种经济决策提供理论支撑和实践指导。

中国区域发展数据库（下设 4 个专题子库）

对中国特定区域内的经济、社会、文化等领域现状与发展情况进行深度分析和预测，涉及省级行政区、城市群、城市、农村等不同维度，研究层级至县及县以下行政区，为学者研究地方经济社会宏观态势、经验模式、发展案例提供支撑，为地方政府决策提供参考。

中国文化传媒数据库（下设 18 个专题子库）

内容覆盖文化产业、新闻传播、电影娱乐、文学艺术、群众文化、图书情报等 18 个重点研究领域，聚焦文化传媒领域发展前沿、热点话题、行业实践，服务用户的教学科研、文化投资、企业规划等需要。

世界经济与国际关系数据库（下设 6 个专题子库）

整合世界经济、国际政治、世界文化与科技、全球性问题、国际组织与国际法、区域研究 6 大领域研究成果，对世界经济形势、国际形势进行连续性深度分析，对年度热点问题进行专题解读，为研判全球发展趋势提供事实和数据支持。

法律声明